metodologias
ativas para uma
educação inovadora

M593   Metodologias ativas para uma educação inovadora : uma
        abordagem téorico-prática / Organizadores, Lilian Bacich,
        José Moran. – Porto Alegre : Penso, 2018.
        xxii, 238 p. il, ; 23 cm.

        ISBN 978-85-8429-115-1

        1. Práticas pedagógicas. 2. Metodologias ativas. I.
        Bacich, Lilian. II. Moran, José.
                                        CDU 37.022

Catalogação na publicação: Poliana Sanchez de Araujo – CRB 10/2094

LILIAN BACICH
JOSÉ MORAN

(ORGS.)

metodologias ativas para uma educação inovadora

**uma abordagem
teórico-prática**

penso

2018

© Penso Editora Ltda., 2018.

Gerente editorial
Letícia Bispo de Lima

Colaboraram nesta edição
Editora
Paola Araújo de Oliveira

Capa
Paola Manica

Preparação de originais
Priscila Zigunovas

Leitura final
Luiza Signorelli Germano

Editoração
Kaéle Finalizando Ideias

Reservados todos os direitos de publicação à
PENSO EDITORA LTDA., uma empresa do GRUPO A EDUCAÇÃO S.A.
Av. Jerônimo de Ornelas, 670 – Santana
90040-340 – Porto Alegre – RS
Fone: (51) 3027-7000 Fax: (51) 3027-7070

SÃO PAULO
Rua Doutor Cesário Mota Jr., 63 – Vila Buarque
01221-020 – São Paulo – SP
Fone: (11) 3221-9033

SAC 0800 703-3444 – www.grupoa.com.br

IMPRESSO NO BRASIL
PRINTED IN BRAZIL

Autores

Lilian Bacich (organizadora)
Bióloga e pedagoga. Mestre em Educação pela Pontifícia Universidade Católica de São Paulo (PUC-SP). Doutora em Psicologia Escolar e do Desenvolvimento Humano pela Universidade de São Paulo (USP). Coorganizadora do livro *Ensino híbrido: personalização e tecnologia na educação*. Coordenadora geral de pós-graduação e de pesquisa do Instituto Singularidades, em São Paulo.
lilian.bacich@yahoo.com.br

José Moran (organizador)
Doutor em Comunicação pela Universidade de São Paulo (USP). Professor aposentado de Novas Tecnologias na USP. Cofundador da Escola do Futuro da USP. Gerencia pesquisas e projetos de inovação com metodologias ativas e tecnologias digitais na educação presencial e a distância. É autor do livro *A educação que desejamos: novos desafios e como chegar lá* e do *blog Educação Humanista Inovadora*.
moran10@gmail.com

Alessandra Bizerra
Bióloga. Mestre em Zoologia e doutora em Educação pela USP. Professora do Instituto de Biociências da USP e coordenadora do grupo de pesquisa CHOICES (Culture and Historicity in Out of School Innovations for Communication and Education in Science). Membro da diretoria nacional da Associação Brasileira de Ensino de Biologia (SBENBio) e vice-diretora do Parque de Ciência e Tecnologia da USP (CienTec).
lebizerra@gmail.com

Amélia Arrabal Fernandez
Coordenadora pedagógica. Especialista em Gestão Democrática, Educação para a Diversidade e Cidadania e Educação Inclusiva pela Faculdade Campos Elísios (FCE). Coordenadora pedagógica na Escola Municipal de Ensino Fundamental (EMEF) Presidente Campos Salles (SP).
lia_a_f@yahoo.com.br

Célia Maria Piva Cabral Senna
Bióloga. Mestre em Biologia Molecular pela Universidade de Brasília (UnB). Doutora em Ciências pela UnB/USP. Assessora da Fundação Ralston-Semler. Especialista em educação no Instituto Tellus. Mentora pedagógica nas Escolas Concept Brasil.
sennapac@ig.com.br

Cristiana Mattos Assumpção
Bióloga. Especialista e mestre em Computers in Education, Instructional Technology and Media, e doutora em Instructional Technology and Media pela Columbia University, Estados Unidos. Coordenadora do STEAM do Colégio Bandeirantes (SP).
cmattos@colband.com.br

Daniela Zaneratto Rosa
Pedagoga, psicopedagoga e licenciada em Física. Especialista em Educação Especial na Perspectiva da Educação Inclusiva pela Universidade Estadual Paulista Júlio de Mesquita Filho (Unesp). Coordenadora pedagógica na EMEF Presidente Campos Salles (SP).
danizrosa@gmail.com

Elizabeth dos Reis Sanada
Pedagoga, psicóloga e psicanalista. Especialista em Formação Integral: Autoconhecimento, Habilidades Socioemocionais e Práticas Educacionais pelo Instituto Singularidades. Mestre e doutora em Psicologia Escolar e do Desenvolvimento Humano pela USP. Professora de graduação em Pedagogia do Instituto Singularidades.
elizabeth.sanada@hotmail.com

Helena Andrade Mendonça
Engenheira eletrônica. Especialista em Psicopedagogia pela Universidade Presbiteriana Mackenzie. Mestre em Linguagem, Educação e Sociedade pela USP. Coordenadora de Tecnologias Educacionais e formadora no Centro de Formação de Professores da Escola da Vila (SP).
helena.mendonca@gmail.com

Ivaneide Dantas da Silva
Pedagoga. Mestre em Linguística Aplicada e Estudos da Linguagem pela PUC-SP. Professora de graduação em Pedagogia e coordenadora de Projetos no Instituto Singularidades.
ivadantas@uol.com.br

Jordana Thadei
Pedagoga. Mestre em Linguística Aplicada e Estudos da Linguagem pela PUC-SP. Especialista em Ensino de Língua Mediado por Computadores pela Universidade Federal de Minas Gerais (UFMG). Professora de graduação em Letras do Instituto Singularidades.
jordanathadei@gmail.com

José Armando Valente
Livre docente na Universidade Estadual de Campinas (Unicamp). Mestre em Ciências e doutor em Bioengenharia e Educação pelo Massachusetts Institute of Technology (MIT). Professor titular do Departamento de Multimeios, Mídia e Comunicação do Instituto de Artes e Pesquisador do Núcleo de Informática Aplicada à Educação (NIED) da Unicamp. Professor colaborador do programa de pós-graduação em Educação: Currículo, da PUC-SP.
jvalente@unicamp.br

Julciane Rocha
Licenciada em Letras pela USP. Especialista em Educação Inovadora pelo Instituto Singularidades, Design Instrucional para Educação *On-line* pela Universidade Federal de Juiz de Fora e Gestão Educacional pela Faculdade Metropolitanas Unidas (FMU). Mestre em Educação: Currículo pela PUC-SP.
julcirocha@outlook.com

Julia Pinheiro Andrade
Geógrafa. Especialista em Educação Inovadora pelo Instituto Singularidades. Mestre em Filosofia da Educação pela USP. Professora e pesquisadora em metodologias ativas de ensino-aprendizagem e formação de professores. Pesquisadora do Centro de Referências em Educação Integral pelo Cidade-Escola Aprendiz.
juliapinheiroandrade4@gmail.com

Juliana Sartori
Bacharel em Ciências Sociais pela Universidade Federal de São Carlos (UFSCar). Licenciada em Ciências Sociais pela Unesp – Araraquara. Mestre em Ciências pela USP.
sartoriju@gmail.comp

Marcelo Ganzela
Professor de português e inglês. Especialista em Docência da Língua Inglesa e mestre em Letras – Teoria Literária pela Unesp. Coordenador do curso de Letras do Instituto Singularidades. Professor de inglês na rede pública estadual de São Paulo.
mganzella@gmail.com

Mariana Lorenzin
Bióloga. Especialista em Teorias do Ensino e Aprendizagem e Educação a Distância pela PUC-SP. Mestranda em na USP. Professora de Ciências, Biologia e STEAM no Colégio Bandeirantes (SP).
mariana.lorenzin@gmail.com

Marta de Oliveira Gonçalves
Psicóloga. Especialista em Psicopedagogia e mestre em Educação: Psicologia da Educação pela PUC-SP. Doutoranda em Educação: Psicologia da Educação na PUC-SP. Professora do Instituto Singularidades.
marta.gon@superig.com.br

Sarah Papa de Morais
Administradora de empresas. Mestranda em International Educational Development na Columbia University, Estados Unidos. Consultora na área de Educação do Instituto Tellus. Conselheira pedagógica voluntária da organização não governamental Cidadão Pró-Mundo.
sarah.p.morais@gmail.com

Valdir Silva
Professor. Licenciado em Matemática e Pedagogia. Especialista em Educação Matemática pela Faculdades Oswaldo Cruz e Estatística Aplicada pela Universidade Nove de Julho (Uninove). Mestre em História da Ciência pela PUC-SP. Doutor em Educação Matemática pela Unesp.
valdir.carlos.silva@hotmail.com

Apresentação

Diante dos desafios atuais interpostos à educação de distintos níveis, modalidades e contextos, é premente retomar o significado, o sentido, as teorias e as possibilidades de desenvolvimento da prática pedagógica por meio de metodologias ativas, evidenciando a relevância deste livro cuidadosamente organizado por Lilian Bacich e José Moran.

A intensa expansão do uso social das tecnologias digitais de informação e comunicação (TDIC) sob a forma de diferentes dispositivos móveis conectados à internet sem fio, utilizados em diferentes espaços, tempos e contextos, observada na segunda década do século XXI, gerou e continua gerando mudanças sociais que provocam a dissolução de fronteiras entre espaço virtual e espaço físico e criam um espaço híbrido de conexões. Na convergência entre espaços presenciais e virtuais surgem novos modos de expressar pensamentos, sentimentos, crenças e desejos, por meio de uma diversidade de tecnologias e linguagens midiáticas empregadas para interagir, criar, estabelecer relações e aprender. Essas mudanças convocam participação e colaboração, requerem uma posição crítica em relação à tecnologia, à informação e ao conhecimento, influenciam a cultura levando à emergência da cultura digital.

Por sua vez, a cultura digital demanda abertura e flexibilidade para conviver com fluxos diversificados de informações onipresentes, multiplicidade de letramentos (ROJO, 2010), diversidade, ambiguidade e incerteza do conhecimento, que se expande na inter-relação entre saber cotidiano e conhecimento científico. Tudo isso propicia a criação de contextos de aprendizagem organizados de modo totalmente diferente daqueles da educação formal, como ocorre em contextos informais ou não formais, que não contam com a participação e o controle de um professor, tampouco com processos de avaliação e certificação.

Para os estudantes de hoje, qual é o sentido da escola ou da universidade diante da facilidade de acesso à informação, da participação em redes com pessoas com as quais partilham interesses, práticas, conhecimentos e valores, sem limitações espaciais, temporais e institucionais, bem como diante da possibilidade de trocar ideias e desenvolver pesquisas colaborativas com especialistas de todas as partes do mundo?

Essa questão convida professores e profissionais da educação a pensar sobre a força catalítica dessas mudanças, suas potencialidades e ameaças para as práticas educativas, para o currículo e para as metodologias. Respondê-la demanda reconhecer o potencial informativo, instrutivo e formativo das plataformas disponíveis na internet para o intercâmbio de ideias, concepções, experiências e culturas, o desenvolvimento de produções colaborativas, a participação em projetos de cooperação, a aprendizagem, a organização de movimentos sociais locais ou globais, a criação e publicação de informações. Nesse sentido, as experiências tratadas neste livro trazem valiosas contribuições teóricas e práticas sobre o ensino e a aprendizagem desenvolvidas por meio de metodologias ativas apoiadas em tecnologias.

Tais experiências apresentam e analisam práticas pedagógicas que superam as abordagens educacionais centradas na fala do professor, na leitura do livro e na passividade do estudante, que apenas responde às questões que lhe foram solicitadas. Isso não significa a destruição da escola e da instituição educativa, mas a abertura de seus espaços e tempos em interconexão com a cultura digital.

Metodologias ativas para uma educação inovadora aponta a possibilidade de transformar aulas em experiências de aprendizagem mais vivas e significativas para os estudantes da cultura digital, cujas expectativas em relação ao ensino, à aprendizagem e ao próprio desenvolvimento e formação são diferentes do que expressavam as gerações anteriores. Os estudantes que estão, hoje, inseridos nos sistemas de educação formal requerem de seus professores habilidades, competências didáticas e metodológicas para as quais eles não foram e não estão sendo preparados.

Assim, é essencial uma educação que ofereça condições de aprendizagem em contextos de incertezas, desenvolvimento de múltiplos letramentos, questionamento da informação, autonomia para resolução de problemas complexos, convivência com a diversidade, trabalho em grupo, participação ativa nas redes e compartilhamento de tarefas. Por isomorfismo, a formação do professor também deve se pautar pela atividade criadora, reflexiva, crítica, compartilhada e de convivência com as diferenças, usando as mídias e as tecnologias como linguagem e instrumento da cultura, estruturantes do pensamento, do currículo, das metodologias e das relações pedagógicas.

É preciso reinventar a educação, analisar as contribuições, os riscos e as mudanças advindas da interação com a cultura digital, da integração das TDIC, dos recursos, das interfaces e das linguagens midiáticas à prática pedagógica, explorar o potencial de integração entre espaços profissionais, culturais e educativos para a criação de contextos autênticos de aprendizagem midiatizados pelas tecnologias. Para impulsionar o engajamento dos estudantes nos processos de ensino e aprendizagem é premente recontextualizar as metodologias de ensino diante das suas práticas sociais inerentes à cultura digital, ou seja, integrar as mídias e as TDIC no desenvolvimento e na recriação de metodologias ativas.

Assim, a relevância desta obra incide sobre a abordagem de experiências com metodologias ativas em sala de aula da educação básica ao ensino superior, apresentadas na Parte I, e também na formação continuada de professores, foco da Parte II.

A metodologia ativa se caracteriza pela inter-relação entre educação, cultura, sociedade, política e escola, sendo desenvolvida por meio de métodos ativos e criativos, centrados na atividade do aluno com a intenção de propiciar a aprendizagem. Essa concepção surgiu muito antes do advento das TDIC, com o movimento chamado Escola Nova, cujos pensadores, como William James, John Dewey e Édouard Claparède, defendiam uma metodologia de ensino centrada na aprendizagem pela experiência e no desenvolvimento da autonomia do aprendiz.

A Escola Nova de John Dewey, pautada pelo aprender fazendo (*learning by doing*) em experiências com potencial educacional, se faz presente em tempos de metodologias ativas integradas com as TDIC. Dewey propôs uma educação entendida como processo de reconstrução e reorganização da experiência pelo aprendiz (DEWEY, 1959), orientada pelos princípios de iniciativa, originalidade e cooperação com vistas a liberar suas potencialidades. Assim, a educação não é a preparação para a vida, ela acompanha a própria vida, o desenvolvimento do ser humano, sua autonomia e aprendizagem por meio da experiência e da reflexão sobre a experiência que impulsiona estabelecer relações, tomar consciência, construir conhecimento e reconstruir a experiência.

Os relatos das práticas apresentadas neste livro não se referem a qualquer experiência, mas àquelas com valor para a aprendizagem, comprometidas com a participação do aprendiz em práticas que incitam a curiosidade, propõem desafios e engajam os estudantes em vivências de fazer algo e pensar sobre o fazer, propiciando-lhes trabalhar em colaboração e desenvolver a autonomia nas tomadas de decisão.

O pensamento da Escola Nova converge com as ideias de Freire (1996) sobre a educação dialógica, participativa e conscientizadora, que se desenvolve por meio da problematização da realidade, na sua apreensão e transformação. Na ótica do trabalho pedagógico com a metodologia da problematização, ensinar significa criar situações para despertar a curiosidade do aluno e lhe permitir pensar o concreto, conscientizar-se da realidade, questioná-la e construir conhecimentos para transformá-la, superando a ideia de que ensinar é sinônimo de transferir conhecimento.

São muitos os métodos associados às metodologias ativas com potencial de levar os alunos a aprendizagens por meio da experiência impulsora do desenvolvimento da autonomia, da aprendizagem e do protagonismo. Nesse sentido, ao tratar de problematização, sala de aula invertida, sala de aula compartilhada, aprendizagem por projetos, contextualização da aprendizagem, programação, ensino híbrido, *design thinking*, desenvolvimento do currículo STEAM,[1] criação de jogos, entre outras, este livro mostra a relevância do papel do professor e sua autonomia para criar novos métodos, respeitando os princípios da metodologia ativa.

---

1 STEAM (*Science, Technology, Engineering, Arts and Design and Mathematics*) refere-se ao desenvolvimento do currículo das áreas de ciências, tecnologia, engenharia, artes, *design* e matemática por meio de projetos e práticas interdisciplinares em situações concretas.

Desenvolver metodologias ativas por meio das mídias e das TDIC significa reinterpretar concepções e princípios elaborados em um contexto histórico, sociocultural, político e econômico diferente do momento atual. Nesse sentido, os capítulos da Parte I apresentam múltiplas experiências caracterizadas como metodologias ativas contextualizadas no âmbito de cada realidade. Isso mostra que, para além de procedimentos, as metodologias ativas demandam a autonomia do professor para criar atividades com potencial de promover a experiência e a aprendizagem de estudantes. Não se trata de adotar regras precisas e fáceis de reproduzir, mas de esforços de criação e reconstrução das atividades tendo como referência os métodos consubstanciados na literatura, que são ressignificados em cada contexto, como reportado nas experiências apresentadas neste livro.

A formação de professores, inicial ou continuada, para explorar o potencial das tecnologias e mídias digitais no desenvolvimento de metodologias ativas em um contexto sócio-histórico parte da experiência educativa, ou seja, da experiência associada com a reflexão apoiada na teoria para extrair o significado da relação entre prática e teoria e criar referências que possam influenciar experiências posteriores.

Integrar tecnologias digitais e metodologias ativas em processos educativos significa integrá-las com o currículo, o que requer expandir sua concepção para além de listas de temas de estudos previstos e identificar o currículo real desenvolvido na prática pedagógica, o qual é constituído por conhecimentos, metodologias, tecnologias, linguagens, recursos, relações sociais e pedagógicas criadas no ato educativo (ALMEIDA; VALENTE, 2011). Tais ideias estão presentes em diversas partes deste livro e anunciam a afluência do currículo da cultura digital (ALMEIDA, 2014).

Ao registrar trajetórias, experiências e potencialidades de integração de metodologias ativas nos processos de ensino e aprendizagem e na formação de professores, os propósitos deste livro recuperam as metodologias ativas presentes no passado e as reconfiguram no presente em consonância com as necessidades da educação, dos professores e dos aprendizes da cultura digital.

Por conseguinte, a importância desta obra reside na proximidade da prática pedagógica em situações concretas de sala de aula, na escola ou na universidade, integrada com as linguagens e instrumentos culturais marcantes da sociedade tecnológica, utilizadas em situações em que os estudantes assumem o protagonismo em seus processos de aprendizagem mediante a orientação de professores.

Os autores brindam o leitor com um conteúdo que permite aprofundar o conhecimento sobre o que, como e por que incorporar metodologias ativas ao fazer pedagógico, integradas com as mídias e as TDIC, agregando valor ao desenvolvimento das práticas, do currículo e da aprendizagem que se desenvolve por meio da ação do estudante.

Espera-se que as vozes e os olhares de professores e pesquisadores registrados neste livro possam instigar a busca pela compreensão de conceitos que regem os métodos educativos para uma apropriação efetiva das metodologias ativas de modo a inspirar novas experiências e reflexões com e sobre tais metodologias, assim como possam suscitar o engajamento e a participação de estudantes em atividades que lhes propiciem novas aprendizagens e vivências em situações análogas às que confrontam na realidade.

Maria Elizabeth Bianconcini de Almeida
Pontifícia Universidade Católica de São Paulo

REFERÊNCIAS

ALMEIDA, M. E. B.; VALENTE, J. A. *Tecnologias e currículo*: trajetórias convergentes ou divergentes? São Paulo: Paulus, 2011.

ALMEIDA, M. E. B. Integração currículo e tecnologias: concepção e possibilidades de criação de web currículo. In: ALMEIDA, M. E. B.; ALVES, R. M.; LEMOS, S. D. V. (Org.). *Web currículo*: aprendizagem, pesquisa e conhecimento com o uso de tecnologias digitais. Rio de Janeiro: Letra Capital, 2014. p. 20-38.

DEWEY, J. *Democracia e educação*. 3. ed. São Paulo: Companhia Editora Nacional, 1959.

FREIRE, P. *Pedagogia da autonomia*: saberes necessários à prática educativa. Rio de Janeiro/ São Paulo: Paz e Terra, 1996.

ROJO, R. *Multiletramentos*: práticas de leitura e escrita na contemporaneidade. 2010. Disponível em: <http://public.me.com/rrojo>. Acesso em: 5 set. 2017.

Prefácio

A ideia de elaboração deste livro partiu de uma demanda de professores e gestores que nos procuram buscando transformar suas aulas em experiências vivas de aprendizagem, que motivem os alunos e os tornem mais criativos, empreendedores e protagonistas. Um dos caminhos para isso é o das metodologias ativas com apoio de tecnologias digitais. Percebemos que poderíamos contribuir com esse debate, propondo a reflexão, a partir de uma obra com abordagem teórico-prática, sobre como ensinar e aprender com metodologias ativas, envolvendo contribuições de abordagens que utilizam resolução de problemas, projetos, programação, ensino híbrido, *design thinking* e jogos, entre outros.

O estudo sobre a inserção de metodologias ativas na educação, sobretudo por meio do uso das tecnologias digitais no processo de ensino e aprendizagem, não é recente. Desde o final do século passado, com a introdução do uso dos computadores na escola, diversas pesquisas têm sido realizadas com o objetivo de identificar estratégias e consequências dessa utilização. O envolvimento das instituições de ensino, de professores e demais profissionais da educação nesse processo de implementação das tecnologias digitais é considerado um desafio, e discussões sobre o tema são recorrentes em diferentes instâncias. Assim, a relação entre as metodologias ativas, incorporadas pelo uso de tecnologias digitais, e seu processo de implementação nas instituições de ensino é o tema deste livro.

As pesquisas atuais nas áreas da educação, psicologia e neurociência comprovam que o processo de aprendizagem é único e diferente para cada ser humano, e que cada um aprende o que é mais relevante e que faz sentido para ele, o que gera conexões cognitivas e emocionais. Metodologias ativas englobam uma concepção do processo de ensino e aprendizagem que considera a participação efetiva dos alunos na construção da sua aprendizagem, valorizando as diferentes formas pelas quais eles podem ser envolvidos nesse processo para que aprendam melhor, em seu próprio ritmo, tempo e estilo.

A variedade de estratégias metodológicas a serem utilizadas no planejamento das aulas é um recurso importante, por estimular a reflexão sobre outras questões essenciais, como a relevância da utilização das metodologias ativas para favorecer o engajamento dos alunos e as possibilidades de integração dessas propostas ao currículo. É certo que as pessoas não aprendem da mesma forma, no mesmo ritmo e ao mesmo tempo. Inserir as tecnologias digitais, por meio de metodologias ativas, de forma integrada ao currículo escolar requer uma reflexão sobre alguns componentes fundamentais desse processo e, entre eles, o papel do professor e dos estudantes em uma proposta de condução da atividade didática que privilegia as metodologias ativas. Espera-se, com este livro, preencher uma lacuna relativa às publicações voltadas para a formação dos professores para o uso das metodologias ativas, com uma obra pautada pela fundamentação teórica que sustenta as práticas. A pergunta *Por que e para que o uso de metodologias ativas na educação?* nos direciona na especificação dos objetivos deste livro.

Entendemos que, embora não haja consenso em relação a esse objeto de estudo, historicamente avançamos em direção à superação de visões reducionistas que apresentam as metodologias ativas como um conjunto de estratégias que os professores utilizam em algumas de suas sequências didáticas, como uma "receita de bolo", e que apenas enriquecem as formas de condução das aulas. A reflexão pede uma mudança de postura, em que gradativamente o educador se posicione como um mediador, um parceiro na construção de conhecimentos que não está no centro do processo. Quem está no centro, nessa concepção, são o aluno e as relações que ele estabelece com o educador, com os pares e, principalmente, com o objeto do conhecimento.

Os estudantes do século XXI, inseridos em uma sociedade do conhecimento, demandam um olhar do educador focado na compreensão dos processos de aprendizagem e na promoção desses processos por meio de uma nova concepção de como eles ocorrem, independentemente de quem é o sujeito e das suas condições circundantes. No mundo atual, marcado pela aceleração e pela transitoriedade das informações, o centro das atenções passa a ser o sujeito que aprende, a despeito da diversidade e da multiplicidade dos elementos envolvidos nesse processo.

Nesta obra, buscamos resgatar algumas das diferentes metodologias ativas, em uma abordagem teórico-prática, de modo a oferecer ao leitor condições de obter informações sobre o embasamento teórico da respectiva abordagem e sua posterior utilização em sala de aula e/ou na formação de professores.

Os autores que participam deste livro procuram avançar para a transposição dos pressupostos teóricos para a prática específica em sala de aula e/ou na formação de professores. Buscamos, ainda, oferecer subsídios ao leitor para aprofundar e discutir os temas expostos na obra, sugerindo leituras complementares e *links* para conteúdos suplementares. Optamos por organizar o material atendendo a duas linhas: textos relacionados à aplicação em sala de aula (Parte I) e textos sobre a formação de professores (Parte II), com a intenção de apresentar os pressupostos fundamentais de cada uma das abordagens e evitando uma interpretação unilateral, mas favorecendo uma apreciação dos aspectos principais de cada proposta. Cabe ressaltar que a sequência de apresentação dos capítulos não tem a pretensão de valorizar uma ou outra proposta.

O texto da Parte I, de José Moran, apresenta reflexões sobre o cenário atual, que exige aprender ativamente, com múltiplas interfaces, pessoas, situações e tecnologias. Aborda, também, o híbrido ampliado, a diversidade de caminhos, as contribuições das tecnologias inteligentes e as metodologias ativas na educação *on-line*. O texto da Parte II, de Lilian Bacich, tem como objetivo promover a reflexão sobre propostas de formação de professores para a implementação de metodologias ativas em sala de aula, enfatizando as vantagens de estratégias envolvendo o uso de tecnologias digitais nessa formação, discutidas por meio da apresentação e análise de experiências nacionais e internacionais bem-sucedidas.

A Parte I deste livro apresenta experiências realizadas em sala de aula, da educação básica ao ensino superior, em cursos de bacharelado e licenciatura, e reúne seis capítulos.

No Capítulo 1, José Armando Valente trata de algumas ideias sobre metodologias ativas, especialmente a sala de aula invertida e a aprendizagem personalizada, e como essas estratégias estão sendo utilizadas em uma disciplina do curso de comunicação social – midialogia, ministrada em uma universidade pública.

O Capítulo 2, de Marcelo Ganzela, apresenta os avanços encontrados até então nas experiências de ensino híbrido em um curso de licenciatura em letras, cujo escopo maior é formar professores de língua e literatura, enfatizando as possibilidades de relação entre tecnologias digitais, personalização, empoderamento do aprendiz e construção de conhecimentos via experiências estéticas.

No Capítulo 3, Marta de Oliveira Gonçalves e Valdir Silva apresentam a experiência denominada *sala de aula compartilhada*, em que foram agrupados, no espaço físico de uma única sala de aula, alunos de três semestres diferentes, mediados por dois professores, em um curso de licenciatura em matemática. O texto enfatiza as reflexões de professores, alunos e do coordenador do curso sobre as concepções de aluno, professor, aula invertida e uso de plataformas digitais.

O Capítulo 4, de Elizabeth dos Reis Sanada e Ivaneide Dantas da Silva, apresenta as contribuições do ensino híbrido em abordagens envolvendo estudantes de um curso de pedagogia.

No Capítulo 5, Jordana Thadei aborda as ações envolvidas na mediação e como elas se ampliam e se ressignificam à medida que as sociedades se modificam. A autora defende que o professor em formação não apenas precisa ouvir ou ler sobre a mediação, mas vivenciá-la, experimentando a construção de conhecimentos mediados por seus professores, aspectos abordados por meio de exemplos de práticas favorecedoras da construção do conceito de mediação junto a alunos de um curso de letras.

No Capítulo 6, Helena Andrade Mendonça apresenta a discussão sobre o uso de tecnologias digitais nas instituições de ensino, com foco no relato das ações que ocorrem em espaços de criação digital abertos, em uma escola de educação básica, com o objetivo de possibilitar uma apropriação crítica e participativa dos estudantes em relação aos recursos tecnológicos mobilizados. A abordagem teórica do capítulo envolve as teorias dos novos e multiletramentos e, como material de investigação e prática pedagógica, são utilizadas atividades de programação com o aplicativo *Scratch*, com a criação de um jogo de caça ao tesouro com realidade aumentada.

A Parte II deste livro tem foco na formação continuada de professores e reúne quatro capítulos.

O Capítulo 7, de Julciane Rocha, aborda o *design thinking*, definido como uma abordagem estruturada, baseada na metodologia e sistemática utilizada pela área do *design*, que tem como objetivo gerar e aprimorar ideias, facilitando o processo de solução dos desafios cotidianos com criatividade e de forma colaborativa. O texto tem como objetivo apresentar ao leitor o *design thinking*, seu ingresso no universo da educação e os princípios que dão forma à abordagem, apontando algumas possíveis contribuições da sua aplicação em cenários educacionais.

No Capítulo 8, Julia Pinheiro Andrade e Juliana Sartori apresentam a fundamentação teórica e os relatos de experiências desenvolvidos por meio da metodologia de contextualização da aprendizagem, uma abordagem de construção e resolução de problemas significativos a partir do contexto e dos fenômenos vividos por alunos e professores. A metodologia desenvolve o engajamento e a formação de professores-autores por meio de estratégias de cocriação e de escrita de práticas para compartilhar em rede.

No Capítulo 9, Mariana Lorenzin, Cristiana Mattos Assumpção e Alessandra Bizerra, com o objetivo de informar caminhos para a capacitação profissional que conduzam a uma mudança na prática docente, apresentam as contribuições do currículo STEAM (do inglês *Science, Technology, Engineering, Arts & Design and Mathematics*) como uma proposta de organização do ensino pautada na interdisciplinaridade e em projetos.

No Capítulo 10, Célia Maria Piva Cabral Senna e Sarah Papa de Morais apresentam o relato de uma escola pública de São Paulo que, inspirada pela Escola da Ponte, já tinha quebrado muros (reais e simbólicos) e, então, decidiu por "quebrar as paredes" das salas de aula. Os estudantes passaram a se agrupar em quatro salões divididos por séries e decidir o que gostariam de aprender por meio de assembleias. Nesse contexto, o roteiro de estudo passou a ser o principal dispositivo pedagógico da escola, sendo elaborado de maneira coletiva e interdisciplinar pelos educadores.

Este livro cumpre seu objetivo ao mostrar possibilidades e caminhos para a integração de metodologias ativas nos processos de ensino e aprendizagem. Procura, ainda, defender que a organização das atividades didáticas cria condições adequadas para a construção de conhecimentos e, consequentemente, amplia as possibilidades de desenvolvimento de habilidades e competências para que os sujeitos possam interpretar e analisar criticamente a realidade concreta em que se inserem. A ponta do *iceberg* é a alteração dos resultados das avaliações que funcionam como métricas nacionais e internacionais de desempenho; porém, o corpo desse grande bloco submerso envolve todo um sistema educacional que urge mudanças estruturais que possibilitem autonomia intelectual aos alunos do século XXI, para os quais os conhecimentos enciclopédicos estão a um clique, porém, as análises desses conhecimentos demandam muitas outras habilidades e competências para serem construídas e elaboradas de forma efetiva. A autonomia intelectual é um dos objetivos da educação, que deve ser estimulado e construído em todos os níveis de ensino. Não teremos avanços em nosso sistema de ensino supondo que uma educação que privilegia a pura transmissão de conhecimentos alcançará essa autonomia como um efeito colateral.

Portanto, a proposta desta obra se assenta na larga experiência de seus autores, tanto em relação ao conhecimento teórico e formação acadêmica quanto na prática docente na educação básica, em cursos de graduação, especialização e pós-graduação, nos quais estão envolvidos com discussões e implementação de ações incluindo as metodologias ativas na educação. Com essa proposta, procuramos embasar e inspirar educadores que, assim como nós, acreditem no poder transformador da educação e na importância de ela estar conectada aos alunos do século XXI.

Lilian Bacich e **José Moran**
Organizadores

Sumário

Metodologias ativas para uma aprendizagem mais profunda

José Moran

A APRENDIZAGEM É ATIVA

Aprendemos ativamente desde que nascemos e ao longo da vida, em processos de *design* aberto, enfrentando desafios complexos, combinando trilhas flexíveis e semiestruturadas, em todos os campos (pessoal, profissional, social) que ampliam nossa percepção, conhecimento e competências para escolhas mais libertadoras e realizadoras. A vida é um processo de aprendizagem ativa, de enfrentamento de desafios cada vez mais complexos.

Aprendemos desde que nascemos a partir de situações concretas, que pouco a pouco conseguimos ampliar e generalizar (processo indutivo), e aprendemos também a partir de ideias ou teorias para testá-las depois no concreto (processo dedutivo), "[...] não apenas para nos adaptarmos à realidade, mas, sobretudo, para transformar, para nela intervir, recriando-a" (FREIRE, 1996, p. 28).

Aprendemos quando alguém mais experiente nos fala e aprendemos quando descobrimos a partir de um envolvimento mais direto, por questionamento e experimentação (a partir de perguntas, pesquisas, atividades, projetos). As metodologias predominantes no ensino são as dedutivas: o professor transmite primeiro a teoria e depois o aluno deve aplicá-la a situações mais específicas.

O que constatamos, cada vez mais, é que a aprendizagem por meio da transmissão é importante, mas a aprendizagem por questionamento e experimentação é mais relevante para uma compreensão mais ampla e profunda. Nos últimos anos, tem havido uma ênfase em combinar metodologias ativas em contextos híbridos, que unam as vantagens das metodologias indutivas e das metodologias dedutivas. Os modelos híbridos procuram equilibrar a experimentação com a dedução, invertendo a ordem tradicional: experimentamos, entendemos a teoria e voltamos para a realidade (indução-dedução, com apoio docente).

A aprendizagem é ativa e significativa quando avançamos em espiral, de níveis mais simples para mais complexos de conhecimento e competência em todas as dimensões da vida. Esses avanços realizam-se por diversas trilhas com movimentos, tempos e desenhos diferentes, que se integram como mosaicos dinâmicos, com diversas ênfases, cores e sínteses, frutos das interações pessoais, sociais e culturais em que estamos inseridos.

As pesquisas atuais da neurociência comprovam que o processo de aprendizagem é único e diferente para cada ser humano, e que cada pessoa aprende o que é mais relevante e o que faz sentido para si, o que gera conexões cognitivas e emocionais.

A psicologia cognitiva também mostra a importância do *mindset*, ou mentalidade, para a prontidão e ritmo da aprendizagem. Pessoas com uma mentalidade mais aberta podem aceitar melhor fracassos e desafios do que as de mentalidade mais fechada, que têm mais dificuldade em mudar e podem ter baixa autoestima (DWECK, 2006).

Aprendemos o que nos interessa, o que encontra ressonância íntima, o que está próximo do estágio de desenvolvimento em que nos encontramos. Dewey (1950),

Freire (1996), Ausubel et al. (1980), Rogers (1973), Piaget (2006), Vygotsky (1998) e Bruner (1976), entre tantos outros e de forma diferente, têm mostrado como cada pessoa (criança ou adulto) aprende de forma ativa, a partir do contexto em que se encontra, do que lhe é significativo, relevante e próximo ao nível de competências que possui. Todos esses autores questionam também o modelo escolar de transmissão e avaliação uniforme de informação para todos os alunos.

Em um sentido amplo, toda aprendizagem é ativa em algum grau, porque exige do aprendiz e do docente formas diferentes de movimentação interna e externa, de motivação, seleção, interpretação, comparação, avaliação, aplicação. "A curiosidade, o que é diferente e se destaca no entorno, desperta a emoção. E, com a emoção, se abrem as janelas da atenção, foco necessário para a construção do conhecimento" (MORA, 2013, p. 66). A aprendizagem mais profunda requer espaços de prática frequentes (aprender fazendo) e de ambientes ricos em oportunidades. Por isso, é importante o estímulo multissensorial e a valorização dos conhecimentos prévios dos estudantes para "ancorar" os novos conhecimentos.

Os processos de aprendizagem são múltiplos, contínuos, híbridos, formais e informais, organizados e abertos, intencionais e não intencionais. O ensino regular é um espaço importante, pelo peso institucional, anos de certificação e investimentos envolvidos, mas convive com inúmeros outros espaços e formas de aprender mais abertos, sedutores e adaptados às necessidades de cada um.

Aprendemos também de muitas maneiras, com diversas técnicas e procedimentos, mais ou menos eficazes para conseguir os objetivos desejados. A aprendizagem ativa aumenta a nossa flexibilidade cognitiva, que é a capacidade de alternar e realizar diferentes tarefas, operações mentais ou objetivos e de adaptar-nos a situações inesperadas, superando modelos mentais rígidos e automatismos pouco eficientes.

As aprendizagens por experimentação, por *design* e a aprendizagem *maker* são expressões atuais da aprendizagem ativa, personalizada, compartilhada. A ênfase na palavra ativa precisa sempre estar associada à aprendizagem reflexiva, para tornar visíveis os processos, os conhecimentos e as competências do que estamos aprendendo com cada atividade. Ensinar e aprender tornam-se fascinantes quando se convertem em processos de pesquisa constantes, de questionamento, de criação, de experimentação, de reflexão e de compartilhamento crescentes, em áreas de conhecimento mais amplas e em níveis cada vez mais mais profundos. A sala de aula pode ser um espaço privilegiado de cocriação, *maker*, de busca de soluções empreendedoras, em todos os níveis, onde estudantes e professores aprendam a partir de situações concretas, desafios, jogos, experiências, vivências, problemas, projetos, com os recursos que têm em mãos: materiais simples ou sofisticados, tecnologias básicas ou avançadas. O importante é estimular a criatividade de cada um, a percepção de que todos podem evoluir como pesquisadores, descobridores, realizadores; que conseguem assumir riscos, aprender com os colegas, descobrir seus potenciais. Assim, o aprender se torna uma aventura permanente, uma atitude constante, um progresso crescente.

Para que tudo isso aconteça, todo o ambiente escolar – gestão, docência, espaços físicos e digitais – precisa ser acolhedor, aberto, criativo e empreendedor. Comparando o que acontece em muitas escolas (memorização, repetição, controle) com essa visão criativa e empreendedora da aprendizagem, constatamos o quanto ainda precisamos evoluir para que todos tenham oportunidades interessantes de aprender e de empreender.

O professor como orientador ou mentor ganha relevância. O seu papel é ajudar os alunos a irem além de onde conseguiriam ir sozinhos, motivando, questionando, orientando. Até alguns anos atrás, ainda fazia sentido que o professor explicasse tudo e o aluno anotasse, pesquisasse e mostrasse o quanto aprendeu. Estudos revelam que quando o professor fala menos, orienta mais e o aluno participa de forma ativa, a aprendizagem é mais significativa (DOLAN; COLLINS, 2015).

METODOLOGIAS ATIVAS E MODELOS HÍBRIDOS

Dois conceitos são especialmente poderosos para a aprendizagem hoje: **aprendizagem ativa** e **aprendizagem híbrida**. As metodologias ativas dão ênfase ao papel protagonista do aluno, ao seu envolvimento direto, participativo e reflexivo em todas as etapas do processo, experimentando, desenhando, criando, com orientação do professor; a aprendizagem híbrida destaca a flexibilidade, a mistura e compartilhamento de espaços, tempos, atividades, materiais, técnicas e tecnologias que compõem esse processo ativo. *Híbrido*, hoje, tem uma mediação tecnológica forte: físico-digital, móvel, ubíquo, realidade física e aumentada, que trazem inúmeras possibilidades de combinações, arranjos, itinerários, atividades.[1]

Metodologias são grandes diretrizes que orientam os processos de ensino e aprendizagem e que se concretizam em estratégias, abordagens e técnicas concretas, específicas e diferenciadas.

Metodologias ativas são estratégias de ensino centradas na participação efetiva dos estudantes na construção do processo de aprendizagem, de forma flexível, interligada e híbrida. As metodologias ativas, num mundo conectado e digital, expressam-se por meio de modelos de ensino híbridos, com muitas possíveis combinações. A junção de metodologias ativas com modelos flexíveis e híbridos traz contribuições importantes para o desenho de soluções atuais para os aprendizes de hoje.

A aprendizagem mais intencional (formal, escolar) se constrói num processo complexo e equilibrado entre três movimentos ativos híbridos principais: a construção **individual** – na qual cada aluno percorre e escolhe seu caminho, ao menos parcialmente; a **grupal** – na qual o aluno amplia sua aprendizagem por meio de diferentes formas de envolvimento, interação e compartilhamento de saberes, ativi-

---

[1] Recomendo o aprofundamento desse conceito híbrido em Schlemmer (2014).

dades e produções com seus pares, com diferentes grupos, com diferentes níveis de supervisão docente; e a **tutorial,** em que aprende com a orientação de pessoas mais experientes em diferentes campos e atividades (curadoria, mediação, mentoria).

Em todos os níveis há, ou pode haver, orientação ou supervisão, e ela é importantíssima para que o aluno avance mais profundamente na aprendizagem. Porém, na construção individual, a responsabilidade principal é de cada um, da sua iniciativa, do que é previsto pela escola e do que o aluno constrói nos demais espaços e tempos. O mesmo acontece na construção colaborativa ou grupal: nela, a aprendizagem depende muito – mesmo havendo supervisão – da qualidade, riqueza e iniciativas concretas dos grupos, dos projetos que desenvolvem, do poder de reflexão e da sistematização realizada a partir das atividades desenvolvidas. O papel principal do especialista ou docente é o de orientador, tutor dos estudantes individualmente e nas atividades em grupo, nas quais os alunos são sempre protagonistas.

Aprendizagem personalizada

A personalização, **do ponto de vista dos alunos**, é o movimento de construção de trilhas que façam sentido para cada um, que os motivem a aprender, que ampliem seus horizontes e levem-nos ao processo de serem mais livres e autônomos. Cada estudante, de forma mais direta ou indireta, procura respostas para suas inquietações mais profundas e pode relacioná-las com seu projeto de vida e sua visão de futuro, principalmente ao contar com mentores competentes e confiáveis.

A personalização, **do ponto de vista do educador e da escola**, é o movimento de ir ao encontro das necessidades e interesses dos estudantes e de ajudá-los a desenvolver todo o seu potencial, motivá-los, engajá-los em projetos significativos, na construção de conhecimentos mais profundos e no desenvolvimento de competências mais amplas.

Há diversas formas e modelos de personalização. Um primeiro modelo é planejar atividades diferentes para que os alunos aprendam de várias formas (rotação por estações, por exemplo). Um outro modelo é desenhar o mesmo roteiro básico para todos os alunos e permitir que eles o executem no seu próprio ritmo, realizando a avaliação quando se sentirem prontos e podendo refazer o percurso sempre que necessário.[2] Uma outra forma de personalização é colocar os alunos numa plataforma adaptativa (p. ex., a Khan Academy, em matemática) e acompanhar as suas atividades *on-line*, percebendo o grau de domínio em alguns temas em relação a outros, e organizando atividades de apoio de acordo com as necessidades observadas na visualização *on-line*.[3] Há modelos de personalização mais avançados, nos

---

[2] Para aprofundar este tema, veja Bacich, Tanzi Neto, Trevisani (2015).

[3] Para o leitor que ainda não experimentou uma plataforma adaptativa, acesse https://pt.khanacademy.org, inscreva-se como aluno e realize os exercícios que achar convenientes. Logo visualizará seu progresso, por meio de pontos e medalhas. Caso seja professor, entre como professor, cadastre alguns alunos e conseguirá ver o percurso de cada um, identificando as áreas nas quais têm mais domínio e dificuldades em matemática.

quais os estudantes podem escolher parcialmente (algumas disciplinas ou temas) ou totalmente seu percurso. Esta última opção acontece em alguns projetos educacionais mais inovadores (BARRERA, 2016).

A personalização é um processo complexo, que exige maturidade e autonomia crescente dos estudantes e também docentes muito bem preparados e remunerados, bom apoio institucional e infraestrutura tecnológica. Os professores precisam descobrir quais são as motivações profundas de cada estudante, o que os mobiliza a aprender, os percursos, técnicas e tecnologias mais adequados para cada situação e combinar equilibradamente atividades individuais e grupais, presenciais e *on-line*.

A aprendizagem é mais significativa quando motivamos os alunos intimamente, quando eles acham sentido nas atividades que propomos, quando consultamos suas motivações profundas, quando se engajam em projetos para os quais trazem contribuições, quando há diálogo sobre as atividades e a forma de realizá-las. Para isso, é fundamental conhecê-los, perguntar, mapear o perfil de cada estudante. Além de conhecê-los, acolhê-los afetivamente, estabelecer pontes, aproximar-se do universo deles, de como eles enxergam o mundo, do que eles valorizam, partindo de onde eles estão para ajudá-los a ampliar sua percepção, a enxergar outros pontos de vista, a aceitar desafios criativos e empreendedores.

Temos plataformas e aplicativos que nos oferecem cada vez mais possibilidades de personalização e acompanhamento. As plataformas adaptativas monitoram os avanços dos alunos em tempo real, sugerem alternativas e permitem que cada um estude sem professor no seu próprio ritmo, até determinado ponto. Cada aluno conta com um *dashboard*, um quadro em que visualiza o percentual de conclusão de cada tema ou atividade e mais estatísticas do seu desenvolvimento. Ele consegue perceber em quais temas tem maior domínio e em quais tem dificuldades e precisa de mais auxílio. Em paralelo, o professor visualiza esses mesmos avanços e dificuldades dos seus alunos em um quadro em tempo real.[4] Há muitas pesquisas sobre os processos de personalização com modelos híbridos e tecnologias digitais. A mais completa realizada no Brasil está publicada no livro *Ensino híbrido: personalização e tecnologia na educação* (BACICH; TANZI NETO; TREVISANI, 2015).

A APRENDIZAGEM PERSONALIZADA A PARTIR DO PROJETO DE VIDA

As instituições mais inovadoras desenham uma política clara de personalização da aprendizagem em torno do projeto de vida do aluno. A personalização encontra seu sentido mais profundo quando cada estudante se conhece melhor e amplia a percepção do seu potencial em todas as dimensões. O projeto de vida é um

---

4 Algumas plataformas adaptativas que estão em evolução são, além da Khan Academy, a Geekie, o QMágico e a Knewton, entre muitas outras.

componente curricular transversal importante, que visa a promover a convergência, de um lado, entre os interesses e paixões de cada aluno e, de outro, entre seus talentos, história e contexto. Estimula-se a busca de trilhas de vida com significado útil pessoal e socialmente e, como consequência, pretende-se ampliar a motivação profunda para aprender e evoluir em todas as dimensões. São trilhas pessoais de vida porque elas se refazem, redefinem, modificam com o tempo. Não são roteiros fechados, mas abertos, adaptados às necessidades de cada um. São projetos porque estão em construção e têm dinâmicas que ajudam a rever o passado, a situar-se no presente e a projetar algumas dimensões do futuro. Os projetos de vida olham para o passado (história) de cada aluno, para o seu contexto atual e para as suas expectativas futuras. Isso pode ser trabalhado com a metodologia de *design*, focando a empatia, a criação de ambientes afetivos e de confiança, nos quais cada aluno pode expressar-se e contar seu percurso, suas dificuldades, seus medos, suas expectativas e ser orientado para encontrar uma vida com significado e desenhar seu projeto de futuro.

Todos os professores e todas as atividades de ensino e aprendizagem podem contribuir para que cada aluno se conheça melhor, se oriente de forma mais consciente. Alguns o fazem de forma mais institucional e direta, assumindo o papel de mentores, acompanhando mais de perto os alunos no seu dia a dia, ajudando-os a descobrir seus interesses, talentos e fragilidades e a tomar decisões para modificar sua visão de mundo e desenhar caminhos para o futuro. É importante ter uma equipe de mentores com perfis complementares para que consigam acompanhar as diversas etapas de cada projeto (diagnóstico, *design*, implementação, avaliação) e as diferentes visões de mundo dos alunos. No começo, deve ficar claro para o aluno todo o processo, os momentos mais importantes, os materiais de apoio, os mentores específicos atribuídos. Isso garantirá que o projeto de vida não seja só uma ideia no papel, mas uma ação viva continuada (MASCARENHAS, 2015). Um caminho interessante para o projeto de vida é a construção de narrativas, em que cada aluno conta a sua história utilizando as diversas tecnologias disponíveis e vai construindo o seu e-portfólio com todo o percurso de aprendizagem.

Aprendizagem compartilhada

Um segundo movimento importante para aprender acontece pelas múltiplas possibilidades de encontros com pessoas próximas e distantes/conectadas, que se agrupam de forma mais aberta ou organizada, pontual ou permanente, formal ou informal, espontânea ou estruturada, com ou sem supervisão, em contextos confiáveis, de apoio e também nos desafiadores.

Segundo a neurociência, nosso cérebro aprende conectando-se em rede. Todas as iniciativas para abrir os espaços das escolas para o mundo, ampliando as diferentes redes sociais e tecnológicas, pessoais, grupais e institucionais, contribuem para oferecer ricas oportunidades de aprendizagem.

A combinação de tantos ambientes e possibilidades de troca, colaboração, coprodução e compartilhamento entre pessoas com habilidades diferentes e objetivos comuns traz inúmeras oportunidades de ampliar nossos horizontes, desenhar processos, projetos e descobertas, construir soluções e produtos e mudar valores, atitudes e mentalidades. A combinação equilibrada da flexibilidade da aprendizagem híbrida – *blended*, misturada – com metodologias ativas – fazendo, refletindo, avaliando e compartilhando – facilita a ampliação de nossa percepção, conhecimento e competência em todos os níveis.

O mundo da cocriação, do *coworking*, da economia criativa, do *design* colaborativo e da cultura *maker* comprova a força da colaboração, do compartilhamento, da sinergia para descobrir novas soluções, processos, produtos, organizações. As sociedades mais dinâmicas são as que incentivam a colaboração, o empreendedorismo e a criatividade.

Ganha importância na educação formal o contato com entornos reais, com problemas concretos da comunidade, não somente para conhecê-los, mas para procurar contribuir com soluções reais, a partir de processos de empatia, de aproximação, de escuta e de compartilhamento. É a **aprendizagem-serviço**, em que os professores, os alunos e a instituição aprendem interagindo com diversos contextos reais, abrindo-se para o mundo e ajudando a modificá-lo.

A aprendizagem por projetos, por problemas, por *design*, construindo histórias, vivenciando jogos, interagindo com a cidade com o apoio de mediadores experientes, equilibrando as escolhas pessoais e as grupais é o caminho que comprovadamente traz melhores e mais profundos resultados em menor tempo na educação formal.[5]

Sozinhos, podemos aprender a avançar bastante; compartilhando, podemos conseguir chegar mais longe e, se contamos com a tutoria de pessoas mais experientes, podemos alcançar horizontes inimagináveis.

Infelizmente, muitos não exploram todas as possibilidades da aprendizagem em rede: limitam-se a compartilhar imagens, vídeos e outros materiais de entretenimento, manter conversas banais ou encastelar-se em grupos que reforçam visões estreitas, simplistas ou preconceituosas do mundo. Estar em rede, compartilhando, é uma grande oportunidade de aprendizagem ativa, que uns conseguem explorar com competência, enquanto outros desperdiçam com futilidades.

A aprendizagem por tutoria

O terceiro movimento na aprendizagem acontece no contato com profissionais mais experientes (professores, tutores, mentores). Eles podem ajudar-nos a ir além

---

[5] Algumas técnicas de aprendizagem por compartilhamento e colaborativas serão detalhadas na página 12.

de onde conseguiríamos chegar sozinhos ou em grupos de pares. Desempenham o papel de curadores para que cada estudante avance mais na aprendizagem individualizada; desenham algumas estratégias para que a aprendizagem entre pares seja bem-sucedida e conseguem ajudar os aprendizes a ampliar a visão de mundo que desenvolveram nos percursos individuais e grupais, levando-os a novos questionamentos, investigações, práticas e sínteses.

Os bons professores e orientadores sempre foram e serão fundamentais para avançarmos na aprendizagem. Eles ajudam a desenhar roteiros interessantes, problematizam, orientam, ampliam os cenários, as questões, os caminhos a serem percorridos. O diferente hoje é que eles não precisam estar o tempo todo junto com os alunos, nem precisam estar explicando as informações para todos. A combinação de aprendizagens personalizadas, grupais e tutoriais no projeto pedagógico é poderosa para obter os resultados desejados.

O que a educação formal hoje precisa levar em conta é que a aprendizagem individual, grupal e tutorial avança no cotidiano fora das escolas, pelas muitas ofertas informais na rede. Temos inúmeras oportunidades de aprender sozinhos, em grupo e por meio de *coaching* ou orientação de diversos tutores. Há inúmeros cursos massivos abertos, grupos de colaboração acessíveis e pessoas mais experientes que podem ajudar-nos (de forma gratuita ou remunerada) fora das instituições formais. Assim, se a educação formal quiser continuar sendo relevante, precisa incorporar todas essas possibilidades do cotidiano aos seus projetos pedagógicos. Incorporar os caminhos individuais de aprender, os colaborativos e os de orientação.

A comunicação por meio da colaboração se complementa com a comunicação um a um, com a personalização, com o diálogo do professor com cada aluno e seu projeto, com a orientação e acompanhamento do seu ritmo. Podemos oferecer sequências didáticas mais personalizadas, monitorando-as, avaliando-as em tempo real, com o apoio de plataformas adaptativas, o que não era possível na educação mais massiva ou convencional. Com isso, o professor conversa com seus alunos, orienta-os de uma forma mais direta, no momento em que precisam e da maneira mais conveniente.

O papel ativo do professor como *designer* de caminhos, de atividades individuais e em grupo é decisivo e diferente. O professor torna-se, cada vez mais, um gestor e orientador de caminhos coletivos e individuais, previsíveis e imprevisíveis, em uma construção mais aberta, criativa e empreendedora.

A interconexão entre aprendizagem pessoal e colaborativa, em um movimento contínuo e ritmado, ajuda o aluno a avançar muito além do que seria possível sozinho ou em grupo. Os projetos pedagógicos inovadores conciliam, na organização curricular, espaços, tempos e projetos que equilibram a comunicação pessoal e a colaborativa, presencial e *on-line* e que, sob orientação de um professor, nos levam a um patamar mais elevado de síntese e de novas habilidades.

Na maior parte do tempo, na educação presencial e a distância, ensinamos com materiais e comunicações escritos, orais e audiovisuais, previamente selecionados ou elaborados. Esses materiais são extremamente importantes, mas a melhor forma de aprender é combinar, de forma equilibrada, atividades, desafios e informação contextualizada. Para aprender a dirigir um carro, não basta ler muito sobre esse tema; é preciso experimentar, rodar com ele em diversas situações, com supervisão, para depois poder assumir o comando do veículo sem riscos.

As instituições educacionais inovadoras combinam o melhor da personalização, do compartilhamento e da tutoria. Cada estudante, em cada fase da vida, avança na autonomia (personalização) na aprendizagem grupal, colaborativa, compartilhada com tutoria (mediação, mentoria) de pessoas mais experientes em diversas áreas do conhecimento.

Seus currículos são suficientemente flexíveis para que os alunos possam **personalizar seu percurso**, total ou parcialmente, de acordo com suas necessidades, expectativas e estilos de aprendizagem e também para prever projetos e atividades em grupo significativos, articulando a prática e a teoria. São híbridos, com integração de tempos, espaços e atividades, que propõem um *continuum* entre modelos com momentos mais presenciais e modelos mais digitais, superando a dicotomia *presencial x a distância*, combinando e otimizando essas duas formas de aprendizagem com o que cada uma tem de melhor e no que são mais convenientes para a aprendizagem de cada tipo de estudante.

Também ampliam os processos de **avaliação da aprendizagem**, que acontece de várias formas: avaliação diagnóstica, formativa, mediadora; avaliação da produção (do percurso – portfólios digitais, narrativas, relatórios, observação); avaliação por rubricas (competências pessoais, cognitivas, relacionais, produtivas); avaliação dialógica; avaliação por pares; autoavaliação; avaliação *on-line*; avaliação integradora, entre outras. Os alunos precisam demonstrar na prática o que aprenderam, com produções criativas e socialmente relevantes que mostrem a evolução e o percurso realizado.

CONTRIBUIÇÃO CENTRAL DAS TECNOLOGIAS DIGITAIS PARA A APRENDIZAGEM ATIVA

As tecnologias digitais móveis, conectadas, leves, ubíquas são o motor e a expressão do dinamismo transformador, da aprendizagem social por compartilhamento, da aprendizagem por *design*, das tentativas constantes de aperfeiçoamento e de introdução de novos produtos, processos e relações. Hoje não são só apoio ao ensino, são eixos estruturantes de uma aprendizagem criativa, crítica, empreendedora, personalizada e compartilhada, sempre que haja profissionais da educação abertos e competentes (na educação formal), currículos abertos e metodologias ativas (PÉREZ GÓMEZ, 2015).

O acesso fácil (infraestrutura, banda larga, mobilidade) e as competências digitais são fundamentais para implementar propostas educacionais atuais, motivadoras e inovadoras. Escolas deficientes em integrar o digital no currículo são escolas incompletas, pois escamoteiam uma das dimensões básicas na qual os humanos vivem no século XXI, ou seja, conectados, em rede, navegando competentemente entre mundos antes separados, hoje híbridos, em que a sinergia de processos não distingue fronteiras físico-digitais "realidade" presencial-digital-virtual (COLL; MONEREO, 2010).

As tecnologias digitais trazem inúmeros problemas, desafios, distorções e dependências que devem ser parte do projeto pedagógico de aprendizagem ativa e libertadora. No entanto, esses problemas que as tecnologias trazem não podem ocultar a outra face da moeda: é absurdo educar de costas para um mundo conectado, educar para uma vida bucólica, sustentável e progressista baseada só em tempos e encontros presenciais e atividades analógicas (que são, também, importantes).

O mundo é híbrido e ativo, o ensino e a aprendizagem, também, com muitos caminhos e itinerários que precisamos conhecer, acompanhar, avaliar e compartilhar de forma aberta, coerente e empreendedora.

As tecnologias facilitam a aprendizagem colaborativa, entre colegas próximos e distantes. É cada vez mais importante a comunicação entre pares, entre iguais, dos alunos entre si, trocando informações, participando de atividades em conjunto, resolvendo desafios, realizando projetos, avaliando-se mutuamente. Fora da escola acontece o mesmo, na comunicação entre grupos, nas redes sociais, que compartilham interesses, vivências, pesquisas, aprendizagens. A educação se horizontaliza e se expressa em múltiplas interações grupais e personalizadas.

As tecnologias

[...] propiciam a reconfiguração da prática pedagógica, a abertura e plasticidade do currículo e o exercício da coautoria de professores e alunos. Por meio da midiatização das tecnologias de informação e comunicação, o desenvolvimento do currículo se expande para além das fronteiras espaço-temporais da sala de aula e das instituições educativas; supera a prescrição de conteúdos apresentados em livros, portais e outros materiais; estabelece ligações com os diferentes espaços do saber e acontecimentos do cotidiano; e torna públicas as experiências, os valores e os conhecimentos, antes restritos ao grupo presente nos espaços físicos, onde se realizava o ato pedagógico. (ALMEIDA; VALENTE, 2012, p. 60).

A tecnologia em rede e móvel e as competências digitais são componentes fundamentais de uma educação plena. Um aluno não conectado e sem domínio digital perde importantes chances de se informar, de acessar materiais muito ricos disponíveis, de se comunicar, de se tornar visível para os demais, de publicar suas ideias e de aumentar sua empregabilidade futura.

O compartilhamento em tempo real é a chave da aprendizagem hoje. Aplicativos de comunicação como Hangouts e Skype facilitam a interação de grupos, a discussão de projetos e ideias, a apresentação de resultados e a orientação também mais personalizada.

A combinação de metodologias ativas com tecnologias digitais móveis é hoje estratégica para a inovação pedagógica. As tecnologias ampliam as possibilidades de pesquisa, autoria, comunicação e compartilhamento em rede, publicação, multiplicação de espaços e tempos; monitoram cada etapa do processo, tornam os resultados visíveis, os avanços e as dificuldades. As tecnologias digitais diluem, ampliam e redefinem a troca entre os espaços formais e informais por meio de redes sociais e ambientes abertos de compartilhamento e coautoria.

A convergência digital exige mudanças muito mais profundas que afetam a escola em todas as suas dimensões: infraestrutura, projeto pedagógico, formação docente, mobilidade. A chegada das tecnologias móveis à sala de aula traz tensões, novas possibilidades e grandes desafios. Elas são cada vez mais fáceis de usar, permitem a colaboração entre pessoas próximas e distantes, ampliam a noção de espaço escolar, integram alunos e professores de países, línguas e culturas diferentes. E todos, além da aprendizagem formal, têm a oportunidade de se engajar, aprender e desenvolver relações duradouras para suas vidas.

É possível e conveniente priorizar a utilização de aplicativos e recursos gratuitos, *on-line*, colaborativos e sociais. Também há inúmeros materiais abertos disponíveis para todas as áreas de conhecimento e níveis de ensino.[6]

Os bons materiais (interessantes e estimulantes, impressos e digitais) são fundamentais para o sucesso da aprendizagem. Precisam ser acompanhados de desafios, atividades, histórias, jogos que realmente mobilizem os alunos em cada etapa, que lhes permitam caminhar em grupo (colaborativamente) e sozinhos (aprendizagem personalizada) utilizando as tecnologias mais adequadas (e possíveis) em cada momento.[7]

ALGUMAS TÉCNICAS PARA A APRENDIZAGEM ATIVA

A **diversidade de técnicas** pode ser útil, se bem equilibrada e adaptada entre o individual e o coletivo. Cada abordagem – problemas, projetos, *design*, jogos, narrativas – tem importância, mas não pode ser superdimensionada como única. A analogia de um cardápio alimentar pode ser ilustrativa. Uma alimentação saudável pode ser conseguida a partir de uma receita básica única. Porém, se todos os dias repetimos

---

[6] Para mais informações, acesse: http://educacaoaberta.org e http://educacionabierta.org.

[7] Para mais informações, acesse: Fablearn: Meaningful making book: http://fablearn.org/fellows/meaningful--making-book. Como construir um espaço *maker* (em inglês): www.edsurge.com/research/guides/how-to--build-your-makerspace. Laboratório de Educação - Heloísa Neves: www.youtube.com/watch?v=jM5H9e-zIIgs. Aprendizagem no ensino técnico (SENAI): www.youtube.com/watch?v=3g2Lbyi4N50

o mesmo menu, torna-se insuportável. A variedade e combinação dos ingredientes são componentes fundamentais do sucesso de um bom projeto alimentar, assim como do educacional. É possível, com os mesmos ingredientes, desenvolver pratos com sabores diferentes. Na educação formal, há muitas combinações possíveis, com variações imensas na aplicação e resultados, que vamos experimentando de forma dinâmica e constante, reavaliando-as e reinventando-as de acordo com a conveniência para obter os resultados desejados.

Inverter a forma de ensinar

No ensino convencional, os professores procuram garantir que todos os alunos aprendam o mínimo esperado. Para isso, explicam os conceitos básicos e, então, pedem que os alunos estudem e aprofundem esses conceitos por meio de leituras e atividades.

Hoje, depois que os estudantes desenvolvem o domínio básico de leitura e escrita nos primeiros anos do ensino fundamental, podemos inverter o processo: as informações básicas sobre um tema ou problema podem ser pesquisadas pelo aluno para iniciar-se no assunto, partindo dos conhecimentos prévios e ampliando-os com referências dadas pelo professor (curadoria) e com as que o aluno descobre nas inúmeras oportunidades informativas de que dispõe. O aluno então pode compartilhar sua compreensão desse tema com os colegas e o professor, em níveis de interação e ampliação progressivos, com participações em dinâmicas grupais, projetos, discussões e sínteses, em momentos posteriores que podem ser híbridos, presenciais e *on-line*, combinados.

A aula invertida tem sido vista de uma forma reducionista como assistir vídeos antes e realizar atividades presenciais depois. Essa é uma das formas de inversão. O aluno pode partir de pesquisas, projetos e produções para iniciar-se em um assunto e, a seguir, aprofundar seu conhecimento e competências com atividades supervisionadas.

Porém, a inversão tem um alcance maior quando é combinada com algumas dimensões da personalização/individualização, como a autonomia e a flexibilização. Uma parte do processo de aprendizagem é do aluno e pode acontecer tanto antes de um encontro coletivo em sala de aula (aula invertida) quanto nesse espaço (roteiros individuais em ritmos diferentes para cada um) e em atividades pós aula.

A aula invertida é uma estratégia ativa e um modelo híbrido, que otimiza o tempo da aprendizagem e do professor. O conhecimento básico fica a cargo do aluno – com curadoria do professor – e os estágios mais avançados têm interferência do professor e também um forte componente grupal. Bergmann e Sams (2016) foram os primeiros divulgadores de algumas técnicas da aula invertida, principalmente utilizando o vídeo como material para estudo prévio, com a vantagem de que cada aluno pode assisti-lo no seu ritmo, quantas vezes precisar e solicitando, se necessário, a colaboração dos pais ou colegas. Depois o professor pode orientar atividades de acordo com a situação de cada aluno e suas necessidades específicas.

Há materiais disponíveis sobre qualquer assunto, recursos que o aluno pode percorrer por ele mesmo, no ritmo que for mais adequado. O docente propõe o estudo de determinado tema e o aluno procura as informações básicas na internet, assiste a vídeos e animações e lê os textos que estão disponíveis na *web* ou na biblioteca da escola.

O passo seguinte é fazer uma avaliação pedindo que a turma responda a três ou quatro questões sobre o assunto, para diagnosticar o que foi aprendido e os pontos nos quais necessita de ajuda. Em sala de aula, o professor orienta aqueles que ainda não adquiriram o básico para que possam avançar. Ao mesmo tempo, oferece problemas mais complexos a quem já domina o essencial, e, assim, os estudantes vão aplicando os conhecimentos e relacionando-os com a realidade.

Um modelo um pouco mais complexo é partir diretamente de desafios, o que pode ocorrer dentro de uma só disciplina ou em várias. Três ou quatro professores que trabalhem com a mesma turma podem propor um problema interessante cuja resolução envolva diversas áreas do conhecimento. É importante que os projetos estejam ligados à vida dos alunos, às suas motivações profundas, e que o professor saiba gerenciar essas atividades, envolvendo-os, negociando com eles as melhores formas de realizar o projeto, valorizando cada etapa e principalmente a apresentação e a publicação em um lugar visível do ambiente virtual, para além do grupo e da classe.

Pesquisas sobre formas diferentes de aula invertida mostraram que quando se começa com atividades, projetos e experimentação o avanço é maior do que começando por materiais prontos (textos, vídeos) (BLIKSTEIN apud FONSECA; GOMES, 2013).

O importante para inverter a sala de aula é engajar os alunos em questionamentos e resolução de problemas, revendo, ampliando e aplicando o que foi aprendido *on-line* com atividades bem planejadas e fornecendo-lhes *feedback* imediatamente.[8]

Há muitas formas de inverter o processo de aprendizagem. Pode-se começar por projetos, pesquisa, leituras prévias e produções dos alunos e depois promover aprofundamentos em classe com a orientação do professor. O curso *Ensino híbrido, personalização e tecnologia* oferece vídeos e materiais feitos por professores brasileiros e norte-americanos sobre os diversos aspectos do ensino híbrido, na visão do professor, do aluno, do currículo, da tecnologia, da avaliação e da gestão, além de abordar a mudança de cultura. Vale a pena ler o livro sobre o mesmo tema, *Ensino híbrido: personalização e tecnologia na educação* (BACICH; TANZI NETO; TREVISANI, 2015).

---

8 Texto completo disponível em inglês em www.cvm.umn.edu/facstaff/prod/groups/cvm/@pub/@cvm/@facstaff/documents/content/cvm_content_454476.pdf.

O articulador das etapas individuais e grupais é o docente, com sua capacidade de acompanhar, mediar, analisar os processos, resultados, lacunas e necessidades a partir dos percursos realizados pelos alunos individualmente e em grupo. Esse novo papel do professor é mais complexo do que o anterior de transmitir informações. Precisa de uma preparação em competências mais amplas, além do conhecimento do conteúdo, como saber adaptar-se ao grupo e a cada aluno, planejar, acompanhar e avaliar atividades significativas e diferentes.

É possível fazer isso com tecnologias simples, incentivando que os alunos contem histórias e trabalhem com situações reais, que integrem alguns dos jogos do cotidiano. Se mudarmos a mentalidade dos docentes para serem mediadores, eles poderão utilizar os recursos próximos, os que estão no celular, como uma câmera para ilustrar ou um programa gratuito para juntar as imagens e contar, com elas, histórias interessantes.

Há algumas condições para o sucesso da aula invertida: a mudança cultural de professores, alunos e pais para aceitar a nova proposta; a escolha de bons materiais, vídeos e atividades para uma aprendizagem preliminar; e um bom acompanhamento do ritmo de cada aluno, para desenhar as técnicas mais adequadas nos momentos presenciais.

A combinação de aprendizagem por desafios, problemas reais e jogos com a aula invertida é muito importante para que os alunos aprendam fazendo, aprendam juntos e aprendam, também, no seu próprio ritmo. Os jogos e as aulas roteirizadas com a linguagem de jogos – a chamada gamificação – estão cada vez mais presentes no cotidiano escolar e são importantes caminhos de aprendizagem para gerações acostumadas a jogar.

Aprendizagem baseada em investigação e em problemas

Um dos caminhos mais interessantes de aprendizagem ativa é por meio da **aprendizagem baseada na investigação** (ABIn). Nessa modalidade, os estudantes, sob orientação dos professores, desenvolvem a habilidade de levantar questões e problemas e buscam – individualmente e em grupo e utilizando métodos indutivos e dedutivos – interpretações coerentes e soluções possíveis (BONWELL; EISON, 1991). Isso envolve pesquisar, avaliar situações e pontos de vista diferentes, fazer escolhas, assumir riscos, aprender pela descoberta e caminhar do simples para o complexo. Os desafios bem planejados contribuem para mobilizar as competências desejadas, sejam intelectuais, emocionais, pessoais ou comunicacionais. Nas etapas de formação, os alunos precisam do acompanhamento de profissionais experientes para ajudá-los a tornar conscientes alguns processos, a estabelecer conexões não percebidas, a superar etapas mais rapidamente, a confrontar novas possibilidades.

A **aprendizagem baseada em problemas** (PBL, do inglês *problem-based learning*, ou ABProb, como é conhecida atualmente no Brasil) surgiu na década de 1960 na McMaster University, no Canadá, e na Maastricht University, na Holanda, inicialmente aplicada em escolas de medicina. A ABProb/PBL tem sido utilizada em várias outras áreas do conhecimento, como administração, arquitetura, engenharias e computação, também com um foco mais específico que é a aprendizagem baseada em projetos (ABP ou PBL). O foco na aprendizagem baseada em problemas é a pesquisa de diversas causas possíveis para um problema (p. ex., a inflamação de um joelho), enquanto na aprendizagem baseada em projetos procura-se uma solução específica (construir uma ponte). Na prática, há grande inter-relação e, por isso, é frequente o usodas siglas como sinônimos.

A PBL tem como inspiração os princípios da escola ativa, do método científico, de um ensino integrado e integrador dos conteúdos, dos ciclos de estudo e das diferentes áreas envolvidas, em que os alunos aprendem a aprender e preparam-se para resolver problemas relativos às suas futuras profissões. A aprendizagem baseada em problemas, de forma mais ampla, propõe uma matriz não disciplinar ou transdisciplinar, organizada por temas, competências e problemas diferentes, em níveis de complexidade crescentes, que os alunos deverão compreender e equacionar com atividades individuais e em grupo. Cada um dos temas de estudo é transformado em um problema a ser discutido em um grupo tutorial que funciona como apoio para os estudos (VIGNOCHI et al., 2009).

As fases da PBL na Harvard Medical School são:

- **Fase I:** Identificação do(s) problema(s) – formulação de hipóteses – solicitação de dados adicionais – identificação de temas de aprendizagem – elaboração do cronograma de aprendizagem – estudo independente.

- **Fase II:** Retorno ao problema – crítica e aplicação das novas informações – solicitação de dados adicionais – redefinição do problema – reformulação de hipóteses – identificação de novos temas de aprendizagem – anotação das fontes.

- **Fase III:** Retorno ao processo – síntese da aprendizagem – avaliação (WETZEL, 1994).

Aprendizagem baseada em projetos

É uma metodologia de aprendizagem em que os alunos se envolvem com tarefas e desafios para resolver um problema ou desenvolver um projeto que tenha ligação com a sua vida fora da sala de aula. No processo, eles lidam com questões interdisciplinares, tomam decisões e agem sozinhos e em equipe. Por meio dos projetos, são trabalhadas também suas habilidades de pensamento crítico e criativo e a percepção de que existem várias maneiras de se realizar uma tarefa, competências tidas como necessárias para o século XXI. Os alunos são avaliados de acordo com o desempenho durante as atividades e na entrega dos projetos.

Os projetos de aprendizagem também preveem paradas para reflexão, *feedback*, autoavaliação e avaliação de pares, discussão com outros grupos e atividades para "melhoria de ideias". Diferentemente de uma sequência didática, em um projeto de aprendizagem há preocupação em gerar um produto. Porém, esse produto não precisa ser um objeto concreto. Pode ser uma ideia, uma campanha, uma teoria, etc. A grande vantagem de gerar esse produto é criar oportunidades para o aluno aplicar o que está aprendendo e também desenvolver algumas habilidades e competências (SÃO PAULO, 2013).

Essa abordagem adota o princípio da aprendizagem colaborativa, baseada no trabalho coletivo. Buscam-se problemas extraídos da realidade a partir da observação realizada pelos alunos dentro de uma comunidade. Ou seja, os alunos identificam os problemas e buscam soluções para resolvê-los.

De acordo com o Buck Institute for Education (2008), os projetos que se apresentam como efetivos têm os seguintes atributos:

1. Reconhecem o impulso para aprender, intrínseco dos alunos.

2. Envolvem os alunos nos conceitos e princípios centrais de uma disciplina.

3. Destacam questões provocativas.

4. Requerem a utilização de ferramentas e habilidades essenciais, incluindo tecnologia para aprendizagem, autogestão e gestão do projeto.

5. Especificam produtos que resolvem problemas.

6. Incluem múltiplos produtos que permitem *feedback*.

7. Utilizam avaliações baseadas em desempenho.

8. Estimulam alguma forma de cooperação.

São vários os modelos de implementação da metodologia de projetos, que variam de projetos de curta duração (uma ou duas semanas), restritos ao âmbito da sala de aula e baseados em um assunto específico, até projetos de soluções mais complexas, que envolvem temas transversais e demandam a colaboração interdisciplinar, com duração mais longa (semestral ou anual).

Os principais modelos são:

1. **Exercício-projeto**, quando o projeto é aplicado no âmbito de uma única disciplina.

2. **Componente-projeto**, quando o projeto é desenvolvido de modo independente das disciplinas, apresentando-se como uma atividade acadêmica não articulada com nenhuma disciplina específica.

3. **Abordagem-projeto**, quando o projeto se apresenta como uma atividade interdisciplinar, ou seja, como elo entre duas ou mais disciplinas.

4. **Currículo-projeto**, quando não mais é possível identificar uma estrutura formada por disciplinas, pois todas elas se dissolvem e seus conteúdos passam a estar a serviço do projeto, e vice-versa.

Os projetos também podem ser classificados em função do seu objetivo: de explicar algo que já se conhece (projeto pedagógico), de pesquisar uma nova solução (científico) ou de construir um novo produto ou processo (criativo):

- **Projeto construtivo:** quando a finalidade é construir algo novo, criativo, no processo e/ou no resultado.

- **Projeto investigativo:** quando o foco é pesquisar uma questão ou situação, utilizando técnicas de pesquisa científica.

- **Projeto explicativo:** quando procura responder a questões do tipo: "Como funciona? Para que serve? Como foi construído?". Esse tipo de projeto busca explicar, ilustrar, revelar os princípios científicos de funcionamento de objetos, mecanismos ou sistemas, por exemplo. Uma das formas mais interessantes de desenvolver projetos de investigação e de criação é por meio do *design*. O *design thinking* é uma metodologia de projetos centrados nas necessidades do usuário com uma visão multidisciplinar, buscando, testando e implementando soluções a partir de uma intensa colaboração.[9]

Os projetos bem elaborados contribuem para o desenvolvimento de competências cognitivas e socioemocionais, pois mobilizam habilidades em todas as etapas e atividades, desde o planejamento até à finalização, por meio de diversas atividades:

- **Atividades para motivação e contextualização:** os alunos precisam querer fazer o projeto, se envolver emocionalmente, achar que dão conta do recado caso se esforcem, etc.

- **Atividades de *brainstorming*:** espaço para a criatividade, para dar ideias, ouvir os outros, escolher o que e como produzir, saber argumentar e convencer.

- **Atividades de organização:** divisão de tarefas e responsabilidades, escolha de recursos que serão utilizados na produção e nos registros, elaboração de planejamento.

- **Atividades de registro e reflexão:** autoavaliação, avaliação dos colegas, reflexão sobre qualidade dos produtos e processos, identificação de necessidade de mudanças de rota.

- **Atividades de melhoria de ideias:** pesquisa, análise de ideias de outros grupos, incorporação de boas ideias e práticas.

---

[9] Ver o Capítulo 7, de Julciane Rocha, sobre *design thinking*.

- **Atividades de produção:** aplicação do que os alunos estão aprendendo para gerar os produtos.
- **Atividades de apresentação e/ ou publicação do que foi gerado:** com celebração e avaliação final.

DIFERENTES NÍVEIS DE DESENVOLVIMENTO DE PROJETOS

Todas as organizações estão revendo seus métodos tradicionais de ensinar e de aprender. Algumas estão ainda muito ancoradas em métodos convencionais, centrados na transmissão de informações pelo professor. Metodologias ativas com projetos são caminhos para iniciar um processo de mudança, desenvolvendo as atividades possíveis para sensibilizar os estudantes e engajá-los mais profundamente.

- **Projetos dentro de cada disciplina:** os projetos podem ser desenvolvidos inicialmente dentro de cada disciplina, com várias possibilidades (dentro e fora da sala de aula; no início, meio ou fim de um tema específico; como aula invertida ou aprofundamento após atividades de ensino-pesquisa ou aula dialogada). Podem ser desenvolvidos a partir de jogos, principalmente jogos de construção, de roteiro aberto, como o Minecraft. Podem ser construídos por meio de narrativas, de histórias (individuais e em grupo) contadas pelos próprios alunos, utilizando a facilidade dos aplicativos e tecnologias digitais, combinadas também com histórias dramatizadas ao vivo (teatro) de grande impacto. Os estudantes podem produzir projetos reais, da ideia ao produto, nos laboratórios digitais, conhecendo programação de forma lúdica com o Scratch.[10]
- **Projetos integradores (interdisciplinares):** um nível mais avançado de realização de projetos acontece quando integram mais de uma disciplina, professores e áreas de conhecimento. A iniciativa pode partir da atitude de professores ou fazer parte do projeto pedagógico da instituição. São projetos que articulam vários pontos de vista, saberes e áreas do conhecimento, trazendo questões complexas do dia a dia, que fazem os alunos perceberem que o conhecimento segmentado (disciplinar) é composto de olhares pontuais para conseguir encontrar significados mais amplos. Assim, os problemas e projetos interdisciplinares ajudam os alunos a perceber as conexões entre as disciplinas. Podem ser realizados utilizando todas as técnicas já apontadas (dentro

---

10 O Scratch é um *software* que se utiliza de blocos lógicos e itens de som e imagem para o usuário desenvolver suas próprias histórias interativas, jogos e animações, além de compartilhar de maneira *on-line* suas criações. É um projeto do grupo Lifelong Kindergarten no Media Lab do Massachusets Institute of Technology (MIT), onde foi idealizado por Mitchel Resnick.

e fora da sala de aula, em vários espaços, onde o digital pode ser muito importante, assim como o desenvolvimento de jogos, histórias ou produtos).

Projetos interdisciplinares importantes hoje são os que estão próximos da vida e do entorno dos estudantes, que partem de necessidades concretas e expressam uma dimensão importante da aprendizagem atual, que é a aprendizagem-serviço: estudantes e professores, em contato com diferentes grupos e problemas reais, aprendendo com eles e contribuindo com soluções concretas para a comunidade. Na aprendizagem-serviço, os estudantes não só conhecem a realidade, mas simultaneamente contribuem para melhorá-la, e isso dá um sentido muito mais profundo ao aprender: aprender não só para si, mas para melhorar a vida dos demais. A combinação de projetos interdisciplinares com o conceito de aprendizagem-serviço, com o apoio de recursos digitais, é um caminho fantástico para engajar os estudantes no conhecimento, na vivência e na mudança de um mundo complexo e em rápida transformação.

Uma outra dimensão dos projetos está voltada para que cada estudante trabalhe o autoconhecimento, desenvolva um projeto de futuro (possibilidades a curto e médio prazo) e construa uma vida com significado (valores e competências amplas). É o projeto de vida, que organizações mais atentas incluem no currículo como um eixo transversal importante, com alguns momentos fortes ao longo do curso e alguma forma de mentoria ou orientação pessoal aos estudantes.

- **Projetos transdisciplinares:** a aprendizagem supera o modelo disciplinar e parte de problemas e projetos mais simples até os mais complexos, projetos individuais e grupais. Os projetos transdisciplinares são o caminho mais consolidado de aprendizagem por problemas na área de saúde. Há um movimento forte e consistente, na educação básica, superior e de adultos no mundo inteiro, e também no Brasil, de desenvolver currículos mais transdisciplinares, a partir de problemas, projetos, jogos e desafios. Esse é o caminho mais interessante, promissor e inevitável de aprender em um mundo complexo, imprevisível e criativo.

Aprendizagem por histórias e jogos

Desde sempre, uma das formas mais eficientes de aprendizagem é a que acontece por meio de histórias contadas (narrativas) e histórias em ação (histórias vividas e compartilhadas).

Contar, criar e compartilhar **histórias** é hoje muito fácil. Podemos fazer isso a partir de livros, da internet, de qualquer dispositivo móvel. Crianças e jovens conseguem e gostam de produzir vídeos e animações e postá-los imediatamente na rede.

Existem aplicativos fáceis de edição nos *smartphones*. As narrativas são elementos poderosos de motivação e produção de conhecimento. É importante utilizar narrativas, histórias, simulações, imersões e contos de fantasia sempre que possível, com ou sem recursos tecnológicos (p. ex., tribunal de júri).

Os **jogos** e as aulas roteirizadas com a linguagem de jogos (**gamificação**) estão cada vez mais presentes na escola e são estratégias importantes de encantamento e motivação para uma aprendizagem mais rápida e próxima da vida real. Os jogos mais interessantes para a educação ajudam os estudantes a enfrentar desafios, fases, dificuldades, a lidar com fracassos e correr riscos com segurança. Jogos de construção aberta como o Minecraft são excelentes para despertar a criatividade, a fantasia e a curiosidade (MURTA; VALADARES; MORAES FILHO, 2015).

Plataformas adaptativas, como a Duolingo, são atraentes porque utilizam todos os recursos de atratividade para quem quer aprender: cada aluno pode escolher o ritmo, ver o avanço dos colegas e ganhar recompensas. Na versão educacional, os docentes podem acompanhar o desempenho dos alunos e propor atividades para as diversas fases da aprendizagem, incluindo a avaliação.[11]

Para gerações acostumadas a jogar, a linguagem de desafios, recompensas, de competição e cooperação é atraente e fácil de perceber. Jogos individuais ou para muitos jogadores, de competição, colaboração ou de estratégia, com etapas e habilidades bem definidas, tornam-se cada vez mais presentes nas diversas áreas de conhecimento e níveis de ensino.

Um dos programas mais utilizados para aprender por meio de programação lúdica é o Scratch. Foi desenvolvido por Michel Resnick no Massachusetts Institute of Technology (MIT) com o objetivo de incentivar a aprendizagem da programação de forma intuitiva por meio da montagem dos blocos de comandos. Permite a busca de soluções de problemas por meio da criação de jogos, animações e também histórias interativas (BRESSAN; AMARAL, 2015).

CONSIDERAÇÕES FINAIS

As metodologias ativas são caminhos para avançar no conhecimento profundo, nas competências socioemocionais e em novas práticas (COMPETÊNCIAS..., 2014).

O papel do professor hoje é muito mais amplo e complexo. Não está centrado só em transmitir informações de uma área específica; ele é principalmente *designer* de roteiros personalizados e grupais de aprendizagem e orientador/mentor de projetos profissionais e de vida dos alunos.

A aprendizagem ativa mais relevante é a relacionada à nossa vida, aos nossos projetos e expectativas. Se o estudante percebe que o que aprende o ajuda a viver

---

11 Ver https://schools.duolingo.com.

melhor, de uma forma direta ou indireta, ele se envolve mais. Um eixo importante da aprendizagem é a ênfase no projeto de vida de cada aprendiz, que deve descobrir que a vida pode ser percebida como um projeto de *design*, com itinerários flexíveis, que podem ampliar sua percepção, seu conhecimento e suas competências para escolhas mais libertadoras e realizadoras. A combinação de roteiros semiestruturados e abertos, relacionando sempre o que consideramos socialmente importante (currículo) com a vida, interesses e necessidades de cada estudante é decisivo para o sucesso na educação, para sermos relevantes como docentes e como escolas.

Algumas consequências desses princípios:

- Desenvolvimento de uma **integração maior entre diferentes áreas do conhecimento** – materiais, metodologias – e sua abrangência – intelectual, emocional, comportamental. Modelos curriculares inter e transdisciplinares mais flexíveis, com acompanhamento e avaliação contínua.

- Aumento da **importância do protagonismo e participação do aluno,** por meio de situações práticas, produções individuais e de grupo e sistematizações progressivas. Inversão da forma tradicional de ensinar (depois que o aluno tem as competências básicas de ler, escrever e contar): o aluno aprende o básico sozinho, no seu ritmo, e o mais avançado por meio de atividades em grupo e com a supervisão de professores. Quanto mais o aluno se envolve em desafios possíveis à sua idade, melhor ele aprende.

- **Formação inicial e continuada de professores** em metodologias ativas, em orientação/mentoria e em tecnologias presenciais e *on-line*. Importância do compartilhamento de experiências, da orientação dos mais experientes, da aprendizagem por imersão e por "clínicas" com supervisão.

- **Planejamento do ritmo das mudanças** de forma mais progressiva ou radical (currículos mais flexíveis, mais integradores, menos disciplinares).

Podemos combinar tempos e espaços individuais e grupais, presenciais e digitais, com mais ou menos supervisão. Aprendemos melhor quando conseguimos combinar três processos de forma equilibrada: a aprendizagem personalizada (em que cada um pode aprender o básico por si mesmo – com a aprendizagem prévia, aula invertida); a aprendizagem com diferentes grupos (aprendizagem entre pares, em redes) e a aprendizagem mediada por pessoas mais experientes (professores, orientadores, mentores).

Escolas precisam ser espaços mais amplos de apoio para que todos possam evoluir, para que se sintam apoiados nas suas aspirações, motivados para perguntar, investigar, produzir, contribuir. Não podem contentar-se em ser trampolins para outros níveis de ensino (p. ex., para que os alunos passem no ENEM ou vestibular), mas realizar em cada etapa todas as possibilidades de cada um.

As escolas que nos mostram novos caminhos estão migrando para modelos mais centrados em aprender ativamente com problemas reais, desafios relevantes, jogos, atividades e leituras, ênfase em valores, combinando tempos individuais e tempos coletivos, projetos pessoais de vida e de aprendizagem e projetos em grupo. Isso exige uma mudança de configuração do currículo, da participação dos professores, da organização das atividades didáticas, da organização dos espaços e tempos.

Cada escola, universidade ou organização pode se encontrar mais ou menos avançada na inserção de projetos na sua proposta pedagógica. O importante é, a partir de um diagnóstico realista, propor caminhos que viabilizem mudanças de curto e longo prazo com um currículo mais adaptado às necessidades de cada aluno e ao seu projeto de vida, com metodologias ativas, modelos híbridos e tecnologias digitais.

 **PARA SABER MAIS**

Vídeo: Aprendizagem baseada em problemas – Univesp /USP Leste

Disponível em: www.youtube.com/watch?v=YhB44GtyNhI

Vídeo: Aprendizagem baseada em projetos – Escola NAVE

Disponível em: www.youtube.com/watch?v=ZP079s7TVK8

Vídeo: *Peer instruction* ou aprendizagem entre iguais

Disponível em: www.youtube.com/watch?v=lOIFfmA2Noo#t=32

Vídeo: *Team based learning* (TBL) ou aprendizagem em equipe

Disponível em: www.youtube.com/watch?v=yHssVGwCgDw

REFERÊNCIAS

ALMEIDA, E.; VALENTE, J. Integração currículo e tecnologias e a produção de narrativas digitais. *Currículo sem Fronteiras*, v. 12, n. 3, p. 57-82, set./dez. 2012.

AUSUBEL, D. et al. *Psicologia educacional*. Rio de Janeiro: Interamericano, 1980.

BARRERA, T. G. da S. *O movimento brasileiro de renovação educacional no início do século XX*. 274 f. 2016. Tese (Doutorado em educação) – Faculdade de Educação, Universidade de São Paulo, 2016.

BACICH, L.; TANZI NETO, A.; TREVISANI, F. *Ensino híbrido*: personalização e tecnologia na educação. Porto Alegre: Penso, 2015.

BERGMANN, J.; SAMS, A. *A sala de aula invertida*: uma metodologia ativa de aprendizagem. Rio de Janeiro: LTC, 2016.

BONWELL, C. C.; EISON, J. A. *Active learning*: creating excitement in the classroom. 1991. Disponível em: <https://www.ericdigests.org/1992-4/active.htm>. Acesso em: 19 maio 2017.

BRESSAN, M.; AMARAL, M. Avaliando a contribuição do Scratch para a aprendizagem pela solução de problemas e o desenvolvimento do pensamento criativo. *Revista Intersaberes*, v. 10, n. 21, p. 509-526, set./dez. 2015.

BRUNER, J. *Uma nova teoria da aprendizagem*. Rio de Janeiro: Bloch, 1976.

BUCK INSTITUTE FOR EDUCATION. *Aprendizagem baseada em projetos*: guia para professores de ensino fundamental e médio. 2. ed. Porto Alegre: Artmed, 2008.

COLL, C.; MONEREO, C. *Psicologia da educação virtual*: aprender e ensinar com as tecnologias da informação e da comunicação. Porto Alegre: Artmed, 2010.

COMPETÊNCIAS socioemocionais. 2014. Disponível em: <http://porvir.org/serie-de-dialogos--debate-competencias-socioemocionais>. Acesso em: 21 maio 2017.

DEWEY, J. *Vida e educação*. São Paulo: Nacional, 1950.

DOLAN, E. L.; COLLINS, J. P. We must teach more effectively: here are four ways to get started. *Molecular Biology of the Cell*, v. 26, n. 12, 2015. Disponível em: <http://www.molbiolcell.org/content/26/12/2151.full>. Acesso em: 2 maio 2017.

DWECK, C. S. *Mindset*: the new psychology of success. New York: Random House, 2006.

FREIRE, P. *Pedagogia da autonomia*: saberes necessários à prática educativa. 27. ed. São Paulo: Paz e Terra, 1996.

FONSECA, M.; GOMES, P. *Invertendo a sala de aula invertida*: pesquisa de Stanford mostra que apresentar um assunto de forma prática é mais efetivo do que começar com aula expositiva. 2013. Disponível em: <http://porvir.org/porfazer/invertendo-sala-de-aula-invertida/20130814>. Acesso em: 19 maio 2017.

MASCARENHAS, M. *Aula de projeto de vida prepara jovem para desafios*. 2015. Disponível em: <http://porvir.org/porpensar/aula-de-projeto-de-vida-prepara-jovem-para-desafios/20150609>. Acesso em: 19 maio 2017.

MORA, F. *Neuroeducación*: sólo se puede aprender aquello que se ama. Madrid: Alianza Editorial, 2013.

MORAN, J. M. Mudando a educação com metodologias ativas. In: *Convergências midiáticas, educação e cidadania*: aproximações jovens. 2015. Disponível em: <http://www2.eca.usp.br/moran/wp-content/uploads/2013/12/mudando_moran.pdf>. Acesso em: 2 maio 2017.

MURTA, C. A. R.; VALADARES, M. G. P. de F.; MORAES FILHO, W. B. Possibilidades pedagógicas do Minecraft: incorporando jogos comerciais na educação. In: ENCONTRO VIRTUAL DE DOCUMENTAÇÃO EM SOFTWARE LIVRE, 12.; CONGRESSO INTERNACIONAL DE LINGUAGEM E TECNOLOGIA ONLINE, 9. *Anais...* 2015. Disponível em: <www.periodicos.letras.ufmg.br/index.php/anais_linguagem_tecnologia/article/viewFile/8523/7478>. Acesso em: 21 maio 2017.

PÉREZ GÓMEZ, A. I. *Educação na era digital*: a escola educativa. Porto Alegre: Penso, 2015.

PIAGET, J. *Psicologia e pedagogia*. Rio de Janeiro: Forense Universitária, 2006.

ROGERS, C. *Liberdade para aprender*. Belo Horizonte: Interlivros, 1973.

SÃO PAULO. Prefeitura municipal. *Secretaria divulga passo a passo para que professor trabalhe com projetos interdisciplinares*. 2013. Disponível em: <http://maiseducacaosaopaulo.prefeitura.sp.gov.br/secretaria-divulga-passo-a-passo-para-que-professor-trabalhe-com-projetos-interdisciplinares>. Acesso em: 21 maio 2017.

SCHLEMMER, E. Gamificação em espaços de convivência híbridos e multimodais: design e cognição em discussão. *Revista da FAEEBA: educação e contemporaneidade*, v. 23, n. 42, p. 73-89, jul./dez. 2014.

VALENTE, J.; ALMEIDA, M. E. B. Narrativas digitais e o estudo de contextos de aprendizagem. *Revista Em Rede*. v. 1, n. 1, 2014. Disponível em: <http://aunirede.org.br/revista/index.php/emrede/article/view/10>. Acesso em: 2 maio 2017.

VIGNOCHI, C. et al. Considerações sobre aprendizagem baseada em problemas na educação em saúde. *Revista HCPA*, v. 29, n. 1, maio 2009.

VYGOTSKY, L. *A formação social da mente*: o desenvolvimento dos processos psicológicos superiores. São Paulo: Martins Fontes, 1998.

WETZEL, M. An update on problem based learning at Harvard Medical School. *Annals of Community-Oriented Education*, v. 7, 1994.

LEITURAS RECOMENDADAS

BARBOSA, E.; MOURA, D. Metodologias ativas de aprendizagem na educação profissional e tecnológica. *Boletim Técnico do Senac*, Rio de Janeiro, v. 39, n. 2, maio/ago. 2013. Disponível em: <http://www.bts.senac.br/index.php/bts/article/view/349>. Acesso em: 2 maio 2017.

FUNDAÇÃO TELEFÔNICA VIVO. *Inovaeduca*: práticas para quem quer inovar na educação. 2016. Disponível em: <http://fundacaotelefonica.org.br/wp-content/uploads/pdfs/INOVA-ESCOLA.pdf>. Acesso em: 2 maio 2017.

HORN, M. B.; STAKER, H. *Blended:* usando a inovação disruptiva para aprimorar a educação. Porto Alegre: Penso, 2015.

HORN, M. B.; STAKER, H. *Designing a blended learning program*. 2015. Disponível em: <http://thejournal.com/Articles/2015/01/28/Designing-a-Blended-Learning-Program.aspx?Page=2>. Acesso em: 2 maio 2017.

MASSON, T. et al. *Metodologia de ensino*: aprendizagem baseada em projetos (PBL). Disponível em: <https://pt.scribd.com/document/144027963/Metodologia-de-Ensino-Aprendizagem-Pbl>. Acesso em: 21 maio 2017.

NOVAK, J. D.; GOWIN, D. B. *Aprender a aprender*. 2. ed. Lisboa: Plátano Edições Técnicas, 1999.

PITA, M. *Aula invertida*: 11 dicas de como fazer. 2015. Disponível em: <http://www.arede.inf.br/aula-invertida-11-dicas-de-como-fazer/>. Acesso em: 2 maio 2017.

RIBEIRO, P.; ZENTI, L. O impacto na pedagogia: como as novas abordagens pedagógicas surgidas a partir do uso tecnológico estão alterando o processo de ensino-aprendizagem nas salas de aula brasileiras. Especial Tecnologia. *Revista Educação*, v. 211, nov. 2014. Disponível em: <http://www.revistaeducacao.com.br/o-impacto-na-pedagogia/>. Acesso em: 2 maio 2017.

SCHWARTZ, K. *Can the maker movement infiltrate mainstream classrooms?* 2014. Disponível em: http://ww2.kqed.org/mindshift/2014/07/02/can-the-maker-movement-infiltrate-mainstream-classrooms/. Acesso em: 23 maio 2017.

VALENTE, J. Blended learning e as mudanças no ensino superior: a proposta da sala de aula invertida. *Educar em revista,* v. 4, 2014. Disponível em: <http://www.scielo.br/pdf/er/nspe4/0101-4358-er-esp-04-00079.pdf>. Acesso em: 2 maio 2017.

YOUNG DIGITAL PLANET. *Educação no século XXI*: Tendências, ferramentas e projetos para inspirar. São Paulo: Fundação Santillana, 2016. Disponível em: <http://smartlab.me/baixe-gratis-nosso-livro-educacao-no-seculo-21>. Acesso em: 2 maio 2017.

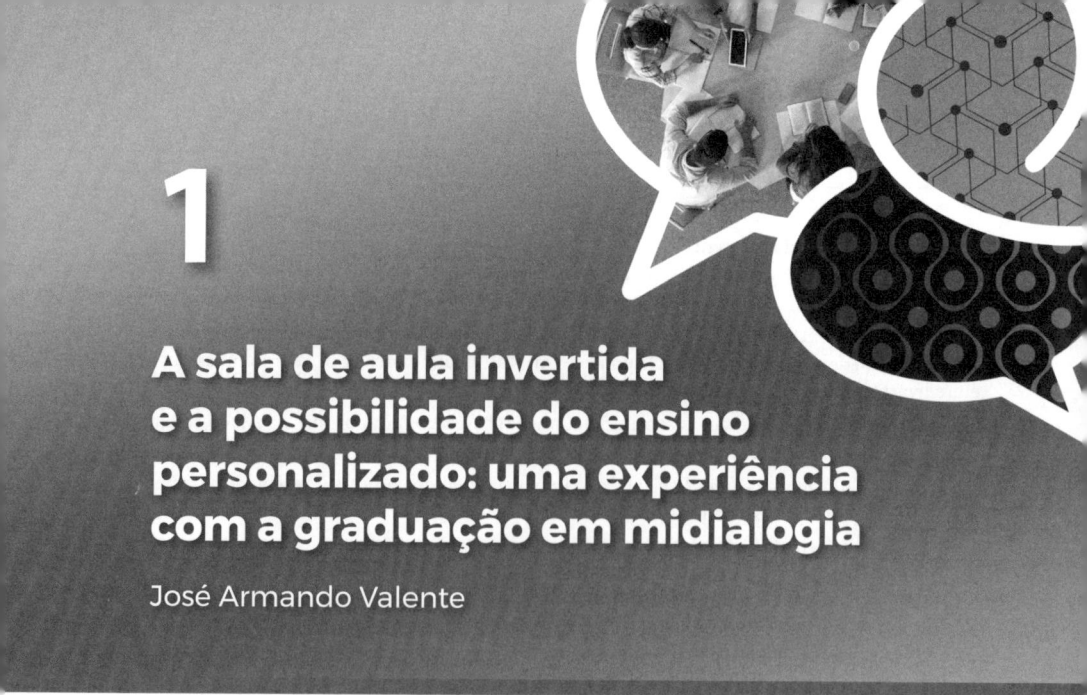

1

A sala de aula invertida e a possibilidade do ensino personalizado: uma experiência com a graduação em midialogia

José Armando Valente

Os estudantes deste início de século XXI, especialmente os do ensino superior, têm tido um comportamento diferente em sala de aula, em parte, graças ao uso das tecnologias digitais de informação e comunicação (TDIC). Nesse sentido, as instituições de ensino superior têm se mobilizado, incrementando os recursos tecnológicos e até mesmo a formação de docentes para se adequarem a essa nova realidade. No entanto, está ficando claro que o foco não deve estar na tecnologia em si, mas no fato de as TDIC terem criado novas possibilidades de expressão e de comunicação, que podem contribuir para o desenvolvimento de novas abordagens pedagógicas. Exemplos dessas novas possibilidades são: a capacidade de animar objetos na tela, recurso essencial para complementar ou mesmo substituir muitas atividades que foram desenvolvidas para o lápis e o papel; a possibilidade de novos letramentos além do alfabético, como o imagético, o sonoro, etc.; e a criação de contextos educacionais que começam a despontar e que vão além das paredes da sala de aula e dos muros da universidade. Os caminhos possíveis são inúmeros. Porém, o caminho que interessa consiste na implantação de metodologias ativas e na criação de ambientes de aprendizagem que promovam a construção de conhecimento e permitam a integração das TDIC nas atividades curriculares. Para tanto, as instituições têm de ser repensadas, e, em particular, as salas de aula.

As metodologias ativas são entendidas como práticas pedagógicas alternativas ao ensino tradicional. Em vez do ensino baseado na transmissão de informação, da instrução bancária, como criticou Paulo Freire (1970), na metodologia ativa, o aluno assume uma postura mais participativa, na qual ele resolve problemas, desenvolve projetos e, com isso, cria oportunidades para a construção de conhecimento.

Diversas estratégias têm sido utilizadas na implantação das metodologias ativas, sendo uma delas a sala de aula invertida (*flipped classroom*).

A proposta da sala de aula invertida está surgindo em um momento de grandes oportunidades do ponto de vista educacional, principalmente com a disseminação das TDIC e o fato de elas estarem adentrando a sala de aula. Os alunos de graduação, na sua maioria, dispõem dessas tecnologias e as estão usando. Porém, como e com que objetivo? Em alguns casos, os professores sabem explorar esses recursos, integrando-os às atividades que realizam. Contudo, a maior parte deles sente-se desconfortável com o fato de o aluno não estar "prestando atenção" ao que está sendo exposto. Esses fatos têm mobilizado muitos gestores, coordenadores e professores dos cursos de graduação das instituições de ensino superior. Há um grande interesse em mudar e propor algo inovador, que possa resolver o problema da evasão, da falta de interesse dos estudantes pelas aulas e, consequentemente, o alto índice de repetência, sobretudo em disciplinas das ciências exatas.

Na abordagem da sala de aula invertida, o conteúdo e as instruções recebidas são estudados *on-line*, antes de o aluno frequentar a aula, usando as TDIC, mais especificamente, os ambientes virtuais de aprendizagem. A sala de aula torna-se o lugar de trabalhar os conteúdos já estudados, realizando atividades práticas como resolução de problemas e projetos, discussão em grupo e laboratórios. No entanto, o fato de as atividades que o estudante realiza *on-line* poderem ser registradas no ambiente virtual de aprendizagem cria a oportunidade para o professor fazer um diagnóstico preciso do que o aprendiz foi capaz de realizar, as dificuldades encontradas, seus interesses e as estratégias de aprendizagem utilizadas. Com base nessas informações, o professor, juntamente com o aluno, pode sugerir atividades e criar situações de aprendizagem totalmente personalizadas.

Assim, a abordagem da sala de aula invertida permite um passo além em termos de estratégias de ensino, possibilitando a implantação de uma proposta de aprendizagem mais personalizada. Neste capítulo, serão abordadas algumas ideias sobre metodologias ativas, especialmente a sala de aula invertida, a aprendizagem personalizada e como essas estratégias estão sendo utilizadas em uma disciplina do curso de comunicação social – midialogia, ministrada na Universidade Estadual de Campinas (Unicamp).

AS METODOLOGIAS ATIVAS

As metodologias ativas constituem alternativas pedagógicas que colocam o foco do processo de ensino e de aprendizagem no aprendiz, envolvendo-o na aprendizagem por descoberta, investigação ou resolução de problemas. Essas metodologias contrastam com a abordagem pedagógica do ensino tradicional centrado no professor, que é quem transmite a informação aos alunos. No entanto, a proposta de um ensino menos centrado no professor não é nova. No início do século passado, John Dewey concebeu e colocou em prática a educação baseada no processo ativo de busca do conhecimento pelo estudante, que deveria exercer sua liberdade. Para Dewey, a educação deveria formar cidadãos competentes e criativos, capazes de gerenciar sua própria liberdade. Sua proposta era a de que a aprendizagem ocorresse pela ação, o *learning by doing,* ou aprender fazendo, *hands-on* (DEWEY, 1944).

Após mais de 100 anos, os processos de ensino e aprendizagem estão cada vez mais tendendo para o uso de metodologias ativas, em vista da quantidade de informação hoje disponível nos meios digitais e das facilidades que as tecnologias oferecem na implantação de pedagogias alternativas. Com isso, está ficando cada vez mais claro que a função do professor como transmissor de informação não faz mais sentido, especialmente nos cursos de graduação. Os estudantes desse nível de ensino já têm alguma familiaridade com as tecnologias digitais, já têm uma visão mais apurada dos interesses e do que esperam do processo de formação e, como afirma Paulo Freire, o que os impulsiona no ensino é justamente a superação de desafios, a resolução de problemas e a oportunidade de construir novos conhecimentos (FREIRE, 1970).

As metodologias voltadas para a aprendizagem consistem em uma série de técnicas, procedimentos e processos utilizados pelos professores durante as aulas, a fim de auxiliar a aprendizagem dos alunos. O fato de elas serem ativas está relacionado com a realização de práticas pedagógicas para envolver os alunos, engajá-los em atividades práticas nas quais eles sejam protagonistas da sua aprendizagem. Assim, as metodologias ativas procuram criar situações de aprendizagem nas quais os aprendizes possam fazer coisas, pensar e conceituar o que fazem e construir conhecimentos sobre os conteúdos envolvidos nas atividades que realizam, bem como desenvolver a capacidade crítica, refletir sobre as práticas realizadas, fornecer e receber *feedback,* aprender a interagir com colegas e professor, além de explorar atitudes e valores pessoais.

Tradicionalmente, as metodologias ativas têm sido implementadas por meio de diversas estratégias, como a aprendizagem baseada em projetos (*project-based learning* – PBL); a aprendizagem por meio de jogos (*game-based learning* – GBL); o método do caso ou discussão e solução de casos (*teaching case*); e a aprendizagem em equipe (*team-based learning* – TBL). A dificuldade com essas abordagens é a adequação dos conteúdos curriculares previstos para o nível de conhecimento e de interesse dos alunos. Por exemplo, no caso da aprendizagem baseada em projetos, o projeto que o aluno escolhe de acordo com o seu interesse e certos objetivos curriculares pode apresentar uma diversidade de temas, tornando bastante difícil para o professor mediar o processo de aprendizagem. Além disso, essas abordagens são difíceis de serem implantadas em salas com um grande número de alunos.

No entanto, essas dificuldades estão sendo superadas à medida que as tecnologias digitais estão sendo utilizadas na implantação dessas metodologias ativas.

Essas tecnologias têm alterado a dinâmica da escola e da sala de aula, modificando, por exemplo, a organização dos tempos e espaços da escola, as relações entre o aprendiz e a informação, as interações entre alunos e entre alunos e professor. A integração das TDIC no desenvolvimento das metodologias ativas tem proporcionado o que é conhecido como *blended learning*, ou ensino híbrido.

O ensino híbrido tem sido definido como um programa de educação formal que mescla momentos em que o aluno estuda os conteúdos e as instruções usando recursos *on-line* e outros em que o ensino ocorre em sala de aula, podendo interagir com outros alunos e com o professor (STAKER; HORN, 2012).

Christensen, Horn e Staker (2013) criaram uma classificação para as diferentes modalidades de ensino híbrido, em termos do que eles denominam inovações híbridas sustentadas (usam o que têm para criar melhores produtos ou serviços) e inovações híbridas disruptivas (oferecem uma nova definição do que é bom, criando produtos mais simples, mais convenientes e mais baratos que atraem novos clientes). Assim,

> [...] os modelos de Rotação por Estações, Laboratório Rotacional e Sala de Aula Invertida seguem o modelo de inovações híbridas sustentadas. Eles incorporam as principais características tanto da sala de aula tradicional quanto do ensino *on-line*. Os modelos Flex, A La Carte, Virtual Enriquecido e de Rotação Individual, entretanto, estão se desenvolvendo de modo mais disruptivo em relação ao sistema tradicional. (CHRISTENSEN; HORN; STAKER, 2013, p. 3).

O livro *Ensino híbrido: personalização e tecnologia na educação* (BACICH; TANZI NETO; TREVISANI, 2015) apresenta uma série de exemplos de como o ensino híbrido pode ser implantado tanto no ensino básico quanto no superior. O modelo da sala de aula invertida é um dos que têm sido mais utilizados e será discutido no próximo tópico.

SALA DE AULA INVERTIDA

No ensino tradicional, a sala de aula serve para o professor transmitir informação ao aluno, que, após a aula, deve estudar o material abordado e realizar alguma atividade de avaliação para mostrar que esse material foi assimilado. Na abordagem da sala de aula invertida, o aluno estuda previamente, e a aula torna-se o lugar de aprendizagem ativa, onde há perguntas, discussões e atividades práticas. O professor trabalha as dificuldades dos alunos, em vez de fazer apresentações sobre o conteúdo da disciplina (EDUCAUSE, 2012). Antes da aula, o professor verifica as questões mais problemáticas, que devem ser trabalhadas em sala de aula. Durante a aula, ele pode fazer uma breve apresentação do material, intercalada com questões para discussão, visualizações e exercícios de lápis e papel. Os alunos podem também usar as TDIC para realizar simulações animadas, visualizar conceitos e realizar experimentos individualmente ou em grupos.

As regras básicas para inverter a sala de aula, segundo o relatório *Flipped Classroom Field Guide* (201-?), são:

1. As atividades em sala de aula devem envolver uma quantidade significativa de questionamento, resolução de problemas e de outras atividades de aprendizagem ativa, obrigando o aluno a recuperar, aplicar e ampliar o material aprendido *on-line*.

2. Os alunos devem receber *feedback* imediatamente após a realização das atividades presenciais.

3. Os alunos devem ser incentivados a participar das atividades *on-line* e das presenciais, sendo que elas são computadas na avaliação formal do aluno, ou seja, valem nota.

4. Tanto o material a ser utilizado *on-line* quanto os ambientes de aprendizagem em sala de aula devem ser altamente estruturados e bem planejados.

A abordagem da sala de aula invertida não deve ser novidade para professores de algumas disciplinas, nomeadamente no âmbito das ciências humanas. Nessas disciplinas, em geral, os alunos leem e estudam o material sobre literatura ou filosofia antes da aula e, em classe, os temas estudados são discutidos. A dificuldade da inversão ocorre especialmente nas disciplinas das ciências exatas, nas quais a sala de aula é usada para passar o conhecimento já acumulado. Assim, a maior parte dos exemplos de inversão da sala de aula ocorre nessas disciplinas.

Mesmo nas disciplinas das ciências exatas, muitos professores podem estar usando estratégias de ensino que têm alguma semelhança com a sala de aula invertida. Eles podem não estar conscientes dessa terminologia ou das concepções aqui apresentadas. No entanto, como mencionam Bergmann e Sams (2012) em seu livro *Flip Your Classroom: Reach Every Student in Every Class Every Day*, baseado no trabalho pioneiro sobre a implantação da sala de aula invertida em suas disciplinas do ensino médio americano, os professores podem iniciar com o básico sobre a inversão da sala de aula e, à medida que vão adquirindo experiência, passar a usar a aprendizagem baseada em projetos ou em investigação. Com isso, vão se reinventando, criando cada vez mais estratégias centradas nos estudantes ou na aprendizagem, em vez das aulas expositivas que costumavam ministrar.

A sala de aula invertida tem sido uma solução implantada em universidades de renome, como a Harvard University e o Massachusetts Institute of Technology (MIT), nas quais algumas disciplinas já utilizam a abordagem. Essas universidades têm inovado em seus métodos de ensino, procurando adequá-los para que possam explorar os avanços das tecnologias educacionais, minimizar a evasão e o nível de reprovação.

Harvard introduziu o método *peer instruction* (PI), desenvolvido pelo professor Eric Mazur. Esta metodologia foi utilizada inicialmente na disciplina introdutória de Física Aplicada e atualmente está sendo utilizada em outros cursos e disciplinas, inclusive para atrair alunos para as áreas de ciências, tecnologia, engenharia e matemática (WATKINS; MAZUR, 2013).

O MIT desenvolveu o Projeto TEAL/Studio Physics, cujo responsável é o professor John Belcher (2001). Classes de aulas tradicionais foram transformadas em estúdios de física com metodologia de ensino baseada na *Technology-Enabled Active Learning* (TEAL). Essa abordagem está sendo utilizada nas disciplinas de Mecânica Introdutória (8.01) e Eletricidade e Magnetismo (8.02), ministradas para todos os alunos que ingressam no MIT (cerca de 1 mil por ano). Por intermédio do Projeto TEAL/Studio Physics, o MIT conseguiu bons resultados com relação ao aproveitamento dos alunos, reduzindo a taxa de reprovação nas disciplinas, que era de aproximadamente 15%, e aumentando a frequência no final do semestre, que era inferior a 50% (BELCHER, 2001).

Outras universidades estão implantando a sala de aula invertida, como indicado no portal *Flipped Classroom Field Guide* (201-?) e no *Flipped Learning Network* (2016). No Brasil, além das atividades relatadas no livro de Bacich, Tanzi Neto e Trevisani (2015), foi criado, em março de 2014, o Consórcio STHEM Brasil (do inglês *Science, Technology, Humanity, Engineering and Mathematics*), cuja função é a preparação de docentes e gestores das instituições consorciadas para a implantação de metodologias ativas. Com a ajuda do Programa Acadêmico e Profissional para as Américas (LASPAU), afiliado à Harvard University, em 2016, participam do consórcio 48 instituições de ensino superior (STHEM BRASIL, 2016), sendo a *peer instruction* a abordagem mais utilizada nessas experiências.

Para a implantação da abordagem da sala de aula invertida, dois aspectos são fundamentais: a produção de material para o aluno trabalhar *on-line* e o planejamento das atividades a serem realizadas na sala de aula presencial.

Sobre os materiais *on-line*, a maior parte das estratégias implantadas utiliza vídeos que o professor grava a partir de aulas presenciais ou com *softwares,* como Camtasia Studio. Esse programa capta qualquer informação da tela do computador que o professor esteja usando, sua voz, sua imagem, por meio da câmera do computador, e qualquer anotação feita na tela com a caneta digital. No entanto, é preciso dosar o número e o tamanho dos vídeos. A ideia não é substituir a aula presencial por vídeos, pois os alunos reclamam do fato de a aula expositiva ser "chata" e essa mesma aula transformada em vídeo pode ficar mais chata ainda!

É importante o professor pensar que as TDIC oferecem outros recursos a serem explorados pedagogicamente, como animações, simulações ou mesmo o uso de laboratórios virtuais, que o aluno pode acessar e complementar com as leituras, ou mesmo os vídeos mais pontuais que ele assiste. A proposta é realmente integrar as TDIC nas atividades curriculares, como mencionado por Almeida e Valente (2011).

Finalmente, para que o professor saiba o que o aluno apreendeu do estudo realizado *on-line*, praticamente todas as propostas de sala de aula invertida sugerem que o estudante realize testes autocorrigidos, elaborados na própria plataforma *on-line*, de modo que ele possa avaliar sua aprendizagem. Os resultados dessa avaliação, quando registrados na plataforma, permitem ao professor acessá-los e conhecer quais foram os pontos críticos do material estudado e que devem ser retomados em sala de aula.

Sobre o planejamento das atividades presenciais em sala de aula, o mais importante é o professor explicitar os objetivos a serem atingidos com sua disciplina e propor atividades que sejam coerentes e que auxiliem os alunos no processo de construção do conhecimento. Essas atividades podem ser *hands on*, discussão em grupo ou resolução de problemas, por exemplo. Em todos esses casos, é fundamental que o aluno receba *feedback* sobre os resultados das ações realizadas. A sala de aula presencial assume um papel importante nessa abordagem pedagógica pelo fato de o professor estar participando das atividades que contribuem para o processo de significação das informações que os estudantes adquiriram estudando *on-line*. Nesse sentido, o *feedback* é fundamental para corrigir concepções equivocadas ou ainda mal elaboradas.

No entanto, como as atividades que o aprendiz realiza estão registradas no ambiente virtual de aprendizagem, o professor pode acessar esse material e verificar as dificuldades encontradas, os interesses e as necessidades dos alunos. Com base nessas informações, ele pode propor, juntamente com o aluno, atividades e situações de aprendizagem personalizadas, criando, assim, o que tem sido denominado de aprendizagem personalizada.

APRENDIZAGEM PERSONALIZADA

De acordo com o *The Glossary of Education Reform*, os termos *aprendizagem personalizada* ou *personalização* referem-se a uma grande variedade de programas educacionais, experiências de aprendizagem, abordagens pedagógicas e estratégias de apoio acadêmico que se destinam a atender às necessidades de aprendizagem, aos interesses, às aspirações ou às origens culturais distintas de cada aluno (GREAT SCHOOLS PARTNERSHIP, 2015). Outros autores enfatizam o engajamento dos alunos e a possibilidade de uma formação mais global, como Fullan, que define a aprendizagem personalizada como aquela que:

> [...] envolve a criação de experiências de aprendizagem que engajam todos e cada aluno em aprendizagem significativa que se conecta às suas necessidades específicas no contexto do que eles precisarão para serem cidadãos eficazes em um mundo diverso e desafiador. (FULLAN, 2009, p. 1).

Esse autor elenca três princípios fundamentais e características de *design* que devem ser atendidos: servir ao propósito moral de atender aos requisitos de aprendizagem de cada um e todos os alunos; atingir larga escala, sendo viável – eficiente e eficaz – para todo o sistema; e produzir resultados educacionais que sejam valiosos tanto para o aluno quanto para a sociedade (FULLAN, 2009). Por sua vez, Patrick, Kennedy e Powell (2013) recomendam que a aprendizagem personalizada permita que os aprendizes tenham voz e possam escolher o que, como, quando e onde eles aprendem.

No entanto, esses mesmos autores, além de outros pesquisadores, mencionam que é preciso cuidado para não confundir a aprendizagem personalizada com o ensino ou instrução personalizada (ENYEDY, 2014; FULLAN, 2009; PATRICK; KENNEDY; POWELL, 2013). Pelo fato de o professor ter acesso às informações sobre o desempenho do aluno, ele pode fazer um diagnóstico preciso sobre o que deve ser proposto como atividade pedagógica, podendo tomar três direções diferentes: a aprendizagem diferenciada, a aprendizagem individualizada e a aprendizagem personalizada (BASYE, 2014).

Na aprendizagem diferenciada, a instrução é adaptada para atender às necessidades de aprendizagem, às preferências e aos objetivos individuais dos alunos. Os objetivos acadêmicos para o conjunto de alunos são os mesmos, porém, o professor pode utilizar alguns recursos, abordagens ou práticas que são mais adequados para um aluno ou grupo de alunos. Em síntese, trata-se da adaptação do currículo aos diversos interesses e capacidades dos alunos.

No caso da aprendizagem individualizada, os objetivos acadêmicos permanecem os mesmos para um grupo de estudantes, mas cada um pode progredir no currículo em velocidades diferentes, de acordo com as suas necessidades de aprendizagem.

Já na aprendizagem personalizada, o aluno está envolvido na criação de atividades de aprendizagem, que estão adaptadas às suas preferências, aos interesses pessoais e à curiosidade inata. Obviamente, essa abordagem é a mais difícil de ser implementada. Fullan (2009) apresenta diversas razões para a aprendizagem personalizada não ter sido ainda disseminada em larga escala. Primeiro, a rigidez da escola e do sistema educacional. Segundo, políticas que são implantadas para reformar a escola no sentido de adequá-las a certos padrões internacionais que acabam reduzindo a "[...] latitude das decisões pedagógicas do professor" (FULLAN, 2009, p. 2). Terceiro, o receio de implantar essa abordagem educacional em larga escala, devido ao grande número de alunos e ao pouco tempo disponível para acomodar uma quantidade cada vez maior de informação que deve ser trabalhada pelo professor. Quarto, a falta de informação sobre o que o aluno sabe e é capaz, dificultando a personalização. Finalmente, a formação do professor que não foi realizada tendo como objetivo esse tipo de atuação. Para atuar na aprendizagem personalizada, além dos conhecimentos sobre o conteúdo disciplinar, o professor precisa mudar suas concepções e crenças sobre o que significa ser efetivo nessa nova abordagem pedagógica.

Com relação à implantação da aprendizagem personalizada em larga escala, as tecnologias têm um papel fundamental. Elas podem auxiliar o relacionamento e a colaboração entre os participantes do processo educacional; prover ferramentas e programas que facilitam a coleta, a análise e a compreensão dos dados sobre cada aluno; e proporcionar aos aprendizes o acesso *on-line* a uma quantidade enorme de recursos disponíveis.

A implantação da aprendizagem personalizada pode ser facilitada pelo próprio aluno. No processo de aprender a gerir sua aprendizagem, ele deve aprender também o "jeito da madeira", no sentido de se conhecer como aprendiz e auxiliar no processo de identificação das práticas e atividades mais adequadas para a sua formação. A personalização, na verdade, é um caminho de mão dupla: o professor deve conhecer seu aluno para poder sugerir atividades e situações de aprendizagem, e o aluno deve se conhecer para poder auxiliar o professor na identificação do que é mais adequado para ele.

A IMPORTÂNCIA DE CONHECER O "JEITO DA MADEIRA"

A importância de conhecer o "jeito da madeira" para a implantação da personalização será discutida com base em experiências de minha infância, quando brincava com a lenha usada no formo da padaria de meu pai.

A lenha usada era de eucalipto, produzida cortando as árvores transversalmente em pedaços de mais ou menos um metro de comprimento. As pontas das árvores produziam lenha fina, e as bases, geravam toras que tinham de ser rachadas para serem usadas no forno.

Os empregados da padaria usavam primeiro a lenha mais fina e deixavam as toras para o fim. Nesse ponto, meu pai contratava lenhadores que passavam dias rachando lenha, usando marreta e cunhas. Eles rachavam dezenas dessas toras, e eu gostava de observá-los. Parecia um trabalho muito fácil. Depois das cinco horas da tarde, eles deixavam o trabalho, e eu me punha a experimentar rachar lenha.

Sem saber nada sobre como rachar lenha, eu colocava a cunha em um determinado lugar da tora e a marretava até que ela ficasse enterrada. Com muito custo, tirava essa cunha, colocava-a logo em seguida à greta que havia feito, e, assim, fazia uma linha de buracos, que eventualmente rachava a lenha. Porém, não era isso que acontecia com os lenhadores. A cunha deles não ficava enterrada na tora, e o trabalho deles era muito mais fácil e "divertido".

Depois de muita observação, notei que os lenhadores, com muita sabedoria, primeiro estudavam a tora, procurando a maior rachadura que existia, e era justamente aí que colocavam a cunha. Com poucas marretadas, rachavam a lenha. Na verdade, o trabalho deles era completar algo que a natureza já havia iniciado. Eles aproveitavam as oportunidades oferecidas pelo "jeito da madeira". A rachadura era como se a tora estivesse "falando" ao lenhador: "Esse é o lugar onde vou rachar com o mínimo de esforço".

Transferindo essas ideias para o campo da educação, sem querer induzir que educar significa enfiar cunhas nas cabeças dos alunos, seria muito mais fácil e divertido se, no processo educacional, os professores soubessem "ler" as "rachaduras de aprendizagem" dos alunos e trabalhar com elas para atingir os objetivos da personalização. Como foi mencionado, isso significa trabalhar com o "jeito" do aprendiz, e, desse modo, a identificação de atividades e situações de aprendizagem personalizadas certamente exigiria menos esforço, tanto por parte dos professores quanto dos alunos. Quantos professores gastam horas e horas trabalhando com alunos sem conseguir atingir os objetivos pelo fato de a "cunha" não estar na "rachadura de aprendizagem" deles?

No entanto, o que significa ler as "rachaduras de aprendizagem"? Elas não estão expostas e não são tão explícitas como no caso das toras. Para poder conhecê-las, o professor teria um trabalho mais parecido com psicanálise do que com educação. As tecnologias podem ajudar, mas ainda resta um trabalho subjetivo que deve ser realizado pelo professor. Tal dificuldade acontece, em primeiro lugar, como observou Papert, porque nossa sociedade não está preparada para falar sobre o aprender (PAPERT, 1985). Não temos nem mesmo termos em nossa língua para designar comportamentos e ações sobre o aprender – paradoxalmente, uma atividade que fazemos o tempo todo e desde o nosso nascimento. Nós aprendemos e sabemos avaliar o produto dessa aprendizagem, mas sabemos muito pouco ou quase nada sobre esse processo de aprender.

E, em segundo lugar, faltam, em nosso sistema educacional, ações que possam ajudar tanto o aluno na identificação de suas "rachaduras de aprendizagem", quanto os educadores na preparação para poder fazer a leitura dessas "rachaduras", usando-as para adequar as atividades e as práticas da aprendizagem personalizada. Certamente esse conhecimento facilitaria a vida dos aprendizes, que saberiam escolher as estratégias, os materiais de apoio e as circunstâncias de aprendizagem que deveriam ser condizentes e estar alinhadas com o seu "jeito da madeira". Por sua vez, o professor saberia adequar o seu material pedagógico e sua prática para atender às diferentes necessidades e aos interesses de seus alunos.

Do mesmo modo, as instituições da sociedade poderiam se preparar com uma diversidade de situações educacionais adequadas às diferentes estratégias de aprendizagem. Um museu, por exemplo, elaboraria materiais de apoio sobre suas obras, usando diferentes meios tecnológicos e diferentes formatos, de forma mais descritiva ou mais gráfica, por exemplo, procurando atender aos diferentes interesses e necessidades de seu público. Os visitantes, conscientes das suas preferências, saberiam selecionar a informação de acordo com elas.

Ainda resta um longo caminho a ser percorrido para poder implantar a aprendizagem personalizada em larga escala. Porém, isso só será realizado se entendermos, como afirma Kim (2015, p. 54), que "[...] a aprendizagem personalizada é uma jornada, e não um destino". Assim, continuamos a caminhada, tentado implantar essa abordagem pedagógica e aprendendo com a experiência. Esse é o objetivo do que está sendo implantado em uma disciplina do curso de comunicação social – midialogia, da Unicamp.

APRENDIZAGEM PERSONALIZADA EM UMA DISCIPLINA DE MIDIALOGIA

O curso de comunicação social – midialogia foi criado em 2004, como parte das atividades do Departamento de Multimeios, Mídia e Comunicação do Instituto de Artes da Unicamp. Desde então, ele tem ficado entre as quatro opções mais procuradas na primeira fase dos vestibulares da Unicamp, sendo que, em cada turma, são selecionados 30 alunos.

O curso é fundamentado no tripé mídias, sociedade e arte, que contemplam os eixos tecnológico, social e estético, que são constituintes da midialogia. As mídias contemporâneas estudadas são os veículos de comunicação e expressão, e os conteúdos estudados são, por exemplo, linguagens e processos de significação. O curso não prevê áreas de formação específicas, como jornalismo, propaganda ou cinema, mas esse tipo de aprofundamento é determinado pelo aluno, conforme o seu interesse e de acordo com as disciplinas que ele frequenta, tanto as oferecidas pelo curso quanto as ofertadas por outros cursos do Instituto de Artes ou dos demais institutos e faculdades da Unicamp. Inicialmente, essa falta de definição de áreas específicas de formação causou problemas, dúvidas e desconforto para os alunos. Porém, à medida que o curso ficou conhecido, os estudantes que o têm procurado veem essa flexibilidade como ponto positivo.

O curso é baseado na pedagogia por projetos, ou PBL. Os projetos podem ser usados dentro das disciplinas, mas também existem disciplinas específicas para o desenvolvimento de projetos integrados. Assim, o curso de midialogia tem uma forte inserção tecnológica e é baseado em projetos, permitindo a utilização de abordagens pedagógicas bastante inovadoras: elas proporcionam a criação de ambientes de aprendizagem que fornecem mais autonomia ao aluno, ao mesmo tempo em que ele desenvolve competências que são fundamentais e marcantes no ambiente de trabalho atual.

Nesse curso, ministro a disciplina CS106 – Métodos e técnicas de pesquisa e de desenvolvimento de produtos em midialogia.[1] Ela faz parte do primeiro semestre da grade curricular, tem uma carga horária semanal de quatro horas, e as aulas presenciais são complementadas com atividades usando o ambiente de aprendizagem virtual TelEduc.

---

[1] Inicialmente CS101 – Métodos e técnicas de pesquisa em midialogia. Em 2015, ela foi alterada para incluir, na ementa, as atividades referentes ao desenvolvimento de projetos sobre produtos midiáticos, que já fazia parte das atividades da disciplina, porém, não de forma oficial.

A disciplina tem como objetivos:

- Elaborar projetos de pesquisa científica e de desenvolvimento de produto midiático.
- Usar métodos e técnicas de pesquisa científica e de desenvolvimento de produto midiático.
- Elaborar artigos e relatórios de acordo com as normas da ABNT.

O programa da disciplina é apresentado e discutido com os alunos no primeiro dia de aula e prevê as seguintes atividades na forma de projetos:[2]

- **Atividade1/projeto 1:** análise de trabalhos que foram realizados pela turma do ano anterior e que se encontram no *site* da disciplina. Cada aluno analisa o artigo de um aluno indicado na atividade quanto à coerência de objetivos, metodologia e desenvolvimento da pesquisa e elabora um texto descrevendo os aspectos que mais chamaram a atenção. Essa atividade tem duração de duas semanas e, com ela, o aluno pode ter uma visão mais concreta do que é esperado como trabalho na disciplina.
- **Atividade 2/projeto 2:** elaboração de proposta de projeto de pesquisa científica, como estudo de campo ou documental/bibliográfico. A proposta deve ser apresentada na forma escrita, de acordo com padrões da ABNT, em um documento de três a quatro páginas. Essa atividade tem duração de duas semanas.
- **Atividade 3/projeto 3:** implementação do projeto de pesquisa e elaboração de artigo sobre a pesquisa realizada. Para tanto, o aluno deve coletar dados, analisá-los e elaborar um artigo científico, como artigo para congresso ou revista científica, de oito a dez páginas. A duração prevista para essa atividade é de quatro semanas, sendo que, na última semana, cada aluno apresenta para a classe o trabalho realizado, elaborando, para isso, um diaporama e tendo três a quatro minutos para essa apresentação.
- **Atividade 4/projeto 4:** elaboração de proposta de projeto de desenvolvimento de um produto midiático, por exemplo, portfólio de fotografia, *site* ou vídeo. A proposta deve ser apresentada na forma escrita, de acordo com padrões da ABNT, em um documento de três a quatro páginas. Duração prevista de duas semanas.
- **Atividade 5/projeto 5:** implementação do projeto de desenvolvimento e elaboração de relatório sobre o trabalho realizado. Para tanto, o aluno deve desenvolver o produto de acordo com o cronograma previsto no projeto e,

---

[2] No programa da disciplina, esses projetos aparecem com a denominação de *atividades*, para que não sejam confundidos com o projeto de pesquisa e de desenvolvimento de produto midiático que cada aluno tem de desenvolver.

com base nos resultados alcançados, elaborar um relatório de atividades de seis a oito páginas. Essa atividade tem duração de quatro semanas.

- **Atividade 6/projeto 6:** elaboração do *site* da disciplina. Além dos cinco projetos que cada aluno elabora individualmente, a classe como um todo desenvolve o *site* da disciplina. Essa atividade é realizada durante as quatro últimas semanas do semestre. A décima quinta aula do semestre é dedicada à análise do *site* e dos produtos midiáticos desenvolvidos pelos alunos. Após o término dessa aula, professor e alunos organizam e participam de uma comemoração para celebrar o final da disciplina.

No primeiro dia de aula, o aluno faz uma avaliação sobre temas relativos à disciplina, na forma de um questionário, que é respondido na aula. Essa avaliação é apresentada como um miniprojeto de pesquisa científica, de uma página (versão executiva). O miniprojeto é discutido com os alunos e, em seguida, é distribuído o questionário que versa sobre o conhecimento do estudante sobre projetos de pesquisa científica, normas da ABNT e conhecimentos dos *softwares* mais utilizados para elaboração de artigos e apresentações. A ideia desse miniprojeto é mostrar, para o aluno, um exemplo de como elaborar e realizar uma pesquisa científica. Os resultados do questionário são apresentados e discutidos com os alunos na aula da segunda semana, na forma de uma apresentação de PowerPoint.

O gráfico da Figura 1.1 mostra a porcentagem de alunos que já fizeram projetos antes de iniciar a disciplina CS106. É possível notar que, até 2012, a porcentagem de alunos que ainda não tinham feito projetos era maior do que a de alunos que já tinham feito.

A partir de 2012, a porcentagem de alunos que já haviam feito projetos antes de iniciar a disciplina tem sido maior, indicando que o ensino médio tem incentivado esse tipo de atividade. No entanto, a experiência na disciplina CS106 tem mostrado que os

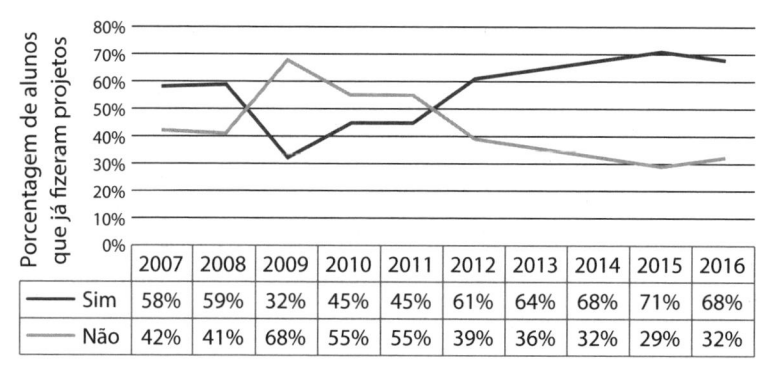

	2007	2008	2009	2010	2011	2012	2013	2014	2015	2016
Sim	58%	59%	32%	45%	45%	61%	64%	68%	71%	68%
Não	42%	41%	68%	55%	55%	39%	36%	32%	29%	32%

Figura 1.1 Porcentagem de alunos da disciplina CS106 que já realizaram e que ainda não realizaram projetos científicos de 2007 a 2016.

alunos têm muita dificuldade em organizar e estruturar a pesquisa e o desenvolvimento do produto midiático de acordo com métodos e técnicas científicos e de mercado.

A escolha dos temas para o projeto de pesquisa e o de produto midiático é feita de acordo com o interesse do aluno. A única limitação imposta pela disciplina é que a pesquisa seja sobre um tema da comunicação social e o produto utilize algum tipo de mídia. Na elaboração das propostas de projetos, solicita-se que o aluno explicite o seu interesse e a sua relação com os temas escolhidos. Meu papel no processo de escolha de temas é verificar a pertinência quanto ao uso de tecnologias e à comunicação social e tentar adequar o que está sendo proposto em termos de dificuldades ou facilidades, de modo que o projeto possa ser realizado dentro dos prazos estipulados.

À medida que os projetos são colocados em prática, é possível perceber o grau de conhecimento do aluno sobre o tema proposto e verificar como o trabalho nos projetos ajuda a identificar e explicitar interesses, preferências, valores e crenças que ainda não estavam tão explícitos. Esses aspectos são especificamente discutidos em sala e constituem um exercício importante de descobrir as pérolas que existem na turma.

Para a execução de cada atividade/projeto, o aluno deve disponibilizar a versão parcial no ambiente TelEduc, no seu portfólio individual. Esse material é previamente analisado, e alguns trabalhos são selecionados para serem comentados em aula. Na aula, alguns temas relativos aos conteúdos trabalhados são brevemente discutidos. Por exemplo, durante as semanas de elaboração do projeto de pesquisa, são discutidos os principais métodos e técnicas de pesquisa e são apresentados exemplos de projetos de pesquisa estipulados por entidades como a Fundação de Amparo à Pesquisa do Estado de São Paulo (Fapesp) e o Conselho Nacional de Desenvolvimento Científico e Tecnológico (CNPq). Em seguida, são apresentados e discutidos os trabalhos selecionados *a priori*, ressaltando seus aspectos positivos e negativos.

Além dessas atividades/projetos, são previstos exercícios baseados em leituras de artigos propostos e aqueles que os alunos devem procurar em bases de dados, relacionados com as pesquisas que estão elaborando. Além da leitura, o aluno deve realizar uma reflexão sobre o material lido, na forma escrita, disponibilizada antes da aula, no seu portfólio. Os resultados dos exercícios são analisados antes da aula e, posteriormente, discutidos com os alunos em sala.

Para elaboração do *site* da disciplina, os alunos são divididos em grupos, com diferentes responsabilidades. Por exemplo, há o líder do desenvolvimento do *site*; o grupo que trabalha na programação; o grupo que prepara o *layout* do *site*, especialmente a parte artística; o grupo que prepara o perfil de como o aluno é apresentado no *site* (características, preferências, afinidade com mídias, etc.); o grupo que prepara o material relativo ao projeto de pesquisa, de acordo com o que é estipulado pelo grupo de programação; o grupo que prepara o material relativo ao desenvolvimento do projeto de produto; e grupo de controle, que verifica se os *links* e os materiais incluídos no *site* funcionam ou são visualizados adequadamente.

Os alunos são avaliados de acordo com a seguinte média ponderada das atividades e dos exercícios realizados:

Avaliação = 0,10* Atividade 1 + 0,15* Atividade 2 + 0,25* Atividade 3 + 0,15* Atividade 4 + 0,25* Atividade 5 + 0,10* (leitura + discussão)

A avaliação de cada uma das atividades é realizada de acordo com os padrões estipulados, atribuindo a ela uma nota de 0 a 10. O aluno tem uma chance de melhorar a atividade, corrigindo-a de acordo com as observações feitas. A segunda versão é, então, comparada com a primeira. Para cada observação feita na primeira versão que não for justificada ou corrigida na segunda, o aluno perde 0,5 pontos. A segunda versão da atividade também recebe uma nota entre 0 e 10, sendo que a nota final nessa atividade equivale à média das notas da primeira e da segunda versões.

O procedimento de avaliação das atividades/projetos foi alterado a partir de 2012, quando o aluno ainda tinha diversas chances para melhorar a atividade, porém, a nota final seria a obtida na última versão. No entanto, notei que, em geral, os alunos não se esmeravam tanto na produção dessas versões, pois sabiam que poderiam sempre apresentar uma nova versão. Além disso, não prestavam muita atenção ao que era observado, produzindo uma nova versão sem corrigir ou justificar todas as observações feitas. A variação da média geral de cada uma das turmas, de 2008 a 2015, é mostrada na Figura 1.2.

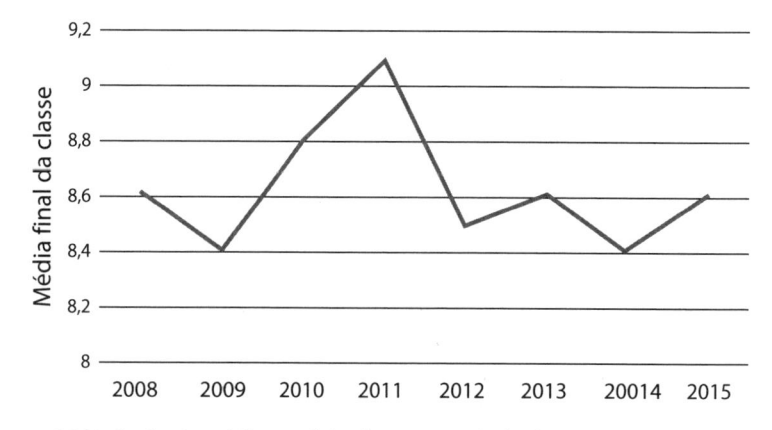

Figura 1.2 Variação da média geral da classe no período de 2008 a 2015.

Como mostra o gráfico da Figura 1.2, a média da classe caiu após a adoção desse novo procedimento de avaliação das atividades, porém, ele tem produzido resultados mais adequados em relação ao que o aluno desenvolve na primeira versão do trabalho, na correção das observações feitas e na produção da segunda versão.

Os trabalhos dos alunos para cada uma das turmas podem ser vistos nos respectivos *sites* da disciplina (UNIVERSIDADE ESTADUAL DE CAMPINAS, 2016):

- 2015 – http://www.iar.unicamp.br/disciplinas/cs106_2015/cinemidia/index.html
- 2014 – http://www.iar.unicamp.br/disciplinas/cs101_2014/SITE%20-%20014/site.swf
- 2013 – http://www.iar.unicamp.br/disciplinas/cs101_2013/index.html
- 2010 – http://www.iar.unicamp.br/disciplinas/CS101_2010/site.html

É importante notar que todas as turmas elaboram o respectivo *site* desde 2007. Os *sites* são diferentes, têm características próprias e são bem elaborados tanto do ponto de vista funcional quanto estético. Tanto a metáfora usada quanto o conteúdo dos perfis são criativos e procuram caracterizar os interesses dos alunos e o que pensam sobre o curso. Por exemplo, o *site* da turma de 2015 faz uma crítica no sentido de apresentar Cinemídia como algo que é realizado na midialogia, mas que é muito mais do que cinema. As questões de estética e a qualidade computacional do *site* chamam a atenção, principalmente se considerarmos que esses alunos estão terminando o primeiro semestre do curso de midialogia.

Outro ponto a ser observado é o fato de que, nos *sites,* consta o trabalho de praticamente todos os alunos da turma. Isso significa que a evasão e a repetência são inexistentes. Alunos que abandonaram a disciplina o fizeram por questões de ordem particular, e nunca houve um caso de aluno ser reprovado por baixa *performance*. Isso é notável se considerarmos a carga de trabalho prevista e o prazo exíguo para a realização das atividades. Além disso, os trabalhos devem seguir normas, métodos e técnicas que exigem muita atenção e disciplina.

Quanto à qualidade dos trabalhos, ela pode ser equiparada à que é exigida em congressos e segue os padrões de artigos científicos ou de relatórios solicitados por instituições financiadoras de projetos, como Fapesp ou CNPq. Essa qualidade tem sido mantida ao longo dos anos, uma vez que, segundo o gráfico da Figura 1.2, a média final da classe nunca ficou abaixo de 8,4.

Finalmente, é possível notar que os trabalhos são personalizados. É interessante notar que ao longo dos anos nunca houve um trabalho copiado ou que explorasse exatamente o mesmo tema. Embora os alunos sejam encorajados a conhecer os trabalhos dos colegas das turmas anteriores, os temas escolhidos sempre têm um caráter inovador e original. Por meio desses trabalhos, é possível observar os interesses e as preferências dos alunos. É comum que eles expressem o interesse de continuar a desenvolver trabalhos semelhantes ou de seguir trabalhando na área cujos projetos foram desenvolvidos.

CONSIDERAÇÕES FINAIS

A implantação de metodologias ativas no ensino parece um caminho sem volta. Ela coloca o foco no sujeito da aprendizagem, muito semelhante ao que ocorreu com outros segmentos da sociedade, como os serviços e os processos de produção. A responsabilidade sobre a aprendizagem agora é do estudante, que precisa assumir uma postura mais participativa, na qual resolve problemas, desenvolve projetos e, com isso, cria oportunidades para a construção de seu conhecimento. O professor passa a ter a função de mediador, consultor do aprendiz. E a sala de aula passa a ser o local onde o aprendiz tem a presença do professor e dos colegas para auxiliá-lo na resolução de suas tarefas, na troca de ideias e na significação da informação. Além disso, ela cria oportunidades para que valores, crenças e questões sobre cidadania possam ser trabalhadas, preparando e desenvolvendo as competências necessárias para que esse aprendiz possa viver e usufruir a sociedade do conhecimento.

Como foi mencionado, as dificuldades para essa implantação são inúmeras, porém, diversas instituições de ensino superior estão iniciando essa caminhada em direção à implantação de soluções inovadoras do ponto de vista pedagógico. No Brasil, a maior parte dessas instituições tem utilizado a abordagem da sala de aula invertida, mais especificamente a *peer instruction*.

No caso do curso de graduação em comunicação social – midialogia da Unicamp, tenho utilizado, desde 2007, quando iniciei o trabalho na disciplina CS101/106 – Métodos e técnicas de pesquisa e de desenvolvimento de produtos em midialogia, a abordagem da sala de aula invertida, da aprendizagem baseada em projetos e da aprendizagem personalizada. Ainda há muitos aspectos a serem aprimorados, mas essas experiências têm sido gratificantes. Primeiro, elas têm produzido bons resultados do ponto de vista do aproveitamento dos alunos. Segundo, além de inovar as práticas de sala de aula, essas experiências têm sido utilizadas como objetos de pesquisa e de estudo, produzindo artigos que têm sido publicados (VALENTE, 2014a, 2014b) e disseminados por meio das palestras que tenho realizado em diversas instituições de ensino superior. Nesse sentido, além do aprimoramento do "jeito da madeira" dos alunos, esse trabalho tem contribuído muito para o aprimoramento do "jeito da madeira" do próprio professor. E, assim, continuamos a aprender e a seguir na jornada da aprendizagem ativa e personalizada!

 **PARA SABER MAIS**

Curso: Especialização em educação na cultura digital

Curso realizado pelo Ministério da Educação, propondo uma mudança nas formas de ensinar e de aprender. O objetivo é criar possibilidades criativas de integração das tecnologias digitais de informação e comunicação (TDIC) aos currículos das disciplinas do ensino básico.

Disponível em: http://educacaonaculturadigital.mec.gov.br

Relatório: *Blended Learning Report*

Relatório produzido pela SRI International Center for Technology, com financiamento da Michael & Susan Dell Foundation, sobre adoção de modelos de aprendizagem híbrida em escolas na Califórnia e Louisiana, Estados Unidos. Este relatório de pesquisa apresenta os resultados da avaliação formativa e somativa de modelos de aprendizagem híbrida em 13 escolas que servem alunos de famílias e comunidades de baixa renda.

Disponível em: www.sri.com/work/publications/blended-learning-report

Livro: *A Rich Seam: How New Pedagogies Fund Deep Learning*, de Michael Fullan e Maria Langworthy

Neste livro, os autores apresentam uma nova pedagogia baseada em uma parceria de aprendizagem entre alunos e professores que aproveita a motivação intrínseca de ambas as partes.

Disponível em: www.michaelfullan.ca/wp-content/uploads/2014/01/3897.Rich_Seam_web.pdf

REFERÊNCIAS

ALMEIDA, M. E. B.; VALENTE, J. A. *Tecnologias e currículo:* trajetórias convergentes ou divergentes? São Paulo: Paulus, 2011.

BACICH, L.; TANZI NETO, A.; TREVISANI, F. M. (Org.). *Ensino híbrido*: personalização e tecnologia na educação. Porto Alegre: Penso, 2015.

BASYE, D. *Personalized vs. differentiated vs. individualized learning.* 2014. Disponível em: <https://www.iste.org/explore/articledetail?articleid=124>. Acesso em: 5 jul. 2016.

BELCHER, J. Studio physics at MIT. *MIT Physics Annual*, 2001. Disponível em: <http://web.mit.edu/jbelcher/www/Belcher_physicsannual_fall_01.pdf>. Acesso em: 01 jul. 2016.

BERGMANN, J.; SAMS, A. *Flip your classroom*: reach every student in every class every day. Eugene: ISTE, 2012.

CHRISTENSEN, C.; HORN, M.; STAKER, H. *Ensino híbrido*: uma inovação disruptiva? Uma introdução à teoria dos híbridos. 2013. Disponível em: <http://porvir.org/wp-content/uploads/2014/08/PT_Is-K-12-blended-learning-disruptive-Final.pdf>. Acesso em: 01 jul. 2016.

DEWEY, J. *Democracy and education*. New York: The Free Press, 1944.

EDUCAUSE. *7 things you should know about flipped classrooms*. 2012. Disponível em: <https://library.educause.edu/resources/2012/2/7-things-you-should-know-about-flipped-classrooms>. Acesso em: 04 jul. 2016.

ENYEDY, N. *Personalized instruction*: new interest, old rhetoric, limited results and the need for a new direction for computer-mediated learning. 2014. Disponível em: <http://nepc.colorado.edu/publication/personalized-instruction>. Acesso em: 05 jul. 2016.

FLIPPED CLASSROOM FIELD GUIDE. *Portal Flipped classroom field guide*. [201-?]. Disponível em: <http://www0.sun.ac.za/ctl/wp-content/uploads/2015/10/Flipped-Classroom-Field-Guide.pdf>. Acesso em: 05 jul. 2016.

FLIPPED LEARNING NETWORK. *Portal Flipped Learning Network Ning*. Disponível em: <http://flippedclassroom.org/>. Acesso em: 05 jul. 2016.

FREIRE, P. *Pedagogia do oprimido*. Rio de Janeiro: Paz e Terra, 1970.

FULLAN, M. *Michael Fullan response to MS 3 questions about personalized learning*. 2009. Disponível em: <http://michaelfullan.ca/wp-content/uploads/2016/06/Untitled_Document_16.pdf>. Acesso em: 05 jul. 2016.

GREAT SCHOOLS PARTNERSHIP. *The glossary of education reform*: personalized learning. 2015. Disponível em: <http://edglossary.org/personalized-learning/>. Acesso em: 05 jul. 2016.

KIM, A. *Personilized learning playbook*: why the time is now and how to do it. São Francisco: Education Elements, 2015. Disponível em: <https://www.edelements.com/personalized-learning-playbook>. Acesso em: 05 jul. 2016.

PAPERT, S. *Logo*: computadores e educação. São Paulo: Brasiliense, 1985.

PATRICK, S.; KENNEDY, K.; POWELL, A. *Mean what you say*: defining and integrating personalized, blended and competency education. 2013. Inacol, The International Association for K-12 On-line Learning. Disponível em: <http://www.inacol.org/wp-content/uploads/2015/02/mean-what-you-say.pdf>. Acesso em 05 jul. 2016.

STAKER, H.; HORN, M. B. *Classifying K–12 blended learning*. Mountain View: Innosight Institute, 2012. Disponível em: <http://www.christenseninstitute.org/wp-content/uploads/2013/04/Classifying-K-12-blended-learning.pdf>. Acesso em: 15 abr. 2014.

STHEM BRASIL. *STHEM Brasil*: consórcio de IES brasileiras. 2014. Disponível em: <http://sthembrasil.com/site>. Acesso em: 01 jul. 2016.

UNIVERSIDADE ESTADUAL DE CAMPINAS. Instituto das Artes. *Trabalhos de disciplinas*. 2016. Disponível em: <http://www.iar.unicamp.br/graduacao-em-midialogia/trabalhos-de-disciplinas>. Acesso em: 05 jul. 2016.

VALENTE, J. A. Blended learning e as mudanças no ensino superior: a proposta da sala de aula invertida. *Educar em Revista*, v. 4, p. 79-97, 2014a.

VALENTE, J. A. A comunicação e a educação baseada no uso das tecnologias digitais de informação e comunicação. *Revista UNIFESO*: Humanas e Sociais, v. 1, n. 1, p. 141-166, 2014b. Disponível em: <http://revistasunifeso.filoinfo.net/index.php/revistaunifesohumanasesociais/article/view/17/24>. Acesso em: 05 jul. 2016.

WATKINS, J.; MAZUR, E. Retaining students in science, technology, engineering, and mathematics (STEM) majors. *Journal of College Science Teaching*, v. 42, n. 5, p. 36-41, 2013. Disponível em: <http://www.cssia.org/pdf/20000243-RetainingStudentsinSTEMMajors.pdf>. Acesso em: 06 jul. 2016.

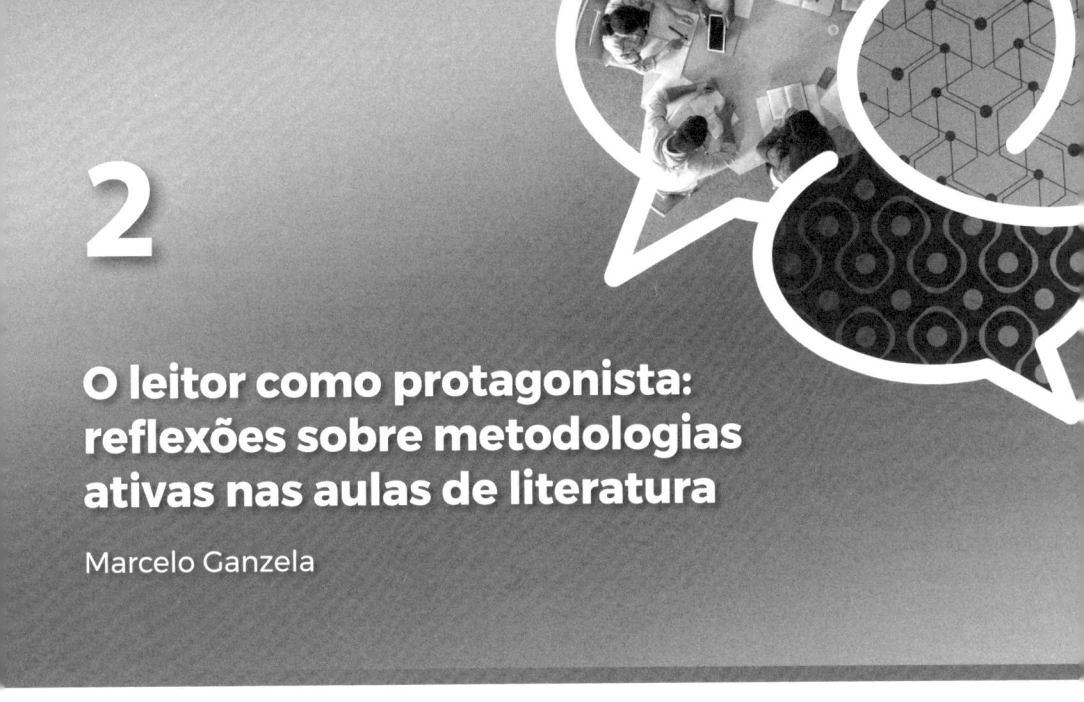

2

O leitor como protagonista: reflexões sobre metodologias ativas nas aulas de literatura

Marcelo Ganzela

A QUESTÃO DO CURRÍCULO

Tradicionalmente, podemos perceber que as escolas e os professores, grosso modo, pensam o ensino de literatura por meio da seguinte dicotomia: de um lado, há o ensino de teorias e escolas literárias; de outro, há o ensino por meio da interpretação de textos literários.

A opção curricular pelo ensino teórico espelha-se em uma visão positivista do ensino, considerando que a contribuição que a literatura pode dar à formação do indivíduo pauta-se em um conjunto de conhecimentos sistêmicos a respeito de teoria literária (conceito de literatura; gêneros literários; figuras de linguagem; ritmo; etc.) e de escolas literárias (história da literatura). As aulas de literatura que seguem esse tipo de currículo atuam muito mais com aspectos externos ao texto literário (informações sobre a vida do autor, contexto de produção, movimentos artísticos e filosóficos, aspectos históricos) do que com aspectos internos (construção e estrutura do texto literário).

A outra opção curricular busca dar ênfase à interpretação da obra literária em si, apropriando-se ou não dos aspectos externos ao texto. Neste caso, o professor privilegia, na maior parte do tempo de aula, a consolidação de uma análise do objeto artístico, buscando, no mínimo, uma interpretação completa da obra estética.

A escolha de uma ou outra identidade curricular não garante uma prática de ensino diferenciada nas aulas de literatura: em ambos os casos, encontramos docentes privilegiando a aula expositiva (seja transmitindo informações externas ao texto, seja apresentando aos alunos uma interpretação canônica da obra). Notamos, então, que, para tratarmos de inovação no ensino de literatura, precisamos nos debruçar sobre as práticas metodológicas existentes no momento.

A QUESTÃO DA METODOLOGIA

Assim que encontramos, tradicionalmente, duas opções curriculares nas aulas de literatura, também podemos identificar duas posturas metodológicas predominantes no ensino dessa disciplina: as aulas predominantemente expositivas e as aulas predominantemente dialogadas.

Na primeira opção metodológica, a aula expositiva, encontramos uma prática que se assemelha à "aula-conferência": o professor transmite, por meio de exposição, os conhecimentos que julga serem importantes para os alunos. Cabe aqui ressaltar que tal prática encontra-se tanto nas aulas cujo foco são os aspectos externos às obras (historiografia literária, aspectos teóricos) quanto nas aulas com foco na interpretação de texto (professores que apresentam uma única interpretação canônica da obra). O uso de tecnologias, nessas práticas, normalmente resume-se à apresentação de *slides*.

Já a segunda opção metodológica, a aula dialogada, representa o que os documentos oficiais do MEC (no caso, as Orientações curriculares nacionais para o ensino médio) sugerem para a prática docente na aula de literatura: uma aula pautada na construção coletiva de interpretações dos textos literários. Nessa prática, o docente, de maneira socrática, exerce a função de "perguntador", instigando os leitores a descobrirem camadas no texto literário.

Por mais que a aula dialogada apresente uma identificação com uma escolha pela interpretação do texto literário, também podemos encontrá-la em práticas docentes que optam pela ênfase em aspectos mais teóricos. Tradicionalmente, os educadores que trabalham de maneira dialogada não exploram muitos recursos tecnológicos: a principal tecnologia é justamente o livro impresso, e a aula baseia-se em ler o texto e conversar sobre ele.

A partir da apresentação desse painel mais tradicional do ensino de literatura, discutiremos quais caminhos podem ser explorados com o intuito de promover inovações disruptivas e/ou sustentadas nas aulas de literatura, explorando estratégias metodológicas identificadas como ativas, as quais enfatizam produtividade, engajamento e autoria maiores por parte dos aprendizes. Tomamos os conceitos de disruptivo e sustentado a partir de Horn e Staker (2015). De acordo com os autores:

> Embora inovação disruptiva, ao se ouvir pela primeira vez, possa não soar como algo agradável aos educadores, ela oferece muitos benefícios. O termo refere-se a produtos e serviços que iniciam com aplicações simples, na base do mercado, para aquelas pessoas que não possuem meios financeiros ou conhecimento para participar de outra forma no mercado. [...] As inovações disruptivas competem segundo uma nova definição de desempenho. Isso significa que elas definem qualidade de forma completamente diferente de como o sistema estabelecido o faz. (HORN; STAKER, 2015, p. 2).

Podemos compreender uma inovação disruptiva na educação como essencialmente (e até radicalmente) transgressora do padrão habitual de ensino; uma proposta que reinventa os processos de ensino e aprendizagem formais nas instituições. Moran, neste livro, apresenta alguns exemplos, seja na educação básica (como no caso do Projeto Âncora), seja no ensino superior (no caso da Uniamérica). Já as inovações sustentadas caracterizam-se por apresentar práticas inovadoras dentro de um sistema maior, mais rígido e conservador; são chamadas de sustentadas justamente por terem um impacto mais localizado e dependerem de um número menor de vetores para sua realização. Proporcionar experiências de aprendizagem inovadoras de um currículo fechado preestabelecido e dentro de uma organização escolar mais tradicional seria um exemplo de uma inovação educacional sustentada. Ainda de acordo com Horn e Staker (2015, p. 75):

> Um engano comum é o de que as inovações sustentadas são ruins e as inovações disruptivas são boas. Isso não é verdade. As inovações sustentadas são vitais para um setor saudável e robusto, na medida em que as organizações se esforçam para fazer melhores produtos e oferecer melhores serviços para seus melhores clientes.

Além da discussão acerca de um ensino mais sustentado ou disruptivo na aula de literatura, trataremos também da importância da personalização nessa área de conhecimento; em seguida, discutiremos algumas das funções das tecnologias conhecidas pelos docentes da educação básica e do ensino superior para, ao final, discorrer a respeito das experiências que temos realizado nas disciplinas literárias do curso de letras de uma faculdade particular especializada na formação de professores.[1]

A PERSONALIZAÇÃO[2]

Em nossos estudos, temos considerado o termo *personalização* como a possibilidade de promover experiências de aprendizagem que atendam, mais proximamente, às necessidades particulares do aprendiz: seja em relação ao tempo de amadurecimento sobre o conhecimento em questão, seja em relação às maneiras de aprender, seja tratando, até, de *o que* aprender (conteúdos distintos que sejam significativos para cada estudante). Partindo dessa concepção, notamos que a questão da personalização sempre esteve presente nas problemáticas do ensino de literatura

---

[1] Instituto Singularidades, em São Paulo (SP). Para mais informações, acesse: http://institutosingularidades.edu.br/novoportal.

[2] Há uma grande discussão em torno dos termos individualização, diferenciação e personalização. Horn e Staker (2015) apresentam, em nota, suas concepções: individualização se refere ao ritmo de aprendizagem de cada aluno; diferenciação se refere às preferências de aprendizagem de cada estudante; e personalização, para os autores, seria a junção da individualização (tempo de aprendizagem) com a diferenciação (preferências de aprendizagem).

– mesmo que de maneira velada. Isso se dá por conta de um conceito fundamental quando tratamos de uma manifestação artística: o conceito da experiência estética.

Entendemos por experiência estética o processo único que ocorre na interação entre o indivíduo e o objeto estético em questão. Mesmo que essa interação ocorra por meio de outro indivíduo, dificilmente ocorrerá de duas pessoas experimentarem suas relações com o objeto estético da mesma forma. Tomemos como exemplo um poema: solicitamos para duas pessoas lerem o mesmo poema. As chances de ambas se emocionarem da mesma forma, das mesmas imagens tomarem suas mentes, de surgirem as mesmas lembranças e sensações é praticamente nula. Isso ocorre justamente por sermos humanos. E, por sermos humanos, somos diferentes, visto que somos seres historicamente distintos, com vivências diversas e posicionamentos singulares diante do mundo. Coloque um grupo de 300 pessoas em um cinema, assistindo a um mesmo filme, e possivelmente você terá, como resultado, 300 experiências singularmente diferentes. É importante ressaltarmos que chamamos de experiência estética o encontro do ser (indivíduo) com o objeto estético e o diálogo resultante desse encontro. As diferentes experiências prévias que cada pessoa traz colaboram para diferentes experiências estéticas com o novo objeto artístico, o que intensifica a concepção de personalização no trato com a arte em geral (e, no nosso caso, com a literatura).

A valorização da experiência estética já consta nas orientações curriculares oficiais do MEC. O documento utiliza o termo "experiência literária", entendida como o "contato efetivo com o texto" (BRASIL, 2006), o que capacitaria o educando a se apropriar da literatura. Os benefícios desse contato direto com o texto são assim apresentados pelo documento federal:

> [...] Só assim será possível experimentar a sensação de estranhamento que a elaboração peculiar do texto literário, pelo uso incomum da linguagem, consegue produzir no leitor, o qual, por sua vez, estimulado, contribui com sua própria visão de mundo para a fruição estética. A experiência construída a partir dessa troca de significados possibilita, pois, a ampliação de horizontes, o questionamento do já dado, o encontro da sensibilidade, a reflexão, enfim, um tipo de conhecimento diferente do científico, já que objetivamente não pode ser medido. O prazer estético é, então, compreendido aqui como conhecimento, participação, fruição. (BRASIL, 2006, p. 55).

O excerto apresentado traz um elemento problematizador para o que conhecemos, de maneira mais generalizada, em termos de plataformas adaptativas[3] e

---

[3] De acordo com Sunaga e Carvalho (apud BACICH; TANZI NETO; TREVISANI, 2015, p. 147), "[...] com o advento das ferramentas focadas em interatividade, surgiram as plataformas adaptativas, que são *softwares* especialmente desenvolvidos para analisar o comportamento de seus usuários e propor atividades personalizadas, um salto importante para a personalização do ensino". Ou seja, tratam-se de programas que propõem trilhas de aprendizagem diferenciadas de acordo com o desempenho de cada estudante.

personalização da aprendizagem facilitada por recursos tecnológicos: se o conhecimento promovido pela literatura é "diferente do científico", visto que "objetivamente não pode ser medido" (já que reside na reflexão oriunda da sensibilização), como os exemplos práticos que temos encontrado nas discussões sobre ensino híbrido podem trazer alguma contribuição para o ensino de literatura? Essa questão carrega, em si, outras problemáticas: é possível sugerir trilhas personalizadas a partir de testes de múltipla escolha lidando com um conhecimento que, objetivamente, não pode ser medido? Há caminhos para potencializar o trabalho do professor no processo de personalização do ensino de literatura?

Um conceito, desenvolvido dentro da Estética da Recepção, contribui para o argumento da personalização no ensino de literatura: o conceito de *horizonte de expectativas*, apresentado por Hans Robert Jauss e divulgado, aqui no Brasil, por Lima (1979).

Os teóricos da Estética da Recepção, historicamente, trazem um terceiro elemento para o processo da hermenêutica do texto: além de considerar o texto e o autor, faz-se necessário considerar, também, o leitor para que a interpretação do texto se concretize. Ou seja, para o processo de construção de sentidos do romance *O Guarani*, escrito por José de Alencar, na segunda metade do século XIX, é importante levarmos em conta o texto em si, o contexto de produção (quem foi José de Alencar e em que contexto ele produziu *O Guarani*) e quem o está lendo. Dessa forma, os sentidos gerados pela leitura desse romance no final do século XIX não serão os mesmos gerados por uma leitura em 2016, por exemplo. Isso ocorre porque o leitor dos anos 1870 não é o mesmo leitor da segunda década do século XXI. Estes não são os mesmos leitores por conta das vivências histórico-contextuais que os distanciam, mas também por conta das vivências literárias que tiveram. É nesse campo que entra o conceito de horizonte de expectativas: para Jauss, as habilidades de compreensão de um texto residem no histórico literário de cada leitor; *o que* cada indivíduo leu e *como* ele leu interfere consideravelmente no seu potencial de diálogo com um novo texto literário. Assim, dois leitores do ano 2016 podem (e provavelmente irão) estabelecer relações de significação bem distintas com o romance *O Guarani*, já que, certamente, suas histórias como leitores não são as mesmas.

A consciência da importância do horizonte de expectativas na formação de leitores literários inviabiliza um ensino massificado de literatura: a crença de que todos os estudantes serão formados leitores literários com as mesmas habilidades torna-se uma falácia, pois seria impossível ter um controle rígido do repertório de leituras de cada um e da qualidade de interação com o texto que cada estudante teve, no seu momento mais íntimo de leitura com esse texto (afinal, como controlar as emoções e os processos cognitivos que ocorrem no exato momento em que um adolescente está lendo alguns versos de Fernando Pessoa, por exemplo?).

Essas reflexões, ao mesmo tempo em que confirmam a importância da personalização no processo de ensino e aprendizagem de literatura também se apresentam como um grande desafio para o docente da disciplina. A personalização se faz necessária no momento em que eu, no papel de professor, espero que meu aluno seja capaz de ler *A metamorfose*, de Franz Kafka, e estabeleça relações produtivas em sua leitura (em termos de fruição, profundidade psicológica, consciência social, desautomatização, etc.). Assim, preciso ajudá-lo a construir um histórico literário que o habilite a ler essa novela.

Tais reflexões explicitam a ineficácia de um ensino massificado e padronizado em termos de conteúdo ou listas de leituras – é impossível estabelecer uma única sequência de experiências estéticas para todos os alunos, já que cada indivíduo tem seu histórico particular de leituras! Assim, modelos de ensino pautados em plataformas adaptativas que constroem uma trilha de aprendizagem predeterminada a partir de resultados de testes não parecem ser um caminho que atenda às singularidades de um ensino realmente personalizado de literatura. Todavia, será que as tecnologias não podem, de alguma maneira, auxiliar o professor nessa missão que parece impossível? Mesmo diante de tal cenário, as experiências com metodologias ativas, as quais avançam de maneira bastante interessante em outras disciplinas, ainda podem encontrar aceitação dentro dessa concepção mais moderna de ensino de literatura?

AS TECNOLOGIAS E O ENSINO DE LITERATURA

Muito se fala sobre tecnologias e educação na contemporaneidade. Contudo, encontramos, ainda, alguns equívocos em visões mais generalizadas dos papéis das tecnologias digitais no processo de ensino e aprendizagem.

Há pessoas que acreditam que quem deve usar a tecnologia é o professor (p. ex., organizando suas aulas em PowerPoint ou exibindo vídeos); outros entendem a tecnologia como substituta de recursos educacionais analógicos (consultar dicionários *on-line* em vez de edições impressas); há ainda os que entendem o uso de tecnologia somente em situações a distância (envio de atividades, participação em fóruns, etc.). Em meio a essa discussão (e, por que não, pressão?) comum dentro do ambiente escolar para a inserção de tecnologias no processo de ensino e aprendizagem, o professor que trabalha com literatura encontra-se, normalmente, perdido em relação às suas práticas: é possível conciliar Machado de Assis e tecnologias digitais? Se sim, que benefícios elas podem trazer?

Tais questionamentos permearam nossa prática de ensino nas disciplinas do Núcleo de Estudos Literários do curso de letras. É salutar ressaltarmos que, mesmo tratando de experiências no ensino superior, estamos em diálogo com a educação básica. O projeto de formação inicial de professores de nosso instituto está pautado em uma homologia de processos: acreditamos que o educador se forma por meio das estratégias metodológicas que serão significativas para sua futura atuação profissional. Assim, o docente da licenciatura não diz a seu aluno (futuro professor) como deveria atuar em sala de aula; ele já atua dessa maneira com seu aluno, futuro colega de profissão. Cremos que uma educação transformadora e inovadora possa ser resultado, também, de uma formação inicial transformadora e inovadora na licenciatura.

Neste contexto, o curso de licenciatura em letras tem investigado possibilidades de exercitar a formação de educadores de língua portuguesa usando tecnologias articuladas com estratégias de metodologias ativas. Após decisão institucional de utilização de uma plataforma de ensino (Moodle) e possível uso de computadores em rede na sala e aula, os docentes viram-se confrontados com o dilema *literatura e tecnologia*. O que apresentaremos neste capítulo é o resultado de nossas experiências e discussões acerca desse tema. Em linhas gerais, podemos enxergar três possibilidades do uso das tecnologias no ensino de literatura. Trataremos delas a seguir.

Uma opção é lidar com as tecnologias (e a internet) como repositórios de conhecimento. Encontramos, na rede, uma infinidade de informações que podem auxiliar o leitor em formação em seu processo de amadurecimento literário. Há informações sobre o contexto da obra e do autor, possíveis análises sob diversos prismas, informações sobre movimentos literários aos quais a obra pode ser associada. As modalidades de texto também são variáveis: há *web*-aulas, entrevistas com escritores e especialistas, resenhas, resumos, análises acadêmicas e não acadêmicas, *wikis*, enfim, uma infinidade de textos multimodais que tratam de literatura. A rede é um universo com potencial infinito de informações extras que impactam no processo hermenêutico da interação leitor/texto. Ainda tratando das tecnologias como repositório, um curso de literatura pode optar por alguma plataforma digital na qual o professor centralize e organize um pouco mais esses *links* e conhecimentos a fim de auxiliar o aprendiz no momento de leitura literária. Seja de maneira controlada (em plataformas digitais), seja de maneira mais "anárquica" (mergulhando no oceano da rede), o acesso às tecnologias pode exercer papel de repositório de múltiplas informações que, como camadas, tornam a experiência literária mais robusta.

Outra oportunidade que surge quando lidamos com tecnologias digitais é a de usá-las como ferramenta de interação (síncrona e/ou assíncrona). Atualmente, a rede nos permite interagir de maneira menos ou mais direta com inúmeras pessoas em todo o planeta. Ferramentas como fóruns, *chats*, Skype, Hangouts permitem facilitar o diálogo entre indivíduos que queiram discutir qualquer assunto. Hoje, está muito mais rápido e fácil conversar com um outro leitor de Kafka em qualquer parte do mundo. Essas ferramentas potencializam as possibilidades de discussão sobre uma obra literária, permitindo que o diálogo sobre o texto lido extrapole o parceiro professor ou colega de turma: é possível discutir uma leitura com uma infinidade de pessoas além daqueles que estão envolvidos diretamente no ambiente escolar.

Por fim (mas não finalizando), também é possível explorarmos as tecnologias digitais como ferramentas para construção/produção de novos conhecimentos sobre um texto literário. É um híbrido de repositório de conteúdo e ferramenta de interação: o leitor pode compartilhar publicamente suas observações sobre a obra (ou suas releituras), seja por meio de textos escritos (resenhas, ensaios e outros gêneros, em *blogs* ou revistas digitais), seja por textos orais ou multimodais (vídeos, *podcasts*, animações ou ilustrações). Ao publicar suas impressões/leituras sobre uma obra, a rede também permite que outras pessoas dialoguem com esses novos autores, alimentando um processo de coautoria constante: eu leio, eu escrevo, o outro lê o que eu escrevi, ele escreve, eu leio o que foi escrito sobre o que escrevi (que era sobre o que li), escrevo de novo... e o processo dialógico e dialético se retroalimenta, em cadeia, novamente encorpando as leituras feitas sobre o objeto estético, agregando camadas, leituras diversas sobre a mesma obra.[4] Diferentemente das profecias apocalípticas que acreditavam na impessoalidade gerada pelas tecnologias digitais, esse processo tem aproximado as pessoas, seja por identificações, seja por confronto de ideias. Por mais antagônico que pareça, temos visto as tecnologias digitais colaborando para a sensibilização do indivíduo, e o professor de literatura pode se apropriar delas caso seu objetivo seja promover a educação pela sensibilidade. A seguir, compartilharemos algumas experiências didáticas que temos realizado com esse propósito.

EXPERIÊNCIAS NAS DISCIPLINAS DO NÚCLEO DE ESTUDOS LITERÁRIOS

Justamente pelo desconhecimento do potencial das ferramentas tecnológicas, as experiências iniciais com tecnologias digitais nas disciplinas de literatura no curso de letras foram bastante simples e modestas. Em princípio, usávamos majoritariamente a plataforma digital (Moodle) como reservatório de material, fossem textos escritos digitalizados, fossem vídeo-aulas. Em seguida, começamos a elaborar atividades de pesquisa direcionada na rede, a fim de confrontarmos conceitos da teoria do poema. Nota-se que, em ambos os casos (disponibilização de material e pesquisa na rede), o uso das ferramentas tecnológicas auxiliava o andamento das aulas, mas não era essencial: os textos disponibilizados para *download* poderiam ter sido ofertados na central de cópias do instituto; as vídeo-aulas (por mais que tragam o benefício de poderem ser assistidas a qualquer momento, pausadas em qualquer dúvida e assistidas quantas vezes o estudante sentir necessidade) poderiam ter sido substituídas por exposições orais do professor; e, em vez de pesquisarem na *web*, os alunos poderiam buscar as informações solicitadas na biblioteca. Ou seja, em nossas primeiras experiências, notamos pequenos benefícios em usar tecnologia nas aulas de literatura. Como comentado, provavelmente isso se deu por falta de

---

[4] Isso sem falar nos *mashups, fanfictions*, memes e demais movimentos de recriação e ressignificação, que problematizam os conceitos de autoria na contemporaneidade.

referência e reflexão sobre o potencial de recursos tecnológicos para aprender a ler, com mais maturidade, textos literários.

A primeira experiência mais significativa ocorre quando a disciplina chega ao momento de abordar a exploração espacial na poesia. Por conta de experimentos mais radicais com poesia e outras linguagens visuais (a partir dos estudos do Concretismo), a rede passou de um recurso extra a um recurso fundamental para que os alunos entrassem em contato com produções poéticas que foram pensadas para serem apreciadas exatamente no ambiente virtual. O estudo com a ciberpoesia exigiu das aulas de literatura um contato mais efetivo e uma reflexão mais profunda a respeito das linguagens experimentadas na *web*. Poemas como os de Samir Mesquita, em *Dois palitos*,[5] perdem muito de seu impacto lidos analogicamente, visto que a imagem do palito de fósforo queimando durante o período de leitura e a escolha aleatória dos poemas a serem lidos (a partir do palito escolhido na caixa) dificilmente seriam experiências vivenciadas da mesma maneira em uma folha de papel.

As atividades seguintes do curso continuaram a explorar os recursos tecnológicos de maneira sustentada: fóruns para discussão antes ou após a aula (exercitando a prática da sala de aula invertida[6]), produção de glossário coletivo sobre gêneros poéticos a partir de pesquisas dos alunos (usando uma ferramenta do Moodle) e disponibilização de arquivos em áudio, vídeo e em texto escrito para consumo dos estudantes. Com o passar das aulas, um fenômeno interessante foi surgindo. A variação da coletânea de materiais disponíveis na plataforma estimulou os estudantes a trazerem, por si mesmos, outros materiais para a aula: sabendo qual será o tema da próxima aula (o plano de aula ficava disponível no Moodle), alguns alunos começaram a trazer outros textos e outras referências. Um momento mais radical ocorreu quando o professor havia disponibilizado uma coletânea de quatro poemas, em arquivo Word, para discussão e, no dia da aula, uma aluna alterou esse arquivo e acrescentou, por conta própria, mais um poema – que ela gostaria que também fosse discutido na aula. É significativo notar o movimento de coautoria realizado pela aluna nesse momento: assim como na *web*, ela se sentiu confortável para se apropriar da coletânea montada pelo professor e imprimir, nela, o seu discurso, representado pela escolha de um outro poema a ser discutido em aula. Nesse momento, a aluna demonstrou que, assim como a *web*, a aula também era um espaço de colaboração mútua e de múltiplas autorias. A partir dessa aula, professor e alunos passaram a se sentir mais confortáveis para construir, juntos, as coletâneas de referências para as aulas teóricas de literatura. Tal postura dos estudantes

---

5 Para mais informações, acesse: www.samirmesquita.com.br/doispalitos.html.

6 O grupo de docentes do curso de letras adotou como sala de aula invertida o conceito de atividades autônomas que possam ser realizadas em outro espaço e tempo que não o da sala de aula, e que colabore, de maneira significativa, para o aprendizado do estudante. O intuito da sala de aula invertida é permitir que o aprendiz se aproprie de alguns conceitos em seu ritmo. Outro benefício é o enriquecimento anterior ou posterior do assunto tratado e discutido em aula.

demonstra, de maneira positiva, o desenvolvimento da autonomia dos alunos em seu processo de aprender, interferindo e decidindo, também, sobre suas trilhas de aprendizagem. A aula já não é um espaço e tempo massivo, no qual todos aprendem da mesma forma decidida pelo professor: o aluno pode interferir nas escolhas da aula e participar das decisões sobre sua trilha de aprendizagem.

Com o potencial da *web* como repositório já em processo de consolidação no curso, surge a oportunidade de explorá-la em outros potenciais – como ferramenta de interação. Os alunos liam os poemas de uma poeta contemporânea que disputou o prêmio Jabuti – Susanna Busato. Propomos, então, um bate-papo sincrônico com a escritora. Havia um desafio: ela reside a mais de 400 km da sede da faculdade e não havia dinheiro para trazê-la até nossa sala de aula presencialmente. Tentamos, então, trazê-la praticamente e a convidamos para uma conversa usando a ferramenta Skype. A autora simpatizou bastante com a ideia e, na noite combinada (no dia da aula de teoria do poema), os alunos sentaram-se diante da câmera do computador e puderam conversar com a escritora, sincronicamente, vendo-a no telão, fazendo perguntas e compartilhando suas impressões a respeito dos poemas dela. A atividade, planejada para durar cerca de 30 minutos, se estendeu por quase uma hora. Ao final, a escritora agradeceu a oportunidade de poder conversar com pessoas que leram seus poemas; os alunos foram para o intervalo extremamente excitados com a experiência. De acordo com alguns relatos, puderam compreender melhor os poemas após a conversa com a poeta e ressaltaram a riqueza da experiência de poder falar de poesia com quem também produz poesia.

A experiência com o Skype serviu para comprovar o potencial das ferramentas tecnológicas para promover interações que colaborem na construção do conhecimento literário. A aula dialogada, que privilegia o procedimento dialético, ganha novas possibilidades a partir do momento em que qualquer pessoa, em qualquer parte do planeta, pode participar sincronicamente das discussões na aula de literatura. A experiência foi tão produtiva que se repetiu nas aulas de literatura infanto-juvenil: uma conversa com um blogueiro e ilustrador, especialista nos escritos de Marina Colasanti, e um bate-papo com uma historiadora, especialista em Monteiro Lobato como personalidade política na história do Brasil.

Ainda em nossas experiências no curso de letras, conseguimos visualizar a oportunidade de produção coletiva em rede como instrumento formal de aprendizagem. Primeiro, experimentamos usar a própria ferramenta *wiki* da plataforma Moodle para que os estudantes sistematizassem suas descobertas acerca de alguma temática da teoria literária. Em seguida, foi proposto aos estudantes criar uma *wiki* a partir das interpretações deles sobre a leitura de um romance. Indo além das ferramentas ofertadas pelo Moodle, descobrimos a possibilidade da criação de um painel coletivo usando o Padlet.[7] O objetivo da aula era expandir o repertório dos estudantes em relação à oferta de obras juvenis na atualidade (a pergunta norteadora da aula era: o que há, no campo da literatura, escrito para pré-adolescentes e adolescentes hoje?). Para tal, a aula aconteceu em forma de estudo de campo: a turma se deslocou para duas grandes livrarias, ambas na região da Avenida Paulista e, munidos de seus celulares, fotografaram as capas e contracapas dos livros infantojuvenis e juvenis que encontraram nesses espaços e que acharam mais interessantes. O critério de escolha era explicitado pela seguinte situação-problema: *imagine que você tem um sobrinho de 13 anos e você gostaria de presenteá-lo com uma obra literária, a fim de estimulá-lo a tornar-se um leitor literário. Que obra você compraria na livraria?*

Os alunos circularam pelos espaços das livrarias, folhearam livros, conversaram com vendedores e fizeram seus registros usando seus aparelhos celulares. Ao final da aula, uma das livrarias disponibilizou um espaço para que a turma trocasse suas impressões em forma de uma roda de conversa. Aula encerrada, a turma tinha mais uma tarefa: compartilhar suas descobertas em um mural no Padlet, a fim de que todos tivessem acesso às sugestões de cada estudante. O uso dessa ferramenta permitiu que os alunos construíssem, de forma colaborativa, um mosaico de suas impressões sobre os livros que encontraram. A experiência tem permitido que cada estudante poste sua contribuição a seu tempo, com sua linguagem, da maneira como julgar mais significativa para os colegas.

CONSIDERAÇÕES FINAIS

Como comentou-se no início deste capítulo, não faz parte da tradição escolar literária trabalhar com avanços tecnológicos. Os professores que atuam na formação de leitores literários têm, normalmente, poucas referências didáticas que fujam do padrão tradicional de exposição sobre a obra e posterior leitura da obra. As experiências de ensino híbrido e uso de recursos tecnológicos têm nos permitido, no curso de licenciatura em letras, chegar a algumas conclusões iniciais.

Primeiro, percebemos que o professor precisa estar aberto a conhecer outras ferramentas além daquelas que ele já utiliza – muitas vezes, os próprios estudantes têm referências que apresentam potencial de aprendizagem. Cabe ao docente criar um ambiente propício a sugestões e à criação coletiva, no sentido de permitir aos estudantes a coautoria da própria aula de literatura. Essa postura traz um dinamismo maior à aula e permite o exercício do protagonismo do estudante, ao mesmo

---

7 Plataforma de compartilhamento de postagens. Funciona como um mural no qual qualquer pessoa pode incluir comentários, imagens ou outras mídias, de maneira síncrona ou assíncrona, desde que todos tenham o *link* de acesso. É como uma grande lousa, um grande mural, porém virtual, no qual todos podem postar textos nas mais diversas mídias. Acesse: www.padlet.com.

tempo em que alivia, do professor, a responsabilidade de ser a única e exclusiva referência na aula, o que lhe dá mais possibilidades de realizar o trabalho de mediação (discutido com mais profundidade no Cap. 5). O contexto do curso de letras também tem colaborado no avanço metodológico das aulas de literatura: os professores reúnem-se, semanalmente, para estudar e discutir suas práticas pedagógicas, o que facilita o compartilhamento de ferramentas e experiências. Há de se considerar que esse contexto não é predominante nos cursos de formação de professores no país. Sem essa possibilidade de encontros semanais, talvez os avanços dentro do curso fossem muito mais lentos.

Temos notado que a ampliação de possibilidades de busca e compartilhamento de informações, discussão e produção coletivas potencializadas pela *web* têm enriquecido as habilidades leitoras dos estudantes, permitindo interpretações mais sólidas, profundas e de acordo com as expectativas de aprendizagem referentes a um futuro professor de língua e literatura. Da mesma forma que as experiências citadas têm colaborado na formação de professores de literatura, entendemos que elas podem auxiliar o docente no processo de amadurecimento literário de jovens leitores em idade escolar. Com um leque de possibilidades muito mais amplo de se apropriarem dos conhecimentos literários sistêmicos, os graduandos têm tido a oportunidade de trilhar seus caminhos na leitura literária de maneira mais personalizada, podendo expandir suas referências em seu ritmo, realizar outras leituras (mais pessoais), sobrando mais tempo, na aula presencial, para confrontarem suas interpretações com as do professor e dos colegas. O horizonte de expectativas de cada aluno é estimulado, seja por múltiplos estímulos multimodais, seja por sugestões e referências literárias que acabam surgindo na dialética de uma aula mais horizontal, permitindo vislumbrarmos um exercício de um ensino de literatura mais próximo da proposta curricular com a qual nos identificamos. Para isso, faz-se necessário o segundo item observado em nosso trabalho: a ressignificação metodológica do professor.

As experiências com tecnologias nas aulas de literatura só apresentaram resultados positivos porque vieram acompanhadas de uma nova postura metodológica do docente: mais descentralizada, com foco no aprendiz, mais dialógica e com menor receio de errar. Tentamos compreender as propostas de uma educação híbrida e, a partir de nossas concepções de educação, experimentamos estratégias que buscassem uma postura inovadora na formação de professores, sem perdermos nossa identidade de uma educação progressista, crítica e que fizesse sentido para nossos alunos. Nossos alunos têm proposto sugestões bastante interessantes de atuação no campo educacional: saraus em espaços públicos, intervenções artísticas nas ruas, criação e gerenciamento de grupos virtuais de discussões sobre literatura, língua, sociedade e educação, etc. Todas essas são ideias que têm partido dos estudantes de licenciatura em letras e que têm sido gerenciadas por eles próprios. Nossa hipótese é de que, sem o uso de metodologias ativas, muitas dessas ideias levariam mais tempo para surgir entre eles (visto que elas surgem mesmo entre os estudantes do primeiro ano do curso).

De certa forma, todas as reflexões presentes neste livro, das discussões sobre mediação à conceituação de híbrido, das reflexões sobre o perfil dos ingressos às discussões acerca das propostas de personalização, contribuíram para o amadurecimento didático das experimentações nas aulas de literatura. Não há como as transformações virem apenas com as novidades tecnológicas; o trabalho docente precisa acompanhar tais transformações para poder atender, de maneira mais produtiva, as demandas de um mundo totalmente conectado.

 **PARA SABER MAIS**

Vídeo: Os desafios de usar a tecnologia no ensino da literatura

Reportagem realizada pelo Jornal Futura com depoimentos de uma educadora da educação básica.

Disponível em: www.youtube.com/watch?v=sgKkdmsc-UI

Artigo: Da poesia visual concreta à poesia virtual concreta: a ciberliteratura na sala de aula

Artigo acadêmico de Cynhtia Agra de Brito Neves que apresenta os avanços nos diálogos da poesia com recursos digitais e seu potencial no processo de formação de leitores literários.

Disponível em: http://periodicos.sbu.unicamp.br/ojs/index.php/etd/article/view/845

Livro-*site*: Dois palitos

Obra de microcontos de Samir Mesquita, promovendo experiências lúdicas com recursos virtuais a fim de intensificar o processo de fruição estética.

Disponível em: www.samirmesquita.com.br/doispalitos.html

REFERÊNCIAS

BACICH, L.; TANZI NETO, A.; TREVISANI, F. M. *Ensino híbrido:* personalização e tecnologia na educação. Porto Alegre: Penso, 2015.

BRASIL. *Orientações curriculares nacionais para o ensino médio:* linguagens, códigos e suas tecnologias. Brasília: Secretaria de Educação Básica, 2006.

HORN, M. B.; STAKER, H. *Blended:* usando a inovação disruptiva para aprimorar a educação. Porto Alegre: Penso, 2015.

LIMA, L. C. *A literatura e o leitor:* textos da estética da recepção. Rio de Janeiro: Paz e Terra, 1979.

LEITURAS RECOMENDADAS

BARTHES, R. *Aula*. São Paulo: Cultrix, 1980.

BARTHES, R. *O prazer do texto*. São Paulo: Perspectiva, 1973.

CHKLOVSKI, V. A arte como procedimento. In: EIKHENBAUM, B. et al. *Teoria da literatura:* formalistas russos. Porto Alegre: Globo, 1973.

LIMA, L. C. *Teoria da literatura em suas fontes*. Rio de Janeiro: Francisco Alves, 1983.

MELO, C. V.; BERTAGNOLLI, S. C. Ensino de literatura e objetos de aprendizagem: uma proposta interacionista. *Tear: Revista de Educação, Ciência e Tecnologia,* Canoas, v. 1, n. 1, 2012.

POUND, E. *ABC da literatura*. São Paulo: Cultrix, 1970.

ZILBERMAN, R. *Estética da recepção e história da literatura*. São Paulo: Ática, 1989.

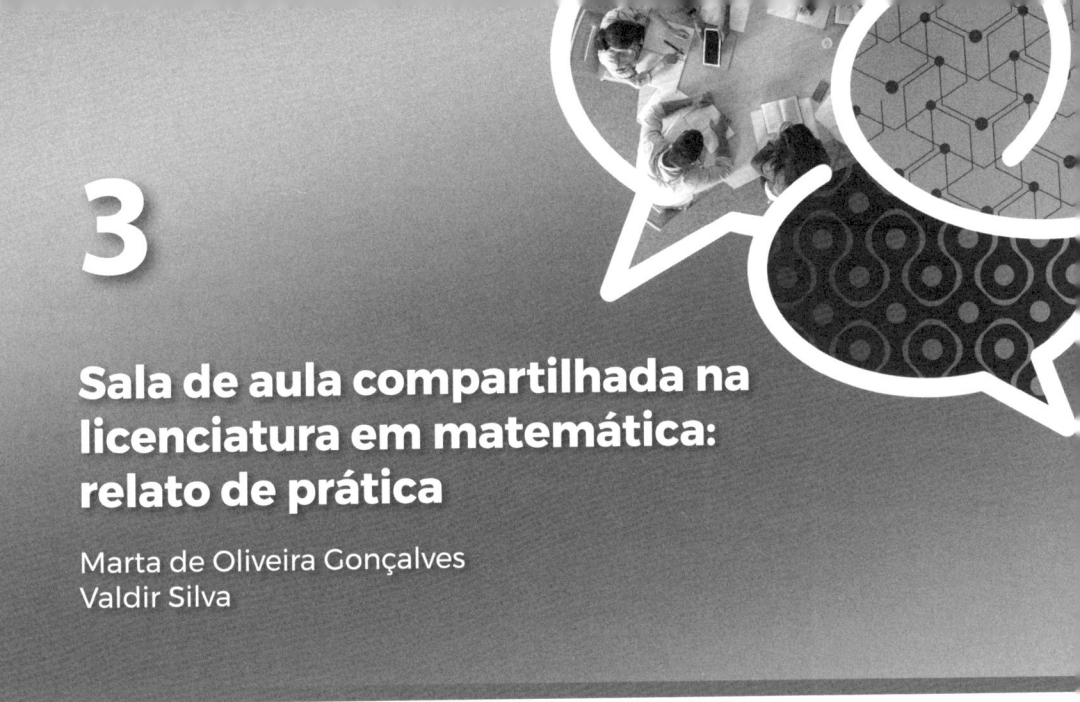

3

Sala de aula compartilhada na licenciatura em matemática: relato de prática

Marta de Oliveira Gonçalves
Valdir Silva

O avanço da tecnologia impactou o mundo. Isto pôde ser observado nas mais diferentes áreas do conhecimento, e a educação não foi exceção. Há pouco tempo, o conhecimento era exclusividade escolar. Aprender era possível a partir da possibilidade de se frequentar uma escola e ensinar era papel exclusivo do professor. O avanço tecnológico e, em particular, o acesso à internet por meio de *smartphones* contribuíram amplamente com a mudança dessa concepção, pois bastam alguns cliques para que uma questão seja verificada de forma sincronizada. Essa reflexão é essencial e embasa a escrita deste capítulo, cujos autores atuam em um curso de licenciatura em matemática em uma faculdade privada dedicada à formação de professores.[1]

Hoje, o aluno tem mais facilidade acesso às informações sem precisar deslocar-se até uma biblioteca, por exemplo. O aluno não pode ser considerado alguém que não sabe nada, e sim, alguém que por si só pode pesquisar a qualquer tempo sobre o assunto que desejar. Se este será o aluno que chegará à sala de aula dos futuros professores, como realizar uma formação de professores que os prepare para esse estudante? A concepção do papel do aluno precisa mudar de passivo para ativo.

> O aluno deve assumir uma postura mais ativa, resolvendo problemas e projetos como meio de explicitar seus conhecimentos e com isso permitir a intervenção efetiva do professor, auxiliando o processo de construção de conhecimento. (ALMEIDA; VALENTE, 2011, p. 77).

---

1 Instituto Singularidades, em São Paulo (SP). Para mais informações, acesse: http://institutosingularidades.edu.br/novoportal.

E é nessa perspectiva que a formação de novos professores deve seguir. O licenciando precisa vivenciar mudanças que lhe permitam refletir e ir além da aula tradicional.

As concepções de professor, aluno e processo de ensino e aprendizagem precisam ser diferentes das tradicionais: o professor expõe o conteúdo e o aluno o recebe passivamente. O professor precisa mudar de "detentor do conhecimento" para mediador. Gaeta e Masetto (2015, p. 88) ressaltam que

> [...] é muito importante que o professor assuma o papel de mediador no processo de aprendizagem, com atitudes de parceria e trabalho em equipe com os alunos. Ele deve formar grupos de trabalho, estabelecer objetivos muito claros de aprendizagem e organizar um programa construído coletivamente para sua consecução em um ambiente que inspire confiança entre professor e alunos.

Esse contexto abre possibilidades para ações diferentes no contexto acadêmico. Os cursos de licenciatura devem concentrar-se em preparar os novos professores para atuar com esse novo perfil de aluno. Deve-se aproveitar o acesso às informações de maneira que o licenciando seja mais ativo e aprenda a ser mais crítico ao buscar conhecimentos, para que provenham de fontes mais confiáveis.

Segundo Berbel (2011), as metodologias ativas estão baseadas no formato do desenvolvimento do processo de ensino e aprendizagem. Para tanto, utilizam-se experiências reais ou mesmo simulações que se traduzem em maior aprendizado e significado ao aluno.

> O maior desafio do docente no ensino superior é fazer com que o acadêmico tenha uma participação efetiva nas discussões de sala de aula. A prática pedagógica no ensino superior deve ser encarada com muita seriedade. Requer posturas e comprometimentos com um processo que eduque para a autonomia do acadêmico, mediado pelo professor. Somente uma educação que tenha como princípio a liberdade poderá auxiliar na construção de uma sociedade mais humanizada. (DEBALD, 2003, p. 25).

Essa mudança no papel do professor e as possibilidades oferecidas pelo acesso à internet com a disponibilidade de vídeos, textos, mapas e os mais variados conteúdos, além da facilidade de comunicação por meio de portais, *e-mails*, blogs e redes sociais, propiciam uma grande oportunidade para auxiliar os professores, tanto no contexto da educação básica quanto no ensino superior, a utilizarem o modelo da sala de aula invertida. Nesse contexto, a curadoria passa a ser intencional, dirigida, objetivada e não apenas local.

Segundo Horn e Staker (2015, p. 42):

> Sala de aula invertida é assim denominada porque inverte completamente a função normal da sala de aula. Em uma sala de aula invertida, os estudantes têm lições ou palestras *on-line* de forma independente, seja em casa, seja durante um período de

realização de tarefas. O tempo na sala de aula, anteriormente reservado para instruções do professor, é, em vez disso, gasto com o que costumamos chamar de "lição de casa", com os professores fornecendo assistência quando necessário.

Assim, tanto na escola quanto na universidade, os conteúdos devem ser estudados antes da aula e, no momento presencial, o aluno participará de atividades e dinâmicas e fará exercícios em que esses conteúdos serão retomados. Ou seja, a sala de aula passa a ser um espaço de prática e aprendizagem significativa.

Foi seguindo essas concepções de aluno, professor, sala de aula invertida e uso de plataformas digitais que foi aberta a possibilidade de agregar, em uma mesma sala, licenciandos em matemática que estavam em níveis diferentes de formação (primeiro, segundo e terceiro semestres do curso), sendo mediados por dois professores do curso de licenciatura em matemática. Pretende-se, aqui, descrever e refletir sobre essa experiência que está sendo denominada *sala de aula compartilhada*.

Por ser uma experiência inovadora em um curso de licenciatura e por possibilitar trocas entre professores de diferentes núcleos da matriz curricular, optou-se por conhecer melhor a percepção dos envolvidos nesta prática: professores, alunos e coordenador. Para isso, foram utilizados os relatos de cinco professores, que trabalharam neste formato durante o segundo semestre de 2015 e/ou no primeiro semestre de 2016, do coordenador do curso e de sete alunos envolvidos diretamente na prática. O objetivo foi perceber como descrevem essa prática, quais foram os desafios e benefícios alcançados e qual o papel da tecnologia nesse processo. Os dados foram analisados à luz de pesquisadores das áreas de formação de professores e metodologias ativas de ensino e seguindo a concepção de desenvolvimento de Vygotsky.

SALA DE AULA COMPARTILHADA: DOIS PROFESSORES E TRÊS TURMAS DE SEMESTRES DIFERENTES EM UM MESMO ESPAÇO

A sala de aula é um espaço físico único onde se reuniram dois professores e três turmas de semestres diferentes. Todas as turmas tinham acesso à plataforma Moodle e aos materiais específicos de suas disciplinas. Os professores tinham sob sua responsabilidade uma ou duas turmas por aula. A Figura 3.1 mostra um exemplo de como essa situação podia ocorrer.

Fazia parte da grade dos alunos do primeiro semestre a disciplina *Práticas de leitura e escrita*, que era ministrada pelo mesmo professor (Prof. A) responsável pela disciplina *Princípios de uma escola democrática* do segundo semestre do curso, enquanto a turma do terceiro semestre tinha *Geometria* com outro professor (Prof. B). Os professores não precisavam ser do mesmo núcleo curricular para dividirem o mesmo espaço.

Figura 3.1 Exemplo de distribuição de professores e turmas em um dia da semana.

O espaço da sala de aula como ambiente colaborativo

O coordenador descreveu o espaço da sala de aula como um ambiente em que a própria disposição de mesas e cadeiras incentiva a colaboração entre alunos e professores:

 O espaço é totalmente colaborativo com as três turmas, então, nós temos uma gestão de espaço pelo professor. Já se inicia um trabalho sobre gestão de espaço e as turmas também são compelidas a trabalhar essa questão do espaço por ter de respeitar o espaço do outro. Devemos já ter aí um contrato ético para que se possa entender o que eu estou fazendo e o outro também possa entender o que ele está fazendo. Essa gestão de espaço é muito importante dentro desse sistema. (Coordenador)

A sala de aula da instituição tem mesas que podem facilmente ser encaixadas de maneira que se reorganize o espaço conforme a necessidade daquela aula específica. Moran (2014, p. 34) elucida que, em novos modelos de sala de aula, algumas mudanças devem ser feitas:

O ambiente físico das salas de aula e da escola como um todo também precisa ser redesenhado dentro desta nova concepção mais ativa, mais centrada no aluno. As salas de aula podem ser mais multifuncionais, que combinem facilmente atividades de grupo, de plenário e individuais. Os ambientes precisam estar conectados em redes sem fio, para uso de tecnologias móveis, o que implica ter uma banda larga que suporte conexões simultâneas necessárias.

Com o espaço organizado de forma que se estimule o trabalho colaborativo, busca-se atingir um objetivo muito importante na formação de professores que é o estímulo à colaboração. Segundo Forte e Flores (2009, p. 766),

[...] a colaboração tem sido um dos temas que, nos últimos anos, tem sido referenciado com mais frequência no campo da educação, sendo associada à melhoria da qualidade do ensino e da aprendizagem e também ao desenvolvimento da escola.

Promover esse espaço de colaboração na licenciatura pode facilitar a participação dos professores em futuras equipes. "A razão para promover o estudo e a prática da colegialidade é que, presumivelmente, ganha-se algo quando os professores trabalham juntos e perde-se algo quando não o fazem" (LITTLE, 1990, apud FORTE; FLORES, 2009, p. 766). Conforme Rego (1995, p. 110), "na perspectiva de Vygotsky, construir conhecimentos implica uma ação partilhada, já que é através dos outros que as relações entre sujeito e objeto de conhecimento são estabelecidas".

Isso reforça a importância, para o processo de aprendizagem do indivíduo, das trocas estabelecidas com os pares, por meio de diálogos, cooperação, troca de informações mútuas e confrontos de pontos de vistas divergentes. Na sala de aula compartilhada, os licenciandos podem estabelecer trocas entre pares e acompanhar o trabalho em colaboração que ocorre entre os professores presentes na mesma sala. Frequentemente, percebem a flexibilidade curricular e a possibilidade de integração das disciplinas, o que permite a participação em projetos com uma metodologia de trabalho integrado.

> Começamos a perceber o que poderia ser integrado em turmas diferentes, traçando objetivos e atividades pertinentes a cada período. Há uma integração e não muito raramente se trabalha o mesmo tipo de atividade nos dois períodos com duas ou mais turmas. Nós temos essa liberdade. Então o professor deixa de ser o professor puramente especialista e passa a ser um professor especialista de integração. (Coordenador)

Essa integração entre as disciplinas foi percebida pelos professores por meio das ações compartilhadas em sala de aula e, consequentemente, pela observação da prática dos outros professores. A integração facilitava o diálogo sobre novas propostas de trabalho, sempre com o objetivo de facilitar a aprendizagem dos licenciandos com novas práticas que sugeriam maior flexibilidade curricular.

> Em relação aos professores, essa troca é diária. Na realidade é aquilo que tanto se fala, a interdisciplinaridade ou também a possibilidade de uma transdisciplinaridade ou multidisciplinaridade. Eu sei que cada um tem seu significado, tem sua definição, mas eu acredito que, querendo ou não, tudo o que se falava até então teoricamente pode ser possível entre os professores nesse tipo de dinâmica. (Professor 4)

Masetto (2010, p. 67) defende que

[...] o desempenho do profissional atualmente exige interdisciplinaridade. O processo de aprendizagem precisa ser orientado pela mesma perspectiva, de modo que o conhecimento seja trabalhado de maneira interdisciplinar.

Na sala de aula compartilhada, professores e alunos são colocados em situações em que podem aproveitar a oportunidade da convivência e as vantagens de trabalhar em conjunto. Essa integração possibilita que dois professores possam dialogar e interagir com as turmas em certo momento de aula para aprofundar algum conteúdo em que um deles tenha maior domínio.

 [...] de repente se tem algum tema que aquele professor se sinta mais confortável, tenha mais afinidade, mais conhecimento, ele pode trabalhar. E, de repente, se você quer a opinião de outro colega naquela aula, você pergunta a opinião dele, há uma maior interação, às vezes, ele queria uma opinião minha e perguntava também. (Professor 3)

Esse compartilhamento constante entre os professores passa a ser compreendido pelos estudantes como uma forma mais ampla de acesso aos conhecimentos. A perspectiva interdisciplinar busca quebrar o paradigma de que as disciplinas devem ser apresentadas separadamente, como se não tivessem relações entre si.

O ensino híbrido

Ensino híbrido, para Horn e Staker (2015, p. 34), é

> [...] qualquer programa educacional formal no qual um estudante aprende, pelo menos em parte, por meio do ensino *on-line*, com algum elemento de controle do estudante sobre o tempo, o lugar, o caminho e/ou o ritmo.

Especificamente a sala de aula compartilhada assemelha-se muito ao que Horn e Staker (2015, p. 47) descrevem como o "modelo Flex" do ensino híbrido:

> O termo refere-se a cursos ou matérias em que o ensino *on-line* é a espinha dorsal da aprendizagem do aluno, mesmo que às vezes direcione os estudantes para atividades presenciais. O professor tutor está no local, e os estudantes aprendem principalmente em uma escola tradicional, física, exceto por alguma lição de casa. Os estudantes movem-se pelo curso Flex de acordo com suas necessidades individuais. Professores estão disponíveis, presencialmente, para oferecer ajuda e, em muitos programas, iniciam projetos e discussões para enriquecer e aprofundar a aprendizagem, embora, em outros, eles estejam menos envolvidos.

Para que o trabalho com metodologia ativa, especificamente o ensino híbrido, fosse alcançado de forma plena, utilizamos algumas estratégias que nos apoiaram na construção da base metodológica e, também, na experimentação de como e quando utilizar cada ferramenta. Ficou claro que o conjunto de ferramentas, ou recursos digitais, deve ser associado conforme o objetivo de cada atividade, acompanhado de um rigoroso planejamento das unidades de aulas e das sequências didáticas.

Tanto os professores quanto os alunos necessitam do trabalho em grupo e do uso de tecnologias digitais, novas ou não. O processo de ensino e aprendizagem, aliado aos novos conceitos metodológicos – entre eles, a gestão de pequenos grupos, dos trabalhos colaborativos e do uso de novas tecnologias – propiciou um modelo mais atual e habitual aos alunos.

 A partir de temas sugeridos pelo professor-orientador, os alunos desenvolvem pesquisas e aplicações dessas pesquisas para uso prático em sala de aula, envolvendo instrumentos tradicionais de aprendizagem da matemática em diálogo com as novas tecnologias. (Professor 2)

Algumas estratégias utilizadas pelos professores foram: o uso do ambiente Moodle para o prévio contato com os motes abordados em sala de aula, por meio de vídeos, textos, objetos de aprendizagem, sonoras, infográficos, *WebQuest*;[2] uso de *sites* e *softwares* de sensoriamento remoto e digital; laboratório de construção e utilização de instrumentos de medição; e uso de ferramentas disponibilizadas pelo Microsoft Office, como Sway e OneDrive,[3] entre outras.

As tecnologias permitem o registro e a visibilização do processo de aprendizagem de cada um e de todos os envolvidos. Mapeiam os progressos, apontam as dificuldades, podem prever alguns caminhos para os que têm dificuldades específicas (plataformas adaptativas). Elas facilitam como nunca antes múltiplas formas de comunicação horizontal, em redes, em grupos, individualizada. É fácil o compartilhamento, a coautoria, a publicação, produzir e divulgar narrativas diferentes. A combinação dos ambientes mais formais com os informais (redes sociais, *wikis*, *blogs*), feita de forma inteligente e integrada, nos permite conciliar a necessária organização dos processos com a flexibilidade de poder adaptá-los a cada aluno e grupo. (MORAN, 2014, p. 37).

O Professor 5 contou um exemplo do uso da *WebQuest* em sua aula:

 Em um trabalho de pesquisa da história da matemática, cada grupo deveria coletar, reorganizar as informações e criar uma apresentação por infográfico, folder informativo ou estilo newsletter sobre a história do seu sistema de numeração, destacar como surgiram e como eram feitas as operações matemáticas básicas. Esse processo foi orientado por WebQuest. Todos os alunos realizaram essa atividade e com sucesso. (Professor 5)

---

2 Segundo o Ministério da Educação (http://webeduc.mec.gov.br/webquest/), a WebQuest (pesquisa, jornada na web) é uma metodologia de pesquisa e uso da internet de forma criativa, orientada para a educação. Os recursos utilizados são provenientes da própria *web*, na maioria das vezes, e compreendem uma curadoria de conteúdos selecionados pelo professor para que os estudantes cumpram um determinado desafio.

3 Sway e OneDrive são recursos utilizados, respectivamente, para a criação de trilhas ou relatos e para o armazenamento em nuvem.

As tecnologias digitais facilitaram a organização dos materiais postados diretamente nas disciplinas ministradas no Moodle, permitindo ao professor acompanhar se o aluno entrou na plataforma, há quanto tempo, se postou alguma atividade proposta, etc. A sala de aula digital permite reunir diferentes tipos de referências que podem ser compartilhadas com os alunos, como vídeos, textos, indicações de *sites*, entre outras possibilidades, com menor risco de extravios como seria em uma entrega tradicional, em papel.

Professor e aluno

O trabalho com metodologias ativas, como é o caso do ensino híbrido, não só promove maior adesão ao processo de ensino e aprendizagem, como também exige uma nova postura dos professores e dos alunos. Os professores necessitam ser mais reflexivos e engajados com a transformação da sociedade, e, para tanto, se faz necessário um professor que conheça a si próprio, domine o conteúdo e suas didáticas, saiba selecionar e articular conhecimentos, produza e pesquise constantemente as práticas em sala de aula, avalie a sua prática a partir do avanço do aluno e considere os avanços conceituais dos estudantes como uma possibilidade de personalização das ações de ensino e aprendizagem. Em suma, o professor passa a trabalhar em um novo patamar, fazendo uma curadoria que o permita mediar as informações e, ao final do processo, transformá-las em conhecimento.

 Quanto à situação do professor como mediador, a sala de aula passa a ser mais um espaço de ensino e aprendizado prático do que teórico. Temos menos exposições porque mediando duas turmas ao mesmo tempo e tendo três turmas em sala de aula não dá para ter aula expositiva. Eu preciso que os alunos tenham lido o material anteriormente para que se fomente a discussão. (Coordenador)

Assim, a aula expositiva tradicional é substituída por momentos de discussões, exercícios, oficinas que busquem aplicar as informações com as quais os alunos devem ter entrado em contato antes da aula. Isso exige que o professor organize e disponibilize o material previamente e estimule o licenciando a preparar-se para esse momento presencial. Segundo o coordenador, "a função do professor é de instigar trazer questões norteadoras para que o grupo consiga se movimentar quanto a isso". Essa fala demonstra que o papel do professor continua a ser importante no processo, pois cabe a ele a elaboração dessa trilha de aprendizagem.

 O aluno não quer mais ficar sentado ouvindo o professor por uma hora e meia, ou seja lá qual for o tempo que ele precisa. Ele acaba sentindo a necessidade de atividades mais práticas, por uma questão da geração, de estar ali atuando e constantemente ligado com tecnologia. Ele quer ver sentido, quer ver significado, e a exigência do mercado também é outra. (Professor 4)

Os alunos são estimulados a adotar uma nova postura, mais proativa, em que tenham ciência de que seu conhecimento será oriundo de sua própria dedicação, de seu esforço e da colaboração com os demais participantes do processo (gestores, professores, outros alunos e sociedade). Ativamente, os alunos identificam a necessidade da gestão do tempo e, consequentemente, de prepararem as leituras, assistirem aos vídeos, participarem dos fóruns organizados, ou seja, necessitam de organização prévia para que a aula ocorra, uma aula ativa, dialógica, prática, colaborativa e, essencialmente, significativa.

 Eles têm que ter lido o material antes, certo? Tem que aprender a pesquisar. O aluno precisa aprender a ser pesquisador, ele tem que ser curioso, ir atrás daquilo que ele não está conseguindo, precisa entender que a sala de aula é um local de mediação, é um local de desenvolvimento [...] então, mediante todo esse processo, eles precisam focar porque são responsáveis pelo conhecimento deles. (Coordenador)

Os professores, portanto, têm envolvido os licenciandos em discussões que vão além dos conteúdos explícitos das disciplinas. São analisadas e discutidas a nova postura do aluno, a importância da pesquisa, do protagonismo, do espaço de aprendizado e da presença das tecnologias digitais, incluindo as plataformas utilizadas na instituição, além das práticas de sala de aula, como se pode perceber nestes dois relatos:

 Cito como exemplos duas atividades. Na primeira, discutimos escala cartográfica e foi proposto a confecção de uma planta baixa de parte do prédio da faculdade. Este material foi produzido a partir do levantamento planimétrico que os alunos realizaram com instrumentos de medição construídos durante as aulas, fornecendo dados para o cálculo da escala ideal para a representação. Já na atividade sobre curvas de nível, os graduandos construíram o conceito da representação altimétrica por isolinhas a partir do desenvolvimento da atividade. Esses dois exemplos deixam clara a postura ativa do aluno na construção dos conceitos. (Professor 1)

 O aluno é protagonista na descoberta e aprofundamento de estudos de personagens e contextos inter e transdisciplinares envolvendo a matemática e suas interações com sua própria história, a história da ciência e a cultura em âmbito brasileiro e mundial. (Professor 2)

A postura ativa do aluno é possibilitada pelo trabalho com a proposta denominada sala de aula invertida.

A concepção da sala de aula invertida é percebida na estratégia de pesquisa solicitada ao aluno para discussão em sala, antes dos encontros presenciais, com os materiais que são disponibilizados em ambiente virtual de aprendizagem. Em sala, discutimos os temas pesquisados por meio de resolução de problemas, gerando uma discussão no âmbito da estratégia de resolução e na ação docente, como esse tema se envolve nas práticas de sala de aula. [...] Pode-se dizer que a participação dos alunos é ativa, pois são autores de suas criações e reflexivos sobre as ações discutidas e desenvolvidas em sala de aula, e praticamente todos os alunos têm aproveitamento satisfatório. (Professor 5)

Há todo um planejamento anterior à aula, mas não é preciso preparar as longas e cansativas aulas expositivas, pois existem outras maneiras de ensinar.

No modelo disciplinar, precisamos "dar menos aulas" e colocar o conteúdo fundamental na *web*, elaborar alguns roteiros de aula em que os alunos leiam antes os materiais básicos e realizem atividades mais ricas em sala de aula com a supervisão dos professores. Misturando vídeos e materiais nos ambientes virtuais com atividades de aprofundamento nos espaços físicos (salas), ampliamos o conceito de sala de aula: invertemos a lógica tradicional de que o professor ensine antes na aula e o aluno tente aplicar depois em casa o que aprendeu em aula, para que, primeiro, o aluno caminhe sozinho (vídeos, leituras, atividades) e depois, em sala de aula, desenvolva os conhecimentos que ainda precisa no contato com colegas e com a orientação do professor ou de professores mais experientes. (MORAN, 2014, p. 35).

Adota-se a forma de pensar o aluno com um repertório particular, que deverá interagir com os novos conteúdos para construir e aprimorar seus conhecimentos a partir das intervenções do professor e dos materiais por ele selecionados.

A gestão do tempo e o planejamento

A gestão eficiente do tempo, nas escolas, é fundamental para o bom andamento dos processos, do ensino e da aprendizagem e, também, do uso dos espaços de aprendizagem. Gestores, professores e alunos otimizam as atividades e podem abrir espaços a outros modelos e formas de trabalho quando há planejamento e tempo adequados. O bom aproveitamento do tempo de professores e alunos em sala de aula promove mais eficiência no desenvolvimento das atividades.

O modelo da sala de aula compartilhada permite a realização de atividades simultâneas para turmas diferentes em um mesmo espaço e ao mesmo tempo. Logo, o planejamento e a gestão eficazes do tempo e do espaço se tornam necessários para que a proposta funcione. Um dos professores enfatizou a importância do planejamento para a gestão do espaço:

[...] o próprio fato de você estar propiciando um ambiente onde existe mais de uma área em foco, onde existe mais de um profissional envolvido, onde existe mais de um ciclo de aprendizagem, esses elementos acabam contribuindo para que tudo acabe se tornando mais crítico se não houver um planejamento que permeie esse espaço, um espaço dinâmico que tem que estar bem definido. (Professor 4)

O Professor 3 ressaltou o planejamento e a gestão do tempo da aula e a forma de revezamento do professor entre os grupos:

 Temos que ter muito cuidado com o planejamento. Vamos supor uma disciplina chamada Prática de ensino. Existem vários recursos que você pode utilizar: leitura de um texto, assistir a um vídeo, com possibilidade de interação entre os colegas, e o professor tem um determinado tempo disponível para dar atenção ao outro grupo nesse momento em que eles estão executando uma das atividades propostas. Entretanto, vamos supor que o professor esteja trabalhando um conteúdo que exija uma demonstração matemática, que exija um tempo maior de demonstração, deve, então, finalizar o raciocínio com este grupo e, somente após essa finalização, voltar a dar atenção ao outro grupo. (Professor 3)

Ratificando essa questão, o coordenador especificou a forma de mediação dos grupos e a autonomia dos alunos para sanar algumas dúvidas com outros alunos.

 Então, você está dando atenção a um grupo e o que o outro está fazendo? Tem atividades para os dois grupos realizarem simultaneamente. O professor constrói os roteiros das atividades. Obrigatoriamente tem que se montar esse roteiro de atividades para que ele possa intervir quando necessário. Quando eu estou desenvolvendo uma orientação em um grupo, o outro está trabalhando [...] e se precisar do professor os alunos do grupo conversam entre si, na parte colaborativa, e tentam sanar o problema entre eles. Essa é a função do grupo colaborativo. E quando o professor terminar a mediação no grupo em que estava, ele vai para lá, muitas vezes só para colocar mais situações instigadoras para que os alunos possam pensar novas possibilidades. (Coordenador)

Não podemos nos esquecer de que o contrato didático entre os professores e alunos da mesma turma ou de turmas diferentes, nesse momento, tem grande utilidade, uma vez que, enquanto o professor atende a um grupo, o outro grupo está ciente de sua autonomia e responsabilidade sobre seu próprio aprendizado, buscando meios para subsidiar os colegas a sanar suas dúvidas e questionamentos em relação à atividade proposta.

A construção deste planejamento exigirá uma profunda mudança de atitude do professor. Entender que o planejamento é um programa de trabalho que alunos e professor constroem para orientar ações e atividades de aprendizagem, distribuídas no tempo e no espaço disponíveis, visando a formação profissional. Um instrumento flexível para poder absorver e integrar situações novas que surjam durante o processo de formação. (MASETTO, 2015, p. 77).

Essa atitude diante do planejamento é uma mudança importante, pois requer flexibilidade do professor para que as decisões sejam tomadas de maneira democrática.

Inclusão/personalização

Com a nova instituição da Lei Brasileira de Inclusão da Pessoa com Deficiência (Estatuto da Pessoa com Deficiência), Lei nº 13.146, de 6 de julho de 2015, e a obrigatoriedade de que todas as instituições de ensino se adequem a ela, as instituições de formação inicial e continuada de professores passaram a dar mais atenção para a adequação dos espaços físicos (BRASIL, 2015). Além disso, passaram a discutir de forma mais enfática seu planejamento pedagógico de modo a atender/instruir os novos gestores e professores em relação às possibilidades pedagógicas de trabalho ativo e práticas para a inclusão dos alunos com necessidades educacionais especiais. Na sala de aula tradicional, não há espaço para momentos mais personalizados de ensino, pois esse tipo de estrutura mantém toda a turma dependente das atitudes do professor.

 O que tenho possibilitado ao aluno é experimentar em ambiente escolar é algo que já acontece em outros países [...], e o Brasil está agora sentindo a necessidade criar uma nova abordagem, por que a atual realmente está inviável. Ainda mais pensando na área em que atuo como educador, na educação especial, quando você, por exemplo, encontra um aluno com autismo, como é que vai atender as necessidades específicas desse aluno em um ambiente tradicional de aula? (Professor 4)

Na sala de aula compartilhada, com os alunos tendo diferentes atividades para realizar de maneira colaborativa, abre-se espaço para trabalhar questões mais personalizadas com alunos que requerem mais atenção. Rego (1995) esclarece que, na perspectiva de Vygotsky, o professor precisa estar próximo de seus alunos para auxiliá-los em seu processo de ampliação de conhecimentos. Buscar entender as suas descobertas, hipóteses, informações, crenças, opiniões, enfim, suas "teorias" acerca do mundo, sendo este o ponto de partida para o professor intervir e planejar estratégias que permitam avanços, reestruturação e ampliação do conhecimento já estabelecido pelos alunos. Em pequenos grupos, essa aproximação acontece com facilidade e permite o uso de diferentes estratégias para auxiliar os alunos em seu processo individual.

A integração dos grupos

Os alunos que cursam a licenciatura em matemática têm perfil variado. Há alunos que optam por ela como segunda graduação, tendo como base alguma formação na área de exatas ou em outras áreas, e há alunos que são mais jovens e frequentam o curso superior pela primeira vez. Tanto alunos provenientes da área de exatas quanto de outras áreas acrescentam muito uns aos outros e, principalmente, colaboram muito com os estudantes que estão realizando a primeira formação. Porém, uma vez que os alunos que estão iniciando a primeira graduação são mais novos, recém-saídos do ensino médio, a proximidade deles com os conteúdos acadêmicos na área de matemática costuma ser um pouco maior, e, nesse sentido, a contribuição deles para o grupo é essencial.

 Esses alunos podem trocar experiências, e não necessariamente aquele aluno que está no primeiro semestre no curso de graduação não tem com o que colaborar. Ele não tem repertório ainda naquele determinado curso, no caso, matemática, mas muitos de nossos alunos que já vieram de uma ou mais graduações estão fazendo o curso de matemática (por um determinado motivo). A partir desse contato que ele já teve com a matemática, ele consegue ajudar outros alunos. Então, nossos alunos muitas vezes acabam nos ajudando também nessa aula. (Professor 3)

Outro aspecto a ser trabalhado com os diferentes grupos é poder propor atividades integradas ou com diferentes níveis de complexidade e apresentações, em que os demais alunos e os outros professores participem assistindo e comentando.

 [...] Formamos grupos de alunos que estão em diferentes semestres do curso e que realizam a mesma atividade, porém com diferentes perspectivas e abordagens. E algo que aconteceu também: trabalhar a mesma atividade com diferentes graus de aprofundamento. É possível fazer isso também. Dá para fazer muitas coisas interessantes. Era possível combinarmos a apresentação no mesmo dia e cada semestre apresentava um trabalho diferente, porém havia os comentários dos professores que estavam naquele dia lá. E havia comentários de outros colegas sobre aquilo. Acaba sendo uma experiência mais rica pelos comentários de outros professores que estão presentes no dia e dos outros alunos que estão também. Então é uma experiência bem interessante. (Professor 3)

A especificidade de conteúdos matemáticos

Embora hoje tenhamos a nosso favor muitas metodologias e ferramentas à disposição do processo de ensino e aprendizagem, não podemos fechar os olhos à realidade existente em todos os cursos de graduação. Na licenciatura em matemática não poderia ser diferente. Nossos alunos dão início ao estudo na área com muitas lacunas em relação aos conteúdos da escola básica, decorrentes, muitas vezes, da falta de eficácia do processo pelo qual passaram ou do fato de o aluno nunca ter tido contato com os conteúdos fundamentais.

Então, faz-se necessária a formação de grupos de estudo, mediados por professores e com aulas ministradas por alunos tutores, ou seja, alunos que já estão mais avançados no curso, que contribuem orientando, conceitual e tecnicamente, os demais estudantes em relação aos conteúdos básicos.

> Na matemática nós temos alguns pontos que necessitam de uma explanação maior ou necessitam de uma orientação mais precisa sobre as dúvidas que os alunos têm [...] então essas dúvidas aparecem onde? No desenvolvimento das atividades. Muitas vezes as atividades acabam parando não porque eles não sabem o que é para fazer, ou porque não foram orientados, mas porque ocorrem problemas de conteúdo anteriores a aquilo que eles estão vendo. (Coordenador)

Segundo o Professor 5, "fazem-se necessárias algumas estratégias expositivas, devido à complexidade do conteúdo estudado, que trabalha com demonstração matemática". Vale ressaltar que as exposições dos professores não foram excluídas do processo. Sempre que necessário, há uma aula expositiva para que seja facilitado o entendimento do aluno nas questões práticas e conceituais. Aliás, conceito e prática devem ser apresentados simultaneamente, para facilitar o entendimento e a aplicabilidade dos conteúdos na escola básica, minimizando assim os questionamentos dos alunos: para quê, quando, onde e como vou utilizar esse conteúdo?

E os licenciandos, o que dizem?

Os alunos percebem a intenção e a ação do grupo de professores para que a metodologia adotada em sala de aula seja diferenciada.

> A metodologia do curso é diferente do tradicional, e é interessante que a gente acaba se desenvolvendo mais e tornando-se independente para adquirir mais conhecimento. (Aluno 1)

Os alunos relatam a experiência apontando aspectos que mostram a compreensão das concepções de aluno e de professor exigidas em metodologias ativas.

> Nós, alunos, temos que entender que, quando o professor está com o outro grupo, nós temos que nos virar e dar conta do que nós estamos fazendo. A hora que o professor estiver disponível, ele vai vir até nós e vai sanar as nossas dúvidas, se é que elas ainda existem. (Aluno 2)

Outros apontam algumas vantagens de poder interagir com alunos de diferentes semestres e afirmam que percebem o empenho dos professores para que aconteça, de fato, esse ambiente colaborativo.

 Acredito que a metodologia do curso é promissora no quesito do ensino híbrido e de educação entre pares ou compartilhada (como queiram chamar). O esforço que se tem para que haja integração entre os semestres nos enriquece com as possíveis trocas de experiências e vivências. (Aluno 3)

Outros, ainda, confirmam a necessidade de um bom planejamento, como já foi ressaltado pelos professores, quando duas turmas são mediadas pelo mesmo professor.

 Neste caso, as aulas também fluem sem maiores dificuldades, pois os professores já elaboram seus planejamentos de aula para que nenhuma turma saia prejudicada, e os alunos são orientados a seguir seus estudos sem tanta dependência da figura do professor, acionando-o somente em casos de maiores dúvidas. (Aluno 5)

Este relato confirma o papel do planejamento para que as aulas ocorram sem maiores dificuldades e alcancem o objetivo de favorecer o papel proativo dos alunos.

CONSIDERAÇÕES FINAIS

Mudanças exigem ousadia, espaço e parceria entre a instituição, os docentes e os alunos. Gradativamente, as transformações vão acontecendo e abrindo novas possibilidades nas práticas docentes. É preciso cuidado para que as inovações, ao serem avaliadas com "velhas" metodologias, não acabem desqualificando propostas diferenciadas.

A ilusão mistificadora de que o presente se projeta em direção ao futuro de uma forma quase incontrolável retira dos indivíduos e dos grupos a potência e a responsabilidade de agirem como sujeitos históricos. Na educação, o discurso da inovação funciona como um motor que, muitas vezes, empurra os educadores numa direção fictícia, um alvo idealizado, infundindo-lhes certezas que não possuem raízes na experiência coletiva e nem parâmetros de avaliação realistas. Os resultados cobrados, por outro lado, minimizam o trabalho necessário para sua obtenção, desqualificam as iniciativas e a criatividade dos educadores e silenciam sobre as finalidades maiores da educação como um processo de produção contínua do humano. (ALVES, 2012, p. 208).

Isso posto, a título de conclusão, os seguintes aspectos foram evidenciados nessa experiência:

- A sala de aula compartilhada, com aspectos dos modelos de "ensino híbrido Flex" e sala de aula invertida, promove uma experiência diferenciada em um curso de licenciatura. Os relatos dos professores, alunos e do coordenador apontam aspectos favoráveis à prática.

- A gestão do tempo e do espaço da sala de aula como ambiente colaborativo são fatores imprescindíveis para que os licenciandos possam exercitar a colaboração com seus pares, além de acompanhar o trabalho em colaboração realizado entre os professores. A flexibilidade curricular e a possibilidade de integração das disciplinas permite que todos vivenciem projetos como uma metodologia de trabalho integrado. A perspectiva interdisciplinar amplia esse olhar dos alunos e busca quebrar o paradigma de que as disciplinas tenham de ser apresentadas separadamente, como se elas não tivessem relações entre si.

Outro aspecto interessante foi que a sala de aula compartilhada, com os alunos tendo diferentes atividades para realizar de maneira colaborativa, permite novas possibilidades pedagógicas de trabalho para a inclusão dos alunos com mais dificuldades de aprendizagem e com necessidades educacionais especiais. É possível conhecer melhor cada aluno.

Devido a algumas mudanças fundamentais na sociedade, cada vez mais os alunos necessitam de professores que os orientem academicamente como mentores, não apenas para ajudá-los a construir relacionamentos positivos e a se divertir com os amigos, mas também para auxiliá-los a ter sucesso na vida. Com o ensino *on-line* fornecendo alguma parte do conteúdo e da instrução de um curso, os programas de ensino híbrido proporcionam mais tempo para os professores preencherem este importante papel. (HORN; STAKER, 2015, p. 168).

Os alunos percebem as concepções de aluno e de professor exigidas em metodologias ativas, a intenção e a ação para que a metodologia seja diferenciada, em um ambiente colaborativo, e as vantagens de poder interagir com alunos de diferentes semestres.

Vygotsky afirma que o bom ensino é aquele que se adianta ao desenvolvimento, ou seja, que se dirige às funções psicológicas que estão em vias de se completarem. Essa dimensão prospectiva do desenvolvimento psicológico é de grande importância para a educação, pois permite a compreensão de processos de desenvolvimento que, embora presentes no indivíduo, necessitam de intervenção, da colaboração de parceiros mais experientes da cultura para se consolidarem e, como consequência, ajudam a definir o campo e as possibilidades da atuação pedagógica. (REGO, 1995, p. 107).

Assim, observa-se que o currículo que permite o uso de tecnologias digitais amplia as estratégias e flexibiliza a hierarquia espaço-temporal, os tempos e espaços da escola, potencializando novas formas de aprender, ensinar e lidar com o conhecimento (ALMEIDA; VALENTE, 2011). Talvez uma metodologia assim pudesse ser um caminho possível para evitar o fechamento de licenciaturas e continuar com o compromisso de formar novos professores, já que se torna possível o trabalho com menos alunos em uma mesma sala de aula. "Seja alugando, construindo, remodelando ou fazendo o possível com o que há disponível, as escolas devem responder às realidades de suas instalações físicas" (HORN; STAKER, 2015, p. 226). Pode ser uma alternativa, mas deve ser bem planejada em sua implantação. Novos estudos podem trazer outras reflexões acerca do envolvimento dos alunos, perfil de professores e as possibilidades de práticas que foram executáveis pelo modelo da sala de aula compartilhada.

Há pontos positivos e há desafios, conforme pode-se identificar nos relatos de professores. De maneira geral, entretanto, é nítido que a construção desta metodologia está em andamento e traz, por si só, a oportunidade de ousar. Como toda nova proposta, deverá continuar com seus ajustes, tentativas e reflexões sobre a prática.

PARA SABER MAIS

Artigo: Sala de aula invertida: caracterização e reflexões

As autoras Mariana Ferreira Barbosa, Gilmara Teixeira Barcelos e Silvia Cristina F. Batista, do Instituto Federal Fluminense, no Congresso Integrado da Tecnologia da Informação de 2015, tecem relações e reflexões sobre a visão dos alunos, dos primeiros e sétimos semestres, do curso de Licenciatura em Matemática sobre pesquisa e aplicação da Metodologia de Sala de aula Invertida.

Disponível em: www.essentiaeditora.iff.edu.br/index.php/citi/article/download/6363/ 4072

Artigo: Sala de aula invertida: uma abordagem colaborativa na aprendizagem de matemática – estudos iniciais

Hugo Luiz Gonzaga Honório discute a potencialidade da metodologia para dar suporte à aprendizagem colaborativa em aulas de matemática.

Disponível em: www.ebrapem2016.ufpr.br/wp-content/uploads/2016/04/gd6_Hugo_Hono%CC%81rio.pdf

Artigo: Universidade abole disciplinas em prol de projetos

O artigo apresenta a decisão da Universidade Uniamérica, de Foz do Iguaçu (PR), pela reestruturação de seu projeto pedagógico com base nas metodologias de ensino baseadas em projetos e sala de aula invertida, sem divisão por séries e sem currículo organizado por disciplinas.

Disponível em: http://intranet.uniamerica.br/galerias/noticias/id/135/categoria/institucional/pagina/10

Ebook: **Sala de aula invertida: uma abordagem para combinar metodologias ativas e engajar alunos no processo de ensino-aprendizagem**

O *ebook* de Elieser Xisto da Silva Schmitz expõe a aproximação conceitual teórico-prática de práticas da sala de aula invertida no contexto universitário.

Disponível em: https://nte.ufsm.br/images/PDF_Capacitacao/2016/RECURSO_EDUCACIONAL/Ebook_FC.pdf

Vídeo: O trabalho colaborativo na resolução de problemas

O professor da Universidade Virtual do Estado de São Paulo Ulisses Araújo, do curso de Licenciatura em Matemática – 3º ano, na disciplina de Práticas para o Ensino de Matemática II, destaca nessa vídeo-aula conceitos e questões norteadoras sobre "O trabalho colaborativo na resolução de problemas", uma das ferramentas trabalhadas juntamente com a sala de aula invertida.

Disponível em: www.youtube.com/watch?v=5MmDzvSgiWY

REFERÊNCIAS

ALMEIDA, M. E. B.; VALENTE, J. A. *Tecnologias e currículo*: trajetórias convergentes ou divergentes? São Paulo: Paulus, 2011.

ALVES, C. O educador e sua relação com o passado. *Educação em Revista*, Belo Horizonte, v. 28, n. 3, set. 2012. Disponível em: <http://www.scielo.br/scielo.php?script=sci_arttext&pid=S0102-46982012000300010&lng=en&nrm=iso>. Acesso em: 27 jul. 2016.

BERBEL, N. A. N. As metodologias ativas e a promoção da autonomia de estudantes. *Ciências Sociais e Humanas*, Londrina, v. 32, n. 1, p. 25-40, jan./jun. 2011.

BRASIL. *Lei nº 13.146, de 6 de julho de 2015*. Lei Brasileira de Inclusão da Pessoa com Deficiência. 2015. Disponível em: < http://www.planalto.gov.br/ccivil_03/_ato2015-2018/2015/lei/l13146.htm>. Acesso em: 3 maio 2017.

DEBALD, B. S. A docência no ensino superior numa perspectiva construtivista. In: SEMINÁRIO NACIONAL ESTADO E POLÍTICAS SOCIAIS NO BRASIL. *Anais...* Cascavel: Unioeste, 2003.

FORTE, A.; FLORES, M. A. Aprendizagem e(m) colaboração: um projecto de intervenção numa EB 2,3. CONGRESSO INTERNACIONAL GALEGO-PORTUGUÊS DE PSICOPEDAGOGIA, 10. *Actas...* Braga: Universidade do Minho, 2009. Disponível em: <http://www.educacion.udc.es/grupos/gipdae/documentos/congreso/xcongreso/pdfs/t3/t3c52.pdf>. Acesso em: 27 jul. 2016.

GAETA, C.; MASETTO, M. T. *O professor iniciante no ensino superior*: aprender, atuar, inovar. São Paulo: SENAC São Paulo, 2013.

HORN, M. B.; STAKER, H. *Blended*: usando a inovação disruptiva para aprimorar a educação. Porto Alegre: Penso, 2015.

MASETTO, M. T. *O professor na hora da verdade*: a prática docente no ensino superior. São Paulo: Avercamp, 2010.

MASETTO, M. T. *Desafios para a docência universitária na contemporaneidade*: professor e aluno em inter-ação adulta. São Paulo: Avercamp, 2015.

MORAN, J. M. Novos modelos de sala de aula. *Educatrix*, n. 7, p. 33-37, 2014. Disponível em: <http://www.moderna.com.br/educatrix/ed7/educatrix7.html?pag=32>. Acesso em: 27 jul. 2016.

REGO, T. C. *Vygotsky*: uma perspectiva histórico-cultural da educação. Petrópolis: Vozes, 1995.

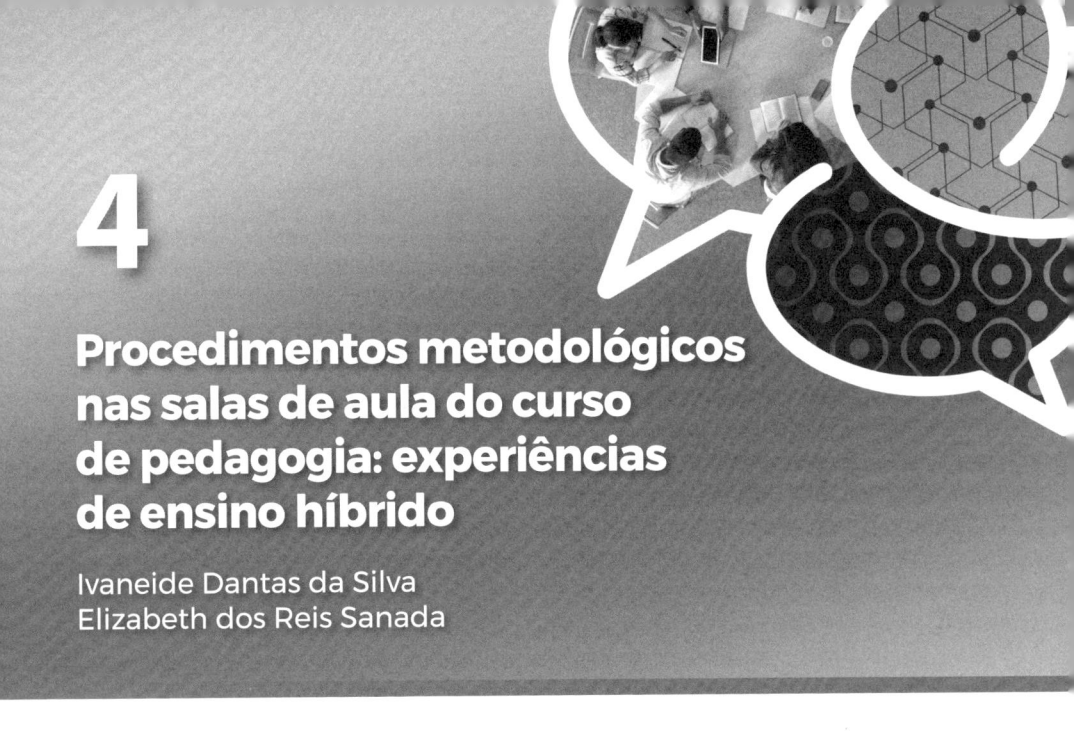

4

Procedimentos metodológicos nas salas de aula do curso de pedagogia: experiências de ensino híbrido

Ivaneide Dantas da Silva
Elizabeth dos Reis Sanada

PALAVRAS INICIAIS

A discussão sobre o baixo desempenho dos estudantes brasileiros da educação básica tem sido algo permanente nos últimos anos. Entre os diversos fatores responsáveis por essa situação, podemos mencionar as dificuldades dos docentes em, considerando as demandas do mundo contemporâneo, acompanhar as contribuições teóricas mais recentes para a condução dos processos de ensino e aprendizagem em sala de aula de modo inovador, personalizado e centrado na aprendizagem do estudante.

Em documento produzido pelo Ministério da Educação, no ano de 2000, já se apontava o quanto as mudanças propostas para a educação básica no país necessitariam redimensionar a formação de professores. Segundo o documento,

> [...] as novas concepções sobre a educação, as revisões e atualizações nas teorias de desenvolvimento e aprendizagem, o impacto da tecnologia da informação e das comunicações sobre os processos de ensino e de aprendizagem, suas metodologias, técnicas e materiais de apoio [...] delineiam um cenário educacional com exigências para cujo atendimento os professores não foram nem estão sendo preparados. (BRASIL, 2000, p. 5).

Atuando na formação de futuros professores, uma de nossas preocupações diz respeito a conduzir processos de ensino e aprendizagem que permitam aos estudantes aprender, simultaneamente, conteúdos específicos da disciplina e procedimentos didáticos inovadores que possam ser utilizados no exercício da docência.

Considerando o mesmo documento (BRASIL, 2000, p. 38), tal preocupação está em consonância com a ideia de que "[...] o futuro professor possa experienciar, como aluno, durante todo o processo de formação, as atitudes, modelos didáticos, capacidades e modos de organização que se pretende que venham a ser desempenhados nas suas práticas pedagógicas".

Assim, no primeiro semestre de 2015, ingressamos no grupo de pesquisa em ensino híbrido, que ocorreu na instituição em que atuamos. Conduzido pelos professores José Moran e Lilian Bacich, o grupo tinha o objetivo de aprofundar os conhecimentos a respeito das metodologias ativas, qualificando a formação inicial e, por decorrência, oportunizar aos estudantes experiências metodológicas que fossem utilizadas futuramente em suas salas de aula.

Assim, este capítulo visa a compartilhar duas experiências metodológicas a partir das quais descreveremos procedimentos didático-pedagógicos realizados com alunos do curso de pedagogia. Isto ocorreu no primeiro semestre de 2015, no contexto do ensino híbrido a partir das contribuições de Horn e Staker (2015), Bacich, Tanzi Neto e Trevisani (2015) e Bacich e Moran (2015), do trabalho em grupo com base em Bonals (2003) e das contribuições de Vygotsky (1992), no que diz respeito à relação entre aprendizagem e desenvolvimento, as quais apresentaremos a seguir.

SOBRE O ENSINO HÍBRIDO: ALGUMAS CONSIDERAÇÕES

Os estudos sobre o ensino híbrido são bastante inspiradores na organização de situações didáticas. A personalização da aprendizagem, um dos aspectos importantes da abordagem, redimensiona o papel do professor, tornando-o "[...] cada vez mais um gestor e orientador de caminhos coletivos e individuais" (MORAN, 2015, p. 39).

Com base em Christensen, Horn e Staker (2013), o ensino híbrido é definido como um programa de educação formal, que permite ao aluno realizar as atividades propostas por meio do ensino *on-line* e presencial, de modo integrado.

Nesta direção, Moran (2015, p. 39) indica que,

> [...] o ensinar e o aprender acontecem em uma interligação simbiótica, profunda e constante entre os chamados mundo físico e digital. Não são dois mundos ou espaços, mas um espaço estendido, uma sala de aula ampliada, que se mescla, hibridiza constantemente.

Considerando que os indivíduos não aprendem todos no mesmo ritmo e têm necessidades de aprendizagem diversas e em momentos diferentes, Horn e Staker (2015) chamam a atenção para o fato de que o modelo de escola atual é insuficiente para promover uma educação plena. Nesse sentido, os autores defendem que, se o objetivo é que todas as crianças e adolescentes tenham sucesso escolar e na vida, a customização, ou personalização, do ensino é uma saída para atender às diferentes necessidades de aprendizagem e, portanto, o ensino híbrido funcionaria como "[...] o motor que pode alimentar o ensino personalizado e baseado na competência" (HORN; STAKER, 2015, p. 10).

O fato de o ensino híbrido promover a realização de atividades por meio do ensino *on-line* possibilita, aos estudantes, aprender "a qualquer momento, em qualquer lugar, em qualquer caminho, em qualquer ritmo" (HORN; STAKER, 2015, p. 10). Além disso, permite, a quem já domina determinado conteúdo, avançar e, àqueles que ainda não o dominam, deterem-se nele por mais tempo, de modo a compreendê-lo ou revisitá-lo.

São modelos de ensino híbrido, conforme Horn e Staker (2015): Rotação, Flex, À la Carte e Virtual Enriquecido. Para a experiência aqui apresentada, o modelo escolhido foi o de Rotação, mais especificamente a rotação por estações e a sala de aula invertida. Na rotação por estações, "os estudantes alternam entre ensino *on-line*, ensino conduzido pelo professor em pequenos grupos e tarefas registradas em papel e realizadas em suas mesas" (HORN; STAKER, 2015, p. 38). Já na sala de aula invertida, os alunos têm acesso ao conteúdo da aula (orientação para a atividade, textos, palestras) previamente disponibilizado em um ambiente virtual de aprendizagem, requerendo conexão com a internet. Assim, a nossa escolha por esses modelos se deu em razão de permitirem o atendimento personalizado e singular dos alunos, a possibilidade de estudo prévio e o trabalho colaborativo, mediado pela tecnologia.

Bacich e Moran (2015), ao discutirem o processo de ensino e aprendizagem na dimensão da educação híbrida, chamam a atenção para o fato de haver várias maneiras de ensinar e de se apropriar do conhecimento, destacando o trabalho colaborativo mediado pela tecnologia como uma delas.

Conforme os autores,

> [...] o trabalho colaborativo pode estar aliado ao uso das tecnologias digitais e propiciar momentos de aprendizagem e troca que ultrapassam as barreiras da sala de aula [...]. Colaboração e uso de tecnologia não são ações antagônicas. As críticas sobre o isolamento que as tecnologias digitais ocasionam não podem ser consideradas em uma ação escolar realmente integrada, na qual as tecnologias como um fim em si mesmas não se sobreponham à discussão nem à articulação de ideias que podem ser proporcionadas em um trabalho colaborativo. (MORAN; BACICH, 2015).

Já no que diz respeito ao estudo prévio, este é um fator importante para o encontro presencial, pois, com ele, o tempo em sala de aula é otimizado. O aluno passa a atuar colaborativamente, resolvendo situações-problema, tematizando casos, elaborando projetos, tirando dúvidas com o professor, etc.

A ideia de atuar colaborativamente nos remete aos estudos de Vygotsky (1998) quando o autor, ao abordar a relação entre aprendizagem e desenvolvimento, nos apresenta o conceito de "zona de desenvolvimento proximal". Para ele, a distância entre aquilo que o indivíduo pode fazer sozinho – desenvolvimento real – e a competência que ele atinge ao resolver um problema, com o auxílio de um companheiro mais capaz, revela a zona proximal de desenvolvimento (ZPD).

Com base nesse conceito, é possível mencionar que, para a criação da ZPD, o ensino precisa ultrapassar o desenvolvimento; o ensino precisa criar uma zona de conflito para que esta seja sempre um espaço de construção pelo aluno. Nesse sentido, oportunizar aos estudantes o contato com problemas mais complexos, mas cuja resolução se dê colaborativamente, é fundamental no processo de aprendizagem, e a metodologia em uma perspectiva híbrida é um dos caminhos para tal.

Além da abordagem de Vygotsky, o trabalho com grupos na instituição particular[1] de ensino superior em que ocorreu esta pesquisa também se baseia nos estudos de Bonals (2003), que estabelece parâmetros de como fazer os agrupamentos, como definir funções e papéis de cada integrante e do grupo como um todo, além de focar no processo de execução da tarefa e não apenas nos resultados e de valorizar a dimensão socioemocional no contexto escolar. Nas palavras do autor, podemos destacar "[...] três funções que nos parecem básicas no trabalho em pequenos grupos na sala de aula. São elas: a de regulação das aprendizagens, a de socialização e a de potencialização do equilíbrio emocional de seus integrantes" (BONALS, 2003, p. 15).

Por meio do acompanhamento e da análise do funcionamento do trabalho em grupo, os alunos têm a oportunidade de refletir sobre o sentido do trabalho em grupo, experienciar situações diversas de trabalho em pequenos grupos e perceber como diferentes agrupamentos influenciam na dinâmica do trabalho em grupo e nos seus resultados. Portanto, essa abordagem também permite que se tome o trabalho em grupo como algo a ser tematizado como conteúdo, sobretudo no curso de pedagogia, relacionando-o a aspectos atitudinais, procedimentais e conceituais.

Por essas e outras questões, o trabalho em grupo desponta como uma alternativa ao modelo tradicional, por meio da qual os alunos podem estabelecer uma relação dialógica e dialética com seus colegas e professores. Assim, eles compartilham diferentes momentos e percursos de aprendizagem, trocando distintas experiências de vida e educacionais.

É importante ressaltar que o trabalho em grupo não substitui o trabalho individual, ambos são complementares. Segundo Bonals (2003), é necessário que o professor entenda que a escolha por um ou outro modo de intervenção e de agrupamento deve estar de acordo com os objetivos e expectativas de aprendizagem, e também com as características da tarefa a ser executada.

---

[1] Trata-se do Instituto Singularidades, uma instituição sem fins lucrativos. Fundada em 2001, oferece cursos de graduação e licenciatura e cursos de pós-graduação *lato sensu* e extensão universitária, todos na área da educação.

É preciso destacar, ainda, que há momentos em que é necessário garantir que todos os alunos acessem a informação dada pelo professor. Mesmo que o fato de todos os alunos estarem olhando atentamente para o professor não seja garantia de compreensão da mensagem emitida, precisamos criar as condições para que os estudantes tenham acesso a determinadas informações, permitindo que possam operar com esses conteúdos de forma ativa, em aula. Ou seja, o professor tem papel fundamental.

Entre as funções do professor discutidas por Bonals (2003), destacamos a de mediador de conflitos, de regulador das aprendizagens, ao possibilitar agrupamentos heterogêneos e homogêneos, a depender dos objetivos da tarefa e percursos dos alunos. O professor também tem a função de envolver todos os estudantes na tarefa, intervindo na organização, dinâmica e seleção das tarefas propostas, além de viabilizar o desenvolvimento da autonomia por parte desses alunos.

O PLANEJAMENTO E O PAPEL DA COLABORAÇÃO NA APRENDIZAGEM

Outro fator crucial para o envolvimento dos alunos e sua atuação ativa no processo de construção do conhecimento diz respeito ao modo como se dá o planejamento das atividades, mais especificamente no que se refere à antecipação dos objetivos de aprendizagem por parte do professor. Também é importante o acesso aos materiais de aula, como vídeos e textos que possam ser assistidos previamente, favorecendo as discussões e o aprendizado em sala.

Para isso, utilizamos, em nossas aulas, a plataforma Moodle[2] como ambiente de aprendizagem virtual. Nela, além do plano de ensino e do cronograma de aula – com objetivos e expectativas de aprendizagem –, os alunos são orientados a assistir previamente a vídeos e a ler textos obre os assuntos a serem estudados em sala.

Neste momento, começamos a ampliar nosso olhar para as especificidades de um trabalho que se propõe a integrar o aprendizado em aula e extra-aula. Foi quando nos deparamos com autores que discutiam a dimensão da aprendizagem colaborativa no ambiente virtual e como esse ambiente poderia contribuir para alimentar as trocas e a própria postura dos alunos quando estivessem em aula. Entre as leituras que fizemos, recortamos trechos da proposta de Gonçalves (2006), uma das autoras que contribui para compreendermos os efeitos benéficos da aprendizagem colaborativa para a educação, a partir da discussão que estabelece acerca da *Comunidade cooperativa de aprendizagem em rede*.

---

2 Trata-se de um "*software* livre (gratuito) de apoio à aprendizagem, em que há possibilidade de trocas entre grupos, acompanhamento individual e acompanhamento de ensino a distância" (BACICH; TANZI NETO; TREVISANI, 2015, p. 264).

Nesse texto, Gonçalves (2006, p. 54) recorre aos estudos de Harasim et al. (2000, tradução nossa), que definem aprendizagem cooperativa como "qualquer atividade que se realize empregando a interação, a avaliação e/ou a cooperação entre pares, com certo componente de estruturação e coordenação por parte do instrutor", e nos lembra de que a aprendizagem cooperativa não é recente, mas que vem assumindo um lugar de destaque nos dias atuais, o que se justifica, a nosso ver, pelo avanço das tecnologias digitais de informação e comunicação (TDIC).

Outro ponto importante destacado por Gonçalves (2006, p. 54) diz respeito diretamente às trocas que se estabelecem no interior das atividades em grupo e que pudemos observar em ambas as experiências de rotação por estações que desenvolvemos. Segundo a autora, portanto, essas trocas permitem aos alunos "contrastar seus pontos de vista, de modo a produzir a construção do conhecimento". Nesse sentido, Gonçalves (2006, p. 54) conclui que "[...] o trabalho cooperativo não pode ser realizado por um grupo de participantes em que cada um produz parte do trabalho para agrupá-lo no final, mas que seja a base sobre a qual se deve construir o trabalho conjunto".

Essa leitura nos permite perceber que, seja no ambiente virtual ou no presencial, o trabalho colaborativo é muito mais do que separar conteúdos entre os alunos, trabalhar individualmente e simplesmente juntar as partes em uma apresentação em sala, por exemplo. Trata-se de criar uma organicidade, que possibilite a todos os integrantes de um grupo aprender sobre todos os conteúdos de uma maneira articulada, repleta de sentidos e significados que resultem numa aprendizagem com qualidade.

A ORGANIZAÇÃO DOS ESPAÇOS

Outro elemento a se observar concerne à organização dos espaços. Nesta perspectiva, autores como Zabala (1998) já apontavam para a relação intrínseca entre o modo como os espaços são utilizados e a concepção de ensino a ele vinculada, tal como vemos no trecho que segue:

> Se a utilização do espaço tem sido o resultado de uma maneira de entender o ensino, tanto em relação à função social como à compreensão dos processos de aprendizagem, certamente uma mudança nestes elementos levaria a uma reconsideração das características que deveriam ter de acordo com outras concepções de ensino [...]. A utilização do espaço começa a ser um tema problemático quando o protagonismo do ensino se desloca do professor para o aluno. O centro de atenção já não é o que há no quadro, mas o que está acontecendo no campo dos alunos. Este simples deslocamento põe em dúvida muitas das formas habituais de se relacionar em classe, e questiona consideravelmente o cenário. O que interessa não é o que mostra o quadro, mas o que acontece no terreno das cadeiras e, mais concretamente, em cada uma das cadeiras. (ZABALA, 1998, p. 130-131).

Ou seja, estamos novamente diante da necessidade de descentralização da figura do professor rumo a uma intervenção voltada para o aluno, tomado como foco, desta vez, também no âmbito da organização dos espaços. E aqui, mais do que abrir mão de um modelo convencional de fileiras, em que os alunos não podem se comunicar e devem manter-se quietos, ouvindo atentamente o professor, trata-se de questionar sobre qual a característica dos alunos que queremos formar e para qual modelo de sociedade. A esse respeito, Moran (2012, p. 8) afirma que:

> [...] a cada ano, a sensação de incongruência, de distanciamento entre a educação desejada e a real aumenta. A sociedade evolui mais do que a escola e, sem mudanças profundas, consistentes e constantes, não avançaremos rapidamente como nação. Não basta colocar os alunos na escola. Temos de oferecer-lhes uma educação instigadora, estimulante, provocativa, dinâmica, ativa desde o começo e em todos os níveis de ensino.

O trabalho com grupos, descrito anteriormente, corrobora essa perspectiva da necessidade de rever os espaços de aprendizagem.

Essa diversidade não apenas traduz os aspectos físicos, mas mantém estreita relação com a própria organização mental dos alunos e com as histórias pessoais de cada um, que também são muito diversas, abarcando experiências acadêmicas, sociais, culturais, étnicas, religiosas e de gênero muito distintas, impactando diretamente os conteúdos apreendidos e mesmo a formação pessoal desses estudantes.

Descreveremos a seguir as experiências que desenvolvemos com base nesses modelos.

RELATO DE EXPERIÊNCIA 1: DIDÁTICA DA ALFABETIZAÇÃO

A experiência foi realizada com 30 alunos do segundo e terceiro semestres do curso de pedagogia de uma instituição de ensino privada, na disciplina de *Didática da alfabetização*, em abril de 2015. O modelo de ensino híbrido utilizado foi a rotação por estações.

Os alunos, organizados em grupos, foram divididos em três estações. As propostas em cada uma delas foram:

1. Socialização dos procedimentos da elaboração e aplicação de sondagem de escrita e análise da hipótese de escrita da criança.
2. Pesquisa em obras impressas e em textos disponíveis *on-line* sobre os conceitos de alfabetização, alfabetismo, níveis de alfabetismo, letramento e letramentos, letramentos múltiplos e multiletramentos e, posteriormente,

produzir um texto em forma de verbete para cada um dos conceitos, utilizando, como recurso, o Google Docs.[3]

3. Leitura de regra de jogo, planejamento e elaboração.

As atividades distribuídas em cada uma das estações permitiram não só o planejamento da forma de agrupamento, conforme abordagem sugerida por Bonals (2003), e a organização do espaço, como também a personalização da intervenção, visando a esclarecer as dúvidas dos alunos para a apropriação dos conteúdos em circulação.

Foi o caso, por exemplo, dos conteúdos previstos na estação que envolvia a socialização dos procedimentos para elaboração e aplicação de sondagem de escrita e análise da hipótese de escrita da criança. Priorizou-se a presença do professor nessa estação, instigando os participantes no momento da socialização e da análise, visto que, para a compreensão dos conteúdos, exigia-se colaboração de um parceiro mais experiente (VYGOTSKY, 1998) e, por se tratar de um dos conteúdos centrais da disciplina *Didática da alfabetização*, todos os alunos precisariam compreendê-lo.

Com base nessa experiência, foi possível verificar as aprendizagens e dúvidas dos alunos quanto aos conteúdos abordados. No decorrer da socialização da sondagem e análise das escritas, ficou evidente a superação das lacunas de aprendizagem pelos licenciandos. No caso da estação que envolveu a pesquisa e produção de verbete com os diversos conceitos indicados, analisamos posteriormente o texto produzido em grande grupo e as dúvidas por nós identificadas sobre determinados conceitos foram retomadas em uma aula posterior. Finalmente, na leitura e planejamento da elaboração do jogo, verificamos que houve adequação no registro produzido pelos licenciandos.

Organizar o trabalho didático-pedagógico na perspectiva do ensino híbrido, integrando o ensino *on-line* e o presencial, no modelo de rotação por estações, além de promover a aprendizagem dos alunos e a identificação de dúvidas, contribui sobremaneira para a implicação deles em seu aprendizado, para o aprimoramento de sua autonomia. Contribui também para o aprendizado de um procedimento didático possível de ser usado no exercício da docência.

RELATO DE EXPERIÊNCIA 2: ESTÁGIOS DO DESENVOLVIMENTO INFANTIL DE WALLON

Esta experiência foi desenvolvida com cerca de 32 alunos do primeiro semestre do período noturno do curso de pedagogia e envolveu o trabalho com conteúdos da disciplina de *Aprendizagem e desenvolvimento humano*. A experiência foi desenvolvida em dois dias de aulas, compondo, portanto, duas etapas.

---

[3] Trata-se de uma ferramenta que faz parte do Google Drive, um serviço de armazenamento e sincronização de arquivos do Google, cuja função é, entre outras, editar documentos e construir colaborativamente textos e/ou outro conteúdo. Para mais informações, acesse: https://goo.gl/ctorWK.

O tema específico trabalhado nesse momento do curso foi relativo aos estágios do desenvolvimento de Henri Wallon. Trata-se de um tema de crucial importância para a formação do futuro professor e constitui-se também em um elo fundamental para o tema discutido na primeira experiência, relacionada à didática da alfabetização. Isso porque permite ao estudante de pedagogia compreender como a criança e o adolescente se desenvolvem, considerando de maneira integrada os aspectos físicos, cognitivos, motores e afetivos.

Assim, ao associarmos o estudo das didáticas às características de cada etapa do desenvolvimento, preparamos nossos licenciandos para uma intervenção docente mais eficaz, que respeite o ritmo de aprendizagem de seus alunos. Além disso, ao experimentarem modelos de gestão democrática da sala de aula e metodologias ativas de ensino, poderão aprender na prática e internalizar esses modelos, a fim de terem modelos nos quais se inspirar para suas próprias práticas, como anteriormente mencionado (VYGOTSKY, 1998).

Nesse primeiro momento da aula no modelo de rotação por estações, com todos os alunos reunidos em círculo, foram retomados os objetivos da aula e as expectativas de aprendizagem, bem como o enredo da atividade. Foram organizados dois espaços de aprendizagem. Em uma das salas, foi criada uma estação para a exibição de um filme que não havia sido disponibilizado anteriormente no Moodle e, em outra, foram criadas cinco estações, cada uma com um estágio do desenvolvimento proposto por Wallon, que deveria ser trabalhado pelos alunos a partir da leitura de um texto e discussão de uma situação-problema de sala de aula, em um tempo predeterminado de 40 minutos. Terminado o tempo estipulado, os alunos mudavam de mesa, passando ao estágio seguinte. Porém, é importante demarcar que nessa proposta a passagem de uma estação à outra não se dava de um modo sequencial, isto é, não era preciso participar do primeiro estágio para passar ao segundo e assim por diante.

DINÂMICA DOS GRUPOS

Das seis estações criadas, uma foi separada para abarcar os alunos que chegassem atrasados, a fim de não comprometer o ritmo de trabalho dos alunos presentes desde o início. Por se tratar de um curso noturno, esse foi um diferencial muito importante, pois muitos alunos que iriam à aula diretamente do trabalho chegaram atrasados, depois do início da atividade. Assim, esse espaço diferenciado acaba constituindo uma oferta de personalização que responde a dois propósitos: primeiro, atender à dificuldade real de alguns estudantes de iniciar a atividade no horário previsto e a consequente perda de conteúdo que poderia advir desse atraso; e segundo, não comprometer o ritmo daqueles que chegaram no horário estipulado para o início da aula e já estão com a atividade em andamento. Ao longo dessa experiência, também foi possível perceber que os alunos que chegaram atrasados no primeiro dia mostraram um maior engajamento no segundo dia da atividade, e, curiosamente, também nas aulas seguintes.

Outro elemento relativo à dinâmica interna dos grupos foi a distribuição de papéis e tarefas, não apenas relacionados aos conteúdos da disciplina, mas também ao controle do tempo em cada estação, à leitura do texto e ao registro das discussões feitas no grupo. Em diversos grupos, esses papéis se revezaram ao longo das estações. O que podemos perceber, tanto em relação à mudança de atitude dos alunos que se atrasam quanto na postura de todos na execução das propostas de atividades, é que, a partir da personalização que o ensino híbrido propicia, conseguimos uma maior implicação dos estudantes em seu processo de aprendizagem, além de promover situações de aprendizagem colaborativa, enriquecendo e ampliando o processamento de informações e o campo de conhecimento desses alunos.

Um aspecto que mencionamos anteriormente e que vem sendo abordado pelas metodologias ativas de aprendizagem, especificamente pelo ensino híbrido, diz respeito à mudança que se estabelece na relação professor-aluno, isto é, o professor deixa de ser o centro nesse processo, cedendo lugar de destaque ao aluno. Nas palavras de Gonçalves (2006, p. 54), os professores deixam de "[...] representar uma autoridade para se tornarem orientadores e fontes de informação para as atividades de aprendizagem em grupo".

> O êxito do grupo está em conseguir que todos os seus integrantes assimilem os objetivos de sua proposta e que aprendam com o grupo. O desenvolvimento das atividades deve centrar-se em uns ensinando aos outros, ou seja, mediante colaboração mútua, de maneira que assimilem ideias e cada um absorva o conteúdo proposto. (GONÇALVES, 2006, p. 54).

Na experiência realizada, enquanto os alunos desenvolviam a atividade proposta em cada estação, o papel do professor era o de intervir nos grupos, identificando dificuldades de compreensão dos textos e da proposta de situação de sala de aula a ser analisada; esclarecendo dúvidas; auxiliando na articulação entre teoria e prática; envolvendo todos os alunos na produção da tarefa, chamando a atenção para a importância da implicação e solucionando questões atitudinais relacionadas ao trabalho em grupo; além de zelar pelo cumprimento dos objetivos estabelecidos no início da aula. Ao término da aula, essa possibilidade de ensino mútua e de coautoria prosseguiu com a participação dos alunos em um fórum aberto no ambiente *on-line*, no qual puderam solucionar dúvidas, além de aprofundar os conteúdos a partir do compartilhamento de informações pesquisadas fora de sala de aula.

AVALIAÇÃO E AUTOAVALIAÇÃO PELOS ALUNOS

Ao pensarmos em mudanças no contexto educacional, não podemos nos esquecer de rever os modelos de avaliação. De um modo geral, sempre que se faz menção aos processos avaliativos, que são considerados unilateralmente, ou seja, apenas do professor em relação aos alunos, quando deveriam ser concebidos em via dupla, além de abarcar um espaço para a autoavaliação, que deve ser realizada pelo aluno e também pelo professor.

Há diversas formas de desenvolver essa avaliação e autoavaliação, podendo ser individual ou grupal, escrita, a partir de um questionário ou de uma reflexão, ou oral, como em uma socialização. O importante é que ela se dê processualmente, abrindo espaço para o enriquecimento das aprendizagens e do ensino. Em nossa experiência, optamos por um questionário que foi disponibilizado no Moodle.

As perguntas que fizemos aos alunos são descritas no Quadro 4.1, que é dividido em duas etapas, contemplando os dois dias de aula da experiência de rotação por estações.

QUADRO 4.1 Avaliação e autoavaliação das aulas com rotação por estações

1ª aula	2ª aula
1. Descreva como foi a experiência de trabalho por estações.	1. Houve alguma mudança na composição do seu grupo? Se sim, indique qual a mudança ocorrida e se isso afetou de alguma maneira a sua produção e ritmo das tarefas propostas. Justifique.
2. Como foi organizado o tempo e quais estratégias foram usadas para cumprir a tarefa realizada?	
3. Você havia assistido às vídeo-aulas disponibilizadas no Moodle? Sendo sim ou não, explique de que maneira isso influenciou no desenvolvimento da atividade.	
4. Como você percebeu o engajamento dos seus colegas nesse processo? Eles haviam assistido às vídeo-aulas, tinham algum conhecimento prévio? Isso trouxe consequências para o desempenho do grupo, positiva ou negativamente? Explique.	2. Se você pudesse mudar algo na atividade, o que mudaria?
5. No seu grupo, alguém chegou atrasado? Descreva se foi no início da 1ª ou da 2ª aula. Isso influenciou na dinâmica do grupo? De que maneira?	3. Há alguma questão que você gostaria de mencionar sobre o processo e que não foi contemplada nas perguntas anteriores?
6. Como foram estabelecidos os papéis? Esses papéis se mantiveram ao longo de todas as estações ou mudaram? Isso foi positivo? Explique.	4. De 0 a 10, qual nota você atribui ao seu desempenho durante a atividade, abarcando aspectos conceituais e atitudinais? Justifique.
7. Houve divisão de tarefas no seu grupo? Se sim, como?	
8. Em qual das estações você sentiu maior dificuldade e em qual você sentiu maior facilidade de compreensão? A que atribui esta facilidade ou dificuldade?	
9. Como o seu grupo foi organizando os conteúdos produzidos? O que você pensa sobre a organização escolhida?	
10. Para você, que papel a tecnologia teve nesse processo?	

AMARRANDO CONTEÚDOS

Ao refletir sobre as experiências descritas e sobre a nossa prática ao longo de anos de trabalho com formação inicial e continuada de professores no Instituto Singularidades, podemos perceber muitas representações que refletem em grande parte o que se dá em outros contextos educacionais. Isso nos permite concluir que, na maioria das vezes em que propomos mudanças, sobretudo num cenário tão tradicionalmente estruturado como o da educação, é comum nos depararmos com inseguranças e questionamentos que visam retornar ao estágio anterior, no qual as coisas continuavam exatamente como as conhecíamos e podíamos controlá-las.

Diante do medo do desconhecido, surgem as resistências, que neste caso podem vir tanto dos professores quanto dos alunos. Mesmo que ambos se sintam insatisfeitos com os "[...] modelos engessados, padronizados, repetitivos, monótonos, previsíveis, asfixiantes" que encontramos em nossas escolas, na hora em que o novo se apresenta, a segurança do conhecido grita mais alto e uma das perguntas que alunos e professores partilham é: "vai-se aprender do mesmo jeito que antes?", o que significa que questionam a qualidade de um ensino sem amarras (MORAN, 2012, p. 8).

O "ressentimento" diante da descentralização de poder nas mãos do professor também se faz perceber, interessantemente, dos dois lados da relação: os professores temem perder seu lugar na sala de aula e os alunos, por sua vez, ao se sentirem responsabilizados por seu processo de aprendizagem, queixam-se de terem que trabalhar mais, de serem mais ativos.

Há ainda certa nostalgia dos alunos em relação às aulas expositivas, como se elas fossem a única maneira de consolidar os conhecimentos. Isso ocorre ao longo de diversos momentos do curso, em que os alunos oscilam, não reconhecendo a "validade" dos conteúdos aprendidos até que o professor lhes dê a última palavra, aquela que julgam representar a "verdade", uma vez que advém daquele que julgam ainda ser o detentor supremo do saber.

Essas inseguranças e resistências vão sendo desconstruídas paulatinamente, a partir do diálogo e do próprio processo de avaliação e autoavaliação, à medida que os alunos constatam o que aprenderam ao longo do curso. Os professores também se aperfeiçoam nesse processo, buscando maneiras alternativas à aula expositiva para consolidar os conhecimentos dos alunos e fugindo do engodo de se deixar tomar pela demanda dos alunos e se colocar no lugar de detentor absoluto do saber.

Um exemplo de como é possível um caminho do meio, em que professores e alunos trabalham conjuntamente na amarração de conteúdos, se dá na finalização de algumas atividades, a partir de uma intensa socialização e da construção de quadros conceituais, como o que ocorreu ao término de nossa segunda experiência descrita. Além das experiências trocadas nas aulas com rotação por estações e nas discussões no fórum, consideramos importante um terceiro momento de retomada dos conteúdos. Porém, no lugar da tradicional aula expositiva, optamos por um grande círculo, em que todos participaram, amarrando os conteúdos estudados com a intervenção da professora, que registrava os conteúdos no quadro, sistematizando os conceitos estudados.

Em suma, gostaríamos de destacar como ponto positivo dessas experiências com ensino híbrido a possibilidade de personalização, a partir do momento em que nos propomos a oferecer um atendimento centrado no aluno, viabilizando a identificação de suas reais necessidades de aprendizagem.

Além disso, notamos o desenvolvimento de autonomia e uma maior implicação, por parte dos alunos, em seu aprendizado, o que ressalta a importância de um ensino voltado para a aprendizagem ativa e colaborativa. Nesse sentido, o uso dos recursos digitais e de diferentes estratégias de ensino são importantes facilitadores no processo de ensino e aprendizagem, mas não os únicos elementos, sendo fundamental a mediação realizada pelo professor nesse processo. No caso de alunos de um curso de pedagogia, este estudo se mostra ainda mais eficaz, uma vez que apostamos no fato de que esses alunos sejam capazes de agregar esses modelos às suas práticas a partir da vivência dessas experiências em sua formação.

PARA SABER MAIS

Tese: O movimento brasileiro de renovação educacional no início do século XXI

A pesquisa de Tathyana Gouvêa da Silva procurou, por meio de estudo teórico e empírico, identificar, compreender e analisar a rede das organizações brasileiras que realizam ou promovem mudanças no atual modelo escolar. Aspectos como o tempo, o espaço, as relações com o saber e as relações de poder foram objetos de sua investigação, o que já o faz ser uma referência bem atual quando se discute a respeito da inovação em educação.

Disponível em: www.teses.usp.br/teses/disponiveis/48/48134/tde-16082016-113432/pt-br.php

Artigo: Limites e possibilidades das TIC na educação

O texto de Guilhermina Lobato Miranda contribui com conceitos centrais no campo das tecnologias de informação e comunicação, repensando a forma como são absorvidos no campo na educação e seu impacto sobre a aprendizagem dos alunos.

Disponível em: http://ticsproeja.pbworks.com/f/limites+e+possibilidades.pdf

Artigo: O paradigma educacional emergente: implicações na formação do professor e nas práticas pedagógicas

Maria Cândida Moraes demarca diversas mudanças no campo das políticas e práticas voltadas para a educação, levantando importantes questionamentos acerca do que seria necessário para promover uma visão mais integral do ser humano nesse campo.

Disponível em: www.ub.edu/sentipensar/pdf/candida/paradigma_emergente.pdf

Artigo: Implicações do processo de subjetivação na contemporaneidade e do uso das tecnologias sobre o cotidiano educacional

Elizabeth dos Reis Sanada discute as principais mudanças no cenário contemporâneo e suas implicações para o processo de subjetivação e para o campo educacional, estabelecendo um paralelo entre o que se coloca entre o discurso da escola e o discurso tecnológico e suas consequências para a aprendizagem.

Disponível em: www.iel.unicamp.br/sidis/anais/pdf/SANADA_ELIZABETH_DOS_REIS.pdf

REFERÊNCIAS

BACICH, L.; TANZI NETO, A.; TREVISANI, F. M. (Org.). *Ensino híbrido:* personalização e tecnologia na educação. Porto Alegre: Penso, 2015.

BONALS, J. *O trabalho em pequenos grupos na sala de aula.* Porto Alegre: Artmed, 2003.

BRASIL. Ministério da Educação. *Proposta de diretrizes para a formação inicial de professores da educação básica em cursos de nível superior.* Brasília: SEF/MEC, 2000. Disponível em: < http://portal.mec.gov.br/cne/arquivos/pdf/basica.pdf>. Acesso em: 11 maio 2017.

CHRISTENSEN, C. M.; HORN, M. B.; STAKER, H. *Ensino híbrido:* uma inovação disruptiva? Uma introdução à teoria dos híbridos. [S. l: s. n], 2013. Disponível em: <http://www.pucpr.br/arquivosUpload/5379833311485520096.pdf>. Acesso em: 11 maio 2017.

GONÇALVES, M. I. R. Comunidade cooperativa de aprendizagem em rede. *Boletim Técnico do SENAC,* Rio de Janeiro, v. 32, n. 2, maio/ago. 2006. Disponível em: < http://www.bts.senac.br/index.php/bts/article/view/319/302>. Acesso em: 20 mar. 2015.

HORN, M. B.; STAKER, H. *Blended:* usando a inovação disruptiva para aprimorar a educação. Porto Alegre: Penso, 2015.

MORAN, J. Educação híbrida: um conceito chave para a educação, hoje. In: BACICH, L.; TANZI NETO, A.; TREVISANI, F. M. (Org.). *Ensino híbrido:* personalização e tecnologia na educação. Porto Alegre: Penso, 2015.

MORAN, J. *A educação que desejamos: novos desafios e como chegar lá.* 5. ed. Campinas: Papirus, 2012.

MORAN, J.; BACICH, L. Aprender e ensinar com foco na educação híbrida. *Revista Pátio,* n. 25, jun. 2015. Disponível em: <http://loja.grupoa.com.br/revista-patio/artigo/11551/aprender-e--ensinar-com-focoma-educacao-hibrida.aspx>. Acesso em: 13 maio 2016.

VYGOTSKY, L. S. *A formação social da mente.* 5. ed. São Paulo: Martins Fontes, 1992.

ZABALA, A. *A prática educativa:* como ensinar. Porto Alegre: Artmed, 1998.

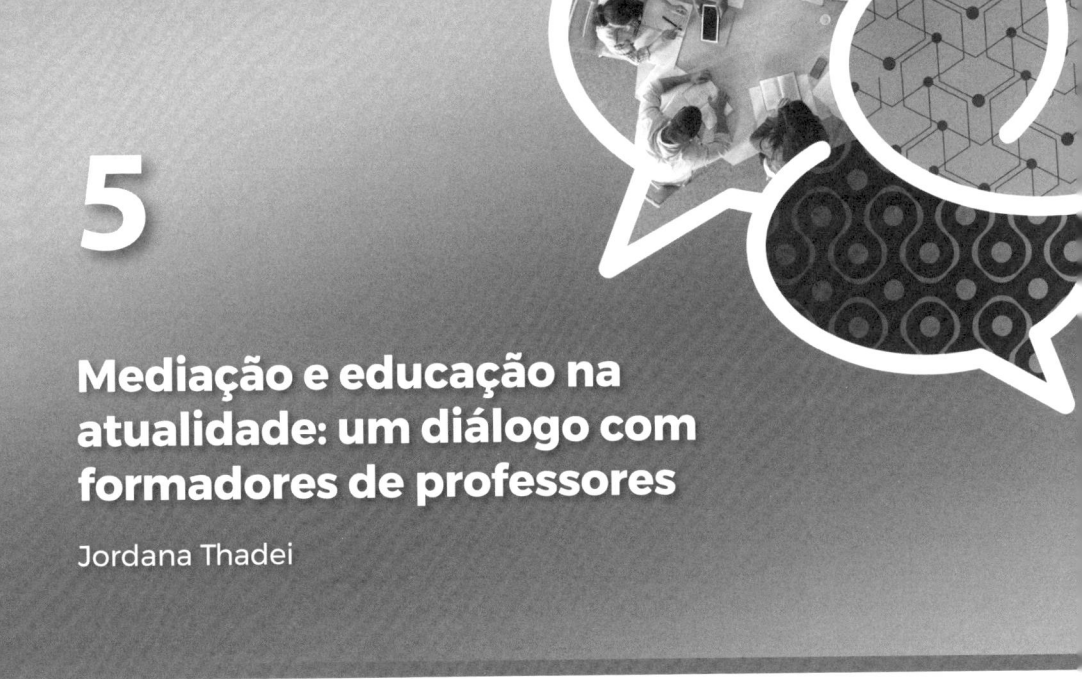

5

Mediação e educação na atualidade: um diálogo com formadores de professores

Jordana Thadei

A ação mediadora do professor há alguns anos ocupa as pautas de discussões acadêmicas de cursos de formação inicial ou continuada de professores, sobretudo da educação básica. Diferentes correntes teóricas, entre elas a sócio-histórico-cultural, que embasa este artigo, estudaram a mediação na educação e são responsáveis por importantes contribuições às práticas pedagógicas.

Atualmente, (re)afirmar que a postura do professor *transmissor de informações* deve dar lugar à postura de *mediador* entre o sujeito e o objeto de conhecimento parece ser redundante e insuficiente aos anseios daqueles que estão se tornando professores ou cuja formação acadêmica não favorece a prática pedagógica, sobretudo quando se trata do aprendiz do mundo contemporâneo. É comum e quase um jargão pedagógico a expressão *professor mediador* (ou apenas *mediador*) vinculada a relatos de práticas que se distanciam do verdadeiro sentido de mediação ou revelam uma compreensão rasa do conceito.

Fatores como ausência de relação entre a teoria e a prática durante a formação, influência de modelos tradicionais de ensino, experimentados anteriormente ou durante a graduação de docência, e a não desconstrução desses modelos na formação do professor podem justificar o descompasso entre o discurso e a prática. Não é raro nos depararmos com relatos de graduandos em cursos de docência que demonstram compreender o conceito de mediação e reconhecer a sua importância e, sobretudo, o diferencial da aprendizagem mediada, mas cuja prática não envolve sua intervenção ou não atinge a mediação propriamente.

É evidente e compreensível a tendência à reprodução das práticas dos seus antigos (ou atuais) professores. São visíveis as marcas da "instrução" (geralmente pautada na transmissão de saberes e informações) recebida pelos diferentes professores que, de alguma maneira, contribuíram para a construção da nossa formação ambiental. Tomamos emprestada a expressão *formação ambiental*, usada por Diniz--Pereira (2008), para indicar a formação oriunda da nossa experiência como alunos de diferentes professores, anteriormente à formação docente, e que, muitas vezes, usamos, irrefletidamente, como modelo de ensino.

Acreditamos, também, que muito da reprodução de práticas há tempos questionadas deve-se não ao desconhecimento da importância da aprendizagem mediada, mas, em parte, ao conhecimento superficial sobre a mediação e muito mais ao desconhecimento sobre como mediar e o porquê de propiciar a aprendizagem mediada, o que, acreditamos, é um conhecimento construído no fazer pedagógico e na reflexão sobre esse fazer, apoiada em construtos teóricos.

Assim, pensar a formação de professores no que tange à mediação requer possibilitar a compreensão de *o que é a mediação*, mas também, e em igual medida, a compreensão de *o que está envolvido no ato de mediar*, o que demanda conhecimentos sobre os demais aspectos envolvidos no processo educativo. Além disso, se tendemos a reproduzir a nossa formação ambiental, formar professores mediadores requer, ainda, possibilitar aos alunos dos cursos de docência a vivência de experiências de ensino mediado.

Para direcionar nossa conversa, elencamos alguns pontos para reflexão:

- O que é mediação?
- Que ações constituem a mediação?
- O conceito de mediação se altera diante das propostas mais inovadoras de educação?

Para discutir esses pontos, trouxemos alguns exemplos de nossa prática docente com graduandos,[1] sobre os quais convidamos o leitor a refletir conosco.

A MEDIAÇÃO EM CONTEXTOS SOCIAIS DIVERSOS E NO CAMPO PEDAGÓGICO

As palavras *mediação* e *mediador* aparecem em diferentes contextos, geralmente, com o sentido de moderação e moderador, respectivamente. No contexto jurídico, a mediação é usada para designar conciliação, resolução de conflitos. Em um debate, para designar coordenação dos momentos de fala dos participantes, para promover a dinâmica da discussão de modo democrático e, em alguns casos, para realizar um fechamento da discussão. Podemos notar que em ambos os casos a mediação envolve *atividade* de quem medeia. O mediador, nestes casos, está *entre* as partes envolvidas, não apenas geograficamente, mas no sentido de promover avanços na

---

[1] Curso de Letras do Instituto Singularidades, de São Paulo (SP).

situação inicial. De acordo com Chiovatto (2012), *estar entre* "[...] não é permanecer inerte, impermeável, ou seja, ser apenas 'ponte' que interliga extremos, mas é interagir com as demandas dos extremos e outras tantas, construindo um todo significativo". Os contextos descritos e a afirmação de Chiovatto já nos indicam o caráter dinâmico e ativo da mediação.

No contexto pedagógico, a mediação vincula-se, também, a aspectos relacionados ao ensinar e ao aprender, uma vez que ensino e aprendizagem encabeçam o processo educativo. De acordo com a abordagem sócio-histórico-cultural, ensinar e aprender são processos interativos, nos quais quem ensina também aprende.

> Pode-se dizer que há uma ebulição do encontro entre o ato de ensinar e o ato de aprender e o que decorre dessa junção é mais do que uma relação profissional, mais do que uma simples oferta do "produto", o conhecimento, resumidamente em: "eu ensino e você aprende". Há uma interação entre tais ações ao considerar que quem ensina também aprende algo, seja refazendo sua prática ou refletindo sobre ela, seja pelas relações construídas com seus alunos. O formador não encerra seu trabalho ileso de suas próprias ações, sua prática é tomada de vivências, de experiências, de saberes que o constituem cultural e socialmente. (GOULART, 2010, p. 27).

Entendemos que esta é uma visão de educação que valoriza todos os envolvidos no processo e os reconhece como agentes de mútua transformação. Para Goulart (2010), a circunstância que envolve professor e aluno não é uma relação fria entre um sujeito agente que tem um produto a oferecer e um ser paciente, receptor, para o qual será feita a transferência de conhecimentos/conceitos. Ela enfatiza a importância de conhecermos a diferença entre a tarefa de ensinar (imposta socialmente) e a relação de ensino (constituída das relações pessoais entre os envolvidos no processo), e analisa entraves à aprendizagem quando a relação de ensino é desconsiderada.

Goulart (2010) também discute os efeitos do descompasso entre o que o professor (e acrescentamos, aqui, a instituição escola) deseja ensinar e o que o aluno deseja aprender. Concordamos com ela, ao afirmar que a motivação para aprender está relacionada àquilo que seja significativo para o aprendiz. Para a pesquisadora, problemas de aprendizagem podem se justificar por uma recusa do aluno em aprender o que não faz sentido para ele e não apenas pela escolha metodológica realizada pela escola, embora esta também seja muito importante.

O descompasso a que a autora se refere, do nosso ponto de vista, vai se intensificando com o avanço dos segmentos educacionais, a partir da educação infantil. Se, nas primeiras experiências educacionais institucionalizadas, a criança realiza algumas escolhas (do que fazer, de como fazer, com quem fazer, etc.), nos segmentos posteriores, tais possibilidades de escolha vão se reduzindo, talvez, por leituras rígidas de leis e programas educacionais ou por foco excessivo em avaliações do ensino voltadas para aspectos cognitivos e em vestibulares. Na outra extremidade da escolarização, a formação docente tende a reproduzir esses valores, desenvolvendo cursos, muitas vezes, focados quase exclusivamente em conteúdos, nem sempre condizentes com as reais necessidades dos alunos (futuros professores) e/ou de seus futuros alunos e desconsiderando os diferentes tempos de aprendizagem de cada um.[2] Além disso, em algumas situações, o foco no ensino é tão forte que obscurece a relevância do estudo da aprendizagem pelo futuro docente.

Quando tratamos de escolhas dos alunos, não estamos nos referindo à ausência de um projeto que norteie o fazer escolar. Ao contrário, pensamos em um projeto pedagógico que preveja a participação do aluno nas decisões escolares, na escolha de conteúdos e temas de estudo como um dos aspectos da construção mediada da sua autonomia. De modo geral, as instituições de ensino que optam por essa organização já descobriram como garantir as habilidades, competências e direitos de aprendizagem[3] que podem e precisam ser desenvolvidos em cada período da vida escolar, para os quais os conteúdos e recursos materiais e/ou tecnológicos são meios para o desenvolvimento, e não fins em si mesmos. Pensamos também em um projeto pedagógico que reconhece e valoriza a voz do aluno, sua cultura, seu mundo social, suas necessidades e seus interesses.[4]

Dessa perspectiva, ser mediador requer conhecer o que está envolvido nos processos de ensino e de aprendizagem além dos aspectos didáticos. Requer reconhecer um sujeito por inteiro, e não apenas sob a faceta de aluno.

Até aqui, discutimos a mediação sob a ótica dos aspectos interpessoais e da relação direta entre professor e aluno. De igual importância é a discussão da mediação no que tange à ação didática. A discussão sobre este aspecto da mediação, de modo geral, está relacionada às ações do professor no processo de ensino e nos possibilita a identificação do seu papel enquanto mediador.

QUAIS AÇÕES ESTÃO ENVOLVIDAS NA MEDIAÇÃO?

Vigotski (2000, p. 341) apresenta uma situação de mediação pelo professor: "[...] ao trabalhar o tema com o aluno, o professor explicou, comunicou conhecimentos, fez perguntas, corrigiu, levou a própria criança a explicar". As ações descritas revelam a dinamicidade do professor, que ultrapassa a mera exposição. Explicar é mais que expor.

---

2 Retomaremos este tópico adiante, sob o enfoque do ensino personalizado.

3 Direitos de aprendizagem se referem à concepção de aprendizagem como um direito humano. Cada área de conhecimento e seus respectivos componentes curriculares definem seus direitos de aprendizagem.

4 Experiências como as da Escola da Ponte (Portugal), EMEF Desembargador Amorim Lima, Projeto Âncora, Projeto Gente, EMEF Presidente Campos Salles (Brasil), entre outras, têm demonstrado que é possível garantir o currículo oficial por meios e abordagens que fogem às organizações escolares como as conhecemos e têm inspirado adaptações para o ensino superior.

Envolve recursos diversos para aproximar o aluno da compreensão do objeto de estudo. Ao comunicar conhecimentos, o professor favorece a aproximação do aluno àquilo que foi historicamente construído pela humanidade em relação ao objeto de estudo. Fazer perguntas possibilita retomar a compreensão do aluno para um ajuste de ações que favoreçam sua compreensão. As ações do professor na situação analisada revelam o reconhecimento do aluno como um sujeito também ativo na construção do conhecimento. Responder perguntas e explicar o que aprendeu são formas de o aluno tomar consciência[5] do processo realizado e não apenas de mostrar o que ou quanto aprendeu.

Moran, Masetto e Behens (2000) citam ações relacionadas à mediação pedagógica, como dialogar, fazer perguntas orientadoras, orientar dificuldades técnicas ou de conhecimento caso o aluno não as encaminhe sozinho, desencadear e incentivar reflexões. Chama-nos a atenção, aqui, a menção ao *diálogo*, que se diferencia de fazer perguntas específicas sobre o objeto em estudo ou referentes ao processo de investigação de um objeto, já que esse tipo de pergunta está indicado em seguida. Entendemos o diálogo no sentido de dar voz ao aluno, como mencionado anteriormente.

A título de ilustração, descrevemos uma situação ocorrida com alunos de graduação. Propusemos a discussão de uma situação-problema em um fórum *on-line*, com prazo de oito dias para participação. Dos alunos inscritos na disciplina, 83,33% participaram do fórum. Porém, destes, apenas 20% o fizeram antes das últimas horas de vigência do fórum, possibilitando a interação com a professora, já que não houve interação entre eles. Os outros 80% participaram nas duas últimas horas do fórum. Destes, 60% abriram tópicos novos e não interagiram com os demais e 20% usaram o recurso *Responder*, mas suas postagens não dialogavam com aquelas que haviam "respondido". Os dados nos revelaram a ineficiência da atividade proposta, que previa uma discussão, com interação, réplica, tréplica, etc.

Ao questionarmos os alunos sobre a participação tardia, aqueles que participaram se mostraram muito surpresos com o questionamento, pois, afinal, a maioria havia "cumprido a tarefa". Estava registrada a participação de 83,33% da turma. Não compreendiam por que questionávamos a participação nas duas últimas horas, se ainda estava dentro do prazo. Não compreendiam por que questionávamos a ausência da interação, se, afinal, tinham manifestado sua opinião sobre a situação proposta. E não compreendiam por que tinham que participar de um fórum além do horário de permanência na instituição, se, afinal, optaram por um curso presencial.[6]

Ouvir os alunos e querer conhecer o que eles tinham a contar sobre a realização da atividade e, sobretudo, suas estranhezas aos nossos questionamentos nos fez perceber que a mudança de uma cultura escolar na era digital não passa apenas pela transforma-

---

5 Consciência, no sentido *vigotskyano*, diz respeito à capacidade humana de refazer o processo mental e intencionalmente.

6 Na ocasião, começávamos a dar mais ênfase às experiências de sala de aula invertida e a impulsionar um ensino híbrido de linguagens, de tecnologias e de espaços de aprendizagem.

ção do professor, mas de todos os envolvidos no processo de ensino e aprendizagem. O aluno adulto traz consigo um modelo de escola constituído, geralmente, a partir de experiências muito tradicionais e pouco flexíveis. Perceber o seu tempo de compreensão e mudança e ajudá-lo nesta mudança é fundamental para o sucesso de experiências didáticas alternativas ao ensino tradicional. As chamadas práticas inovadoras, se não compreendidas e partilhadas pelos alunos, correm o risco do aplicacionismo.

O diálogo, nesse caso, foi fundamental para uma revisão das ações do professor e nos mostrou a necessidade de atuar como mentor ou tutor diante das dificuldades técnicas conforme Moran, Masetto e Behens (2000) relativas às finalidades de cada ferramenta do ambiente virtual de aprendizagem e como mentor de conhecimentos relativos às especificidades do fórum, como ferramenta de interação a distância e gênero textual argumentativo. Ouvir os alunos possibilitou, também, perceber que eles ainda não haviam se apropriado da ideia de que a aula continua em locais externos à instituição de ensino, como uma extensão da sala de aula (MORAN, 2014), assim como não haviam percebido a diferença entre uma ferramenta de *envio de tarefa* e um *fórum de discussão*, que demanda interação.[7]

Retomando as ações citadas por Moran, Masetto e Behens (2000), a especificação "perguntas orientadoras" parece-nos contribuir para a compreensão do sentido da ação de perguntar, no contexto da mediação. Não se trata de perguntar apenas para verificar se o aluno aprendeu ou se leu o material disponibilizado, mas para *levar a pensar* e refletir sobre o objeto de estudo, sobre a ação exigida no estudo do objeto e para retomar conhecimentos construídos anteriormente, com o intuito de contribuir para que o próprio aluno, consciente de seus conhecimentos e descobertas, solucione um problema ou atinja um objetivo.

A orientação para aquilo que o aluno não encaminha sozinho, citada pelos autores, nos coloca diante dos conceitos *vygotskyanos* de zona de desenvolvimento real (ZDR) e zona de desenvolvimento proximal (ZDP), os quais indicam, respectivamente, aquilo que o sujeito é capaz de realizar autonomamente e aquilo que ele é capaz de realizar em grupo ou em dupla, a partir da troca com o outro e/ou da sua orientação, seja esse outro o professor, um dos pais ou um colega. No âmbito da escola, o professor, como par mais competente do aluno, tem importante papel na função de orientar,[8] tutoriar. Conforme discutiu Moran no texto de abertura da Parte I, sozinhos vamos até um ponto aquém de onde podemos ir em colaboração com outros. Mesclar atividades individuais e em parceria é essencial ao aprendizado.

---

[7] Bruno e Pesce (2012) afirmam que, hoje em dia, a competência didática inclui o letramento digital e, no âmbito dessa competência, letramento digital não se restringe aos usos pessoais que o professor faça das tecnologias digitais de informação e comunicação (TDIC), mas abarca o uso pedagógico delas como estratégias metodológicas de ensino e aprendizagem.

[8] Salientamos que a orientação pelo professor difere-se da instrução ou da exposição. Por orientação, entendemos as informações, questionamentos, indicações que funcionam como andaimes para que o sujeito (no caso, o aluno) tenha condições de atingir ou de se aproximar de determinada meta.

Por fim, a referência de Moran, Masetto e Behrens (2000) à reflexão coaduna-se com uma educação voltada para o desenvolvimento do pensamento crítico e para o ensinar a aprender e o aprender a ensinar. Estes são fundamentais em culturas plurais e em um mundo em constante e veloz transformação.

Chiovatto (2012) traz importante contribuição à reflexão sobre uma preocupação que aflige professores e alunos de docência: o desafio de desenvolver competências com os alunos e, simultaneamente, contemplar conteúdos programáticos. Para a educadora, cada conteúdo convoca conhecimentos e competências específicos, ao mesmo tempo em que possibilita o desenvolvimento de outros. Cabe ao professor mediador estabelecer a relação entre eles e entre eles e as demandas dos alunos e da sociedade. Segundo ela, o professor mediador é responsável por auxiliar os alunos no processo de significação dos conteúdos, muitas vezes estandardizados nos programas, mas dinâmicos na realidade. Assim, ela conclui que não há uma receita para o ensino mediado, pois, a partir de uma mesma base de conteúdos, cabe ao professor desenvolver uma prática de ensino que favoreça o perfil da turma e seus interesses e ritmos de aprendizagem. Esses interesses podem se modificar no decorrer de um estudo.

No contexto da educação artística, Chiovatto (2012) apresenta reflexões que guiaram o serviço de monitoria do Núcleo Educação da XXIV Bienal de São Paulo, responsável por potencializar as possibilidades educativas da mostra. Na ocasião, a preparação da monitoria procurou conferir um caráter de mediação entre o visitante e o momento de contato com o objeto artístico. Segundo a autora, grupos escolares geralmente apresentam-se ao evento com interesses definidos (muitas vezes, pela escola). Porém, no contato com o objeto artístico, podem surgir interesses dos próprios alunos, não previstos inicialmente. Para a pesquisadora, cabe ao mediador saber incluí-los no monitoramento da visita, cuidando para que a preparação prévia da monitoria não se transforme em uma avalanche de informações determinadas previamente, que vão, gradativamente, se distanciando dos interesses imediatos do grupo e/ou das suas possibilidades de compreensão e de interação com o objeto artístico.

A situação apresentada reforça a inexistência de uma fórmula predefinida para a mediação, ao mesmo tempo em que sinaliza a importância de o mediador refletir sobre sua ação durante o próprio fazer pedagógico. Valoriza a consideração de diferentes espaços de construção do conhecimento, além da escola (p. ex., museus, exposições, teatro, mostras culturais, cinema, mercados, bairro, comunidade, cidade), tomando o conhecimento como um construto social mais amplo, que extrapola os muros da escola, mas que pode ganhar continuidade dentro dela.[9]

---

9 Os estudos sobre o ensino híbrido têm evidenciado as possibilidades de integração de espaços físicos e virtuais na educação escolar. A esse respeito, ver *Ensino híbrido:* personalização e tecnologia na educação. Porto Alegre: Penso, 2015.

A situação desperta o nosso olhar, ainda, para a relevância do conhecimento sobre o grupo com o qual desenvolvemos a prática pedagógica, considerando suas particularidades, seus modos de aprender e seus tempos de aprendizado.

Nesse início de século, estudos sobre a necessidade de uma transformação da escola[10] e, consequentemente, das práticas e recursos de ensino ganharam força no cenário educacional. Neste "novo" contexto, personalização e uso de tecnologias digitais vêm se destacando em estudos e "modelos" de ensino. O reconhecimento de que aprendemos de formas diversas e em ritmos distintos, assim como de nossos diferentes conhecimentos prévios, competências, interesses e limitações abre caminho para a discussão sobre a importância do que hoje é conhecido como ensino personalizado ou personalização do ensino. É o reconhecimento dessas peculiaridades individuais que possibilita à escola o planejamento de ações que aproximem o aluno do seu objeto de estudo. Ciente das individualidades dos aprendizes, a escola compreende a importância de o aluno escolher sobre o que estudar, como estudar e com quem estudar, aspectos que configuram o seu plano individual de aprendizagem. A afirmação de Lima e Moura (2015, p. 91) resume de forma bastante clara a essência da personalização do ensino: "Não cabe mais ensinar a todos os alunos como se estivéssemos ensinando a um só".

Por extensão, entendemos que também não cabe mais avaliar a todos os alunos como se fossem um só. Nesse sentido, experimentamos personalizar a avaliação de nossos alunos de graduação e observamos seu maior envolvimento no preparo pessoal, em relação a avaliações tradicionais anteriores. Verificamos, também, certa satisfação pela possibilidade de definir, entre algumas opções, o produto pelo qual cada um se sentia mais confortável em apresentar os conhecimentos construídos.[11]

Ao realizarmos o *feedback* individual com os alunos, o relato de uma aluna sobre os benefícios de poder escolher o instrumento pelo qual seria avaliada nos foi muito importante para avaliação da nossa prática. Segundo a aluna, ao estudar para uma prova tradicional, ela o fazia de maneira difusa, sem saber exatamente o que seria cobrado dela, enquanto, ao planejar um texto expositivo, precisou definir um enfoque, analisar aspectos envolvidos, estudá-los, relacioná-los a outros aspectos estudados na mesma disciplina e em outras. Com isso, ampliou seus conhecimentos e visualizou as relações entre as áreas do curso (interdisciplinaridade), nem sempre percebidas nas aulas, apesar do apontamento dos professores. Segundo ela,

---

[10] Para saber mais sobre propostas didáticas inovadoras e escolas que ressignificaram seus currículos e espaços, leia *A volta ao mundo em treze escolas*. Disponível em: https://goo.gl/HXJFT5.

[11] Ao propormos a personalização da avaliação aos alunos, disponibilizamos previamente uma autoavaliação que mobilizava sua participação e seu acompanhamento das atividades realizadas durante o curso, a fim de que os alunos se conscientizassem de suas condições para a escolha do instrumento e do momento mais adequado para a avaliação. Também orientamos a escolha do instrumento de avaliação, evidenciando a necessidade de considerarem o tempo disponível para dedicação a cada instrumento oferecido. Por fim, solicitamos aos alunos que nos indicassem, dentro de um limite que as questões administrativas nos impunham, o momento em que se sentissem preparados para a avaliação semestral.

precisou ainda exercitar a escrita clara e objetiva, incorporando os procedimentos de planejamento e revisão do texto, em colaboração com a professora, nas duas ou três versões enviadas.

A aluna acreditava ter aprendido mais ao estudar para elaborar um produto de sua autoria do que para realizar uma prova tradicional, pois seu aprendizado ia além do conteúdo, atingindo procedimentos de escrita. Ainda assim, manifestou desejo de realizar a prova tradicional, já que havia também esta opção, apenas para verificar sua hipótese. Para sua surpresa, apresentou ótimo desempenho na prova (diferentemente de semestres anteriores). Questionada sobre como entendia o fato de ter se debruçado sobre a elaboração de um texto expositivo e de ter desempenhado muito bem em uma prova tradicional para qual, segundo ela, "não havia estudado", visualizou a contribuição do processo de escrita do texto expositivo para a realização da prova, reconhecendo a tarefa como uma forma de estudo e um exercício de textualização.

Sobre a expressão por escrito, a aluna mencionou, ainda, as vantagens de escrever um texto de sua autoria. Segundo ela, há mais tempo disponível para a produção do texto do que para a realização de uma prova tradicional, já que boa parte dele é produzida em casa e há possibilidade de revisões mais cuidadosas e gradativas, a partir dos comentários da professora em versões preliminares. Isso não acontece em uma situação de prova, na qual, muitas vezes, a dificuldade em se expressar por escrito mascara o conhecimento construído.

Independentemente dos instrumentos de avaliação disponibilizados para os alunos, o que vemos aqui é a possibilidade de o aluno se avaliar previamente para realizar a escolha mais apropriada às suas condições em um dado momento. Além disso, para o aluno adulto e trabalhador, a personalização da avaliação envolve o relevante aspecto da gestão do tempo, tanto do tempo disponível para a dedicação à produção em casa, em horário extraescolar, para quem escolheu a produção de um texto, quanto o tempo para realização de uma prova tradicional, com horário definido para início e fim.

Se observarmos contextos sociais mais amplos, veremos que nós já vivenciamos a personalização há algum tempo, graças às tecnologias de cada época e às mudanças nos modos de nos relacionarmos com o mundo propiciadas por estas tecnologias. Segundo Canclini (1997):

A história da arte e da literatura formou-se com base nas coleções que os museus e as bibliotecas alojavam quando eram edifícios para guardar, exibir e consultar coleções. Hoje os museus de arte expõem Rembrandt e Bacon em uma sala; na seguinte, objetos populares e desenho industrial; mais adiante, ambientações, *performances*, instalações e arte corporal de artistas que já não acreditam nas obras e se recusam a produzir objetos colecionáveis. As bibliotecas públicas continuam existindo de um modo mais tradicional, mas qualquer intelectual ou estudante trabalha muito mais em sua biblioteca privada, em que os livros se misturam com revistas, recortes de jornais, informações fragmentárias que passarão a todo momento de uma estante a outra, que o uso obriga a dispersar em várias mesas no chão.

Com estes exemplos, o autor discute a descoleção e a recoleção que fazemos a partir do que as tecnologias de cada época nos possibilitam. Desconstruímos coleções organizadas por uma sociedade para fazermos outras novas e híbridas, de acordo com critérios próprios (recoleções). O autor relaciona algumas delas às tecnologias da época, como encadernações de textos diversos produzidas com máquinas fotocopiadoras. Tais encadernações se distanciam das classificações das livrarias, pois não seguem a lógica da produção intelectual, mas a do uso: preparar-se para um exame, seguir o pensamento de um professor. Ele também menciona a possibilidade das coleções pessoais de filmes, documentários, séries, animações ou telenovelas, iniciadas pelos videocassetes.

Nos dias atuais e com as tecnologias de que dispomos, podemos pensar em escolher os filmes ou canais que queremos assistir na TV, a partir de uma lista, da qual podemos ainda selecionar e separar os favoritos dos demais, sem a necessidade de salvá-los em uma mídia física, palpável, como as fitas VHS ou, posteriormente, DVDs, *pen drives*, etc. Podemos criar as nossas *playlists* e programar nossa própria sequência musical, sem intermediação de uma emissora de rádio ou de uma gravadora que nos vende um CD com 18 ou 20 músicas, das quais apenas cinco ou seis nos interessam. Podemos pensar nos vídeos e fotografias que não só podemos colecionar, mas também produzir, editar, publicar e ainda obter (ou não) comentários e colaboração de outras pessoas, ainda que geograficamente distantes. Podemos pensar nos serviços de que queremos dispor via dispositivos tecnológicos móveis (chamar táxis, conversar com alguém distante sem chamada telefônica, pedir comida, pagar contas, verificar a previsão do tempo, ler jornais, conhecer um itinerário ou saber como está o trânsito em determinado local e em tempo real). Podemos pensar em selecionar e coletar dados, em um universo de informações, para cada pesquisa (bibliográfica, de preços, de opinião, etc.) realizada.

Como vemos, na vida em sociedade, escolhemos caminhos que nos são acessíveis ou com os quais nos identificamos para resolver questões práticas, cotidianas e do nosso interesse. Colaboramos e recebemos a colaboração de outras pessoas para a melhoria ou ampliação do conforto de serviços que utilizamos ou de tarefas que desempenhamos. Podemos fazê-lo também para resolver questões que envolvem o aprendizado escolar.

Outro aspecto relevante da personalização do ensino e que envolve uma mudança de postura do professor está ligado ao fato de que, no ensino personalizado, a exposição pelo professor ocorre menos frequentemente, pois outras formas de aprender ganham espaço, como os projetos, as experimentações, as pesquisas, as assembleias, os debates e as produções diversas. É função do professor mediador orientar o aluno em suas escolhas, ajudando-o a aproximar-se de seus objetivos e interesses, a reconhecer suas capacidades existentes e as que deverão ser desenvolvidas, a identificar os recursos materiais e humanos necessários à concretização dos seus objetivos e a alinhar seus interesses e objetivos a outros semelhantes no grupo, suscitando o trabalho colaborativo. Também é função do professor mediador ajudar o aluno a gerir o tempo e o espaço de trabalho, conforme seus objetivos e condições para atingi-los. Nesse sentido, ao ajudar o aluno a se conhecer e a identificar o que precisa desenvolver para atingir seus objetivos, o professor atua como um *coach*.[12]

Para Lima e Moura (2015), no contexto do ensino personalizado, cabe ao mediador utilizar-se do máximo de ferramentas disponíveis para que seus alunos identifiquem aquela(s) com a(s) qual(is) aprendem melhor e de forma mais completa (vídeo, áudio, leitura, resolução de problemas). Segundo os autores, "quando o professor usa um texto e a mesma sequência de exercícios para todos os estudantes, ele exclui essas possibilidades e impõe um único caminho para construir o conhecimento" (LIMA; MOURA, 2015, p. 98). A afirmação nos permite entender que a personalização do ensino demanda uma escola mais flexível quanto aos espaços e os modos de construção do conhecimento, quanto às trocas dentro do grupo e com a comunidade, quanto aos recursos (tecnológicos ou não) utilizados no aprendizado. O professor mediador, ao implementar o ensino personalizado, atua também como curador de caminhos para o aprendizado de cada aluno e como orientador do caminho mais apropriado às suas condições naquele momento.

Uma das formas de propiciar a experimentação de diferentes caminhos de aprendizagem, que impactam tanto as ações do professor quanto as dos alunos, é o modelo de rotação por estações, conforme explica Lilian Bacich, na Abertura deste livro. Nesse modelo, diferentes atividades com recursos, metodologias e objetivos distintos são propostas em diversas estações de trabalho, nas quais os alunos se revezam em diferentes grupos, construindo percursos distintos de aprendizagem colaborativa. O professor orienta os grupos de acordo com suas necessidades imediatas, que, geralmente, são específicas de cada configuração grupal.

Em uma turma do curso de letras, uma das experiências de atividades desenvolvidas com a rotação por estações consistia em:

a. Propiciar a apropriação das ideias estudadas por Coscarelli (2009) sobre texto e hipertexto e o que o hipertexto traz de novo ao texto.

b. Analisar livros didáticos publicados após 2008 no que tange à presença de hipertextos e às contribuições ao letramento digital, pesquisadas por Coscarelli em livros publicados até 2008, observando as mudanças ocorridas após a pesquisa da autora.

---

12 *Coaching*: processo de transformação e aperfeiçoamento para que uma pessoa ou um grupo desenvolva capacidades variadas que viabilizem atingir um objetivo. O processo acontece a curto prazo. O termo é emprestado do campo empresarial.

c. Analisar um portal de coleção didática de língua portuguesa, observando os tipos de *links* que o constituem, o navegador presumido pelo portal e as linguagens que constituem o hipertexto.

Cada aluno iniciou a rotação pela estação que mais lhe interessou e, após o prazo definido previamente, trocou não só de estação, mas também de grupo, formando uma nova composição grupal.[13] Acompanhamos cada estação nos três tempos previstos, observando as análises dos alunos, esclarecendo dúvidas práticas e instigando a reflexão sobre aspectos não observados ou implícitos que surgiram no decorrer da realização das tarefas e de acordo com as análises de cada grupo.

Ao final da atividade, nos reunimos novamente em um grande grupo para discutir não só o conteúdo estudado e as conclusões de cada grupo, mas também a própria dinâmica da atividade, em um exercício de reflexão sobre a metodologia usada na aula. Para esta segunda parte da reflexão, questionamos os alunos sobre como a rotação por estações fazia diferença em relação à possibilidade de realizarem as mesmas atividades sequencialmente, sem passarem por estações. Os alunos destacaram a gestão do tempo, o foco em uma única atividade de cada vez e as trocas estabelecidas dentro do grupo, que a cada estação tinha uma configuração distinta. Segundo os alunos, o fato de alguns terem passado por estações pelas quais outros alunos ainda não haviam passado favorecia a troca de conhecimentos construídos, caracterizando uma colaboração mais intensa entre eles, uma vez que dispunham de conhecimentos distintos, mas que se complementavam para a realização da atividade.

Observamos também que a última rodada foi a que menos demandou nossa presença e intervenção, pois todos os membros de todos os grupos já haviam passado pelas demais estações e pareciam ter mais autonomia para a realização da atividade vigente nesta rodada. Aliás, a última rodada foi concluída em menor tempo por todos os grupos.[14] Embora todos tenham passado pelas mesmas estações, o fizeram por percursos distintos, possibilitando-nos (e a eles mesmos) identificar em quais tipos de atividade demandam mais o professor, em quais se mostram mais autônomos e como a diversidade de caminhos impacta a aprendizagem.

Retomamos, aqui, a ideia de que quem ensina também aprende, pois a personalização do ensino impõe, tanto ao professor quanto ao aluno, a desconstrução de papéis ainda muito cristalizados dentro da escola e a construção de novos papéis, nos quais o aluno ocupa o lugar central. Para o professor, certamente, esse é um aprendizado processual, que demanda tempo e reflexão constante sobre a

---

13 Embora a mudança de um grupo para outro na troca de estação não seja uma prerrogativa do modelo de rotação por estações, temos experimentado esse movimento no curso de letras e percebido vantagens em relação à rotação de um grupo fixo pelas estações.

14 A redução do tempo na última rodada também foi observada em uma experiência de formação de professores de educação de jovens e adultos (EJA), no interior do Rio de Janeiro.

prática docente e sobre as transformações pelas quais a escola e a aula devem passar, mas que só podem se concretizar se forem iniciadas, ainda que com tropeços. Uma última experiência exemplifica o que acabamos de afirmar. Nessa experiência, tivemos a oportunidade de, a partir do olhar do outro, avaliar como estamos lidando com a descentralização da aula no professor. A observação da nossa aula pelo coordenador possibilitou visualizar aspectos que necessitam ser revistos e que sozinhos não teríamos condições de perceber, ou que perceberíamos em longo prazo. A aula consistiu em três momentos: um primeiro em que problematizamos aspectos relacionados aos textos lidos previamente pelos alunos (um texto impresso e um vídeo que discutiam a tecnologia para além da técnica e as possibilidades da internet, respectivamente); um segundo momento, de análise de *sites* e aplicativos que reúnem grupos de pessoas com um mesmo interesse;[15] e um terceiro momento de apresentação da análise, com nova problematização e elaboração coletiva de conclusão sobre as possibilidades da internet, retomando, assim, o tema geral dos textos propostos para leitura prévia.

O *feedback* do coordenador apontou aspectos positivos da aula, como a retomada da aula anterior e a relação progressiva com a aula vigente; a boa problematização de aspectos dos textos, indo além do simples relato do que foi lido; a garantia da sala de aula invertida e a proposição de atividades desafiadoras para os alunos trabalharem em duplas.

Sua análise não menciona a exposição exagerada de conteúdos da nossa parte. Entretanto, aponta uma atuação ainda muito centralizada no professor, mesmo com a proposição de perguntas e atividades instigadoras aos alunos. Segundo a análise, isso se revelou pelo fato de retomarmos as exposições orais dos alunos com muitas sínteses, limitando o tempo de exposição deles, sobretudo no primeiro momento da aula.

A observação nos serviu de alerta para o fato de que não ser expositivo em uma aula não garante, por si só, a descentralização do professor. Ainda que em uma postura problematizadora e instigante, dominamos o tempo de fala no primeiro momento de aula. Como mencionamos anteriormente, sair do lugar central da sala de aula é um aprendizado processual. A ideia de que cada um tem o seu tempo de aprendizado vale também para o professor, que pode ser amparado por ferramentas (como gravações de vídeo e áudio) e recursos (observação e análise por um parceiro) que permitam a reflexão sobre sua atuação em sala de aula e sobre as práticas nas quais acredita, mas que talvez nem sempre consiga efetivar plenamente. Nesse sentido, o observador externo, com sua análise, atua como o mediador da mediação (BRUNO; PESCE, 2012).

---

15 O roteiro previa a análise da interface do *site* ou aplicativo, dos conhecimentos exigidos do usuário, do grau de dificuldade para utilização dos serviços oferecidos e dos aspectos específicos da *web* e seus impactos nos modos de interação entre o usuário, o produto oferecido e quem oferece. O objetivo era evidenciar como as tecnologias impactam nas interações, nos relacionamentos cotidianos e no uso das linguagens para vislumbrar aspectos que precisam ser considerados na proposição de atividades mediadas por tecnologias na sala de aula ou como extensão da sala de aula.

CONSIDERAÇÕES FINAIS

Procuramos, neste capítulo, reunir ideias de diferentes pesquisadores docentes sobre a mediação no ensino e a aprendizagem mediada. Embora tenhamos partido da proposta de entender o que é a mediação, mais do que conceituá--la, interessou-nos discuti-la como uma postura aberta a ações que se renovam, conforme as transformações sociais que refletem novas maneiras de se comunicar, de interagir, de buscar informações e, logicamente, de ensinar e de aprender. Entendemos que novas maneiras de ser ressignificam e ampliam a ideia de *estar entre* o sujeito e o objeto de conhecimento. Ressignificam até mesmo a ideia de conhecimento. Informar-se, pesquisar, descobrir, comunicar, compartilhar ideias e construir conhecimento na era digital é muito diferente de realizar todas estas ações meio século atrás.

As mudanças, não só tecnológicas, mas também aquelas influenciadas pelas constantes renovações na tecnologia que ocorrem na sociedade, impõem a necessidade de transformação dos modelos cristalizados de escola e das formas tradicionais de ensinar, lançando novos desafios ao professor e à mediação realizada por ele. Assim, podemos dizer que a ideia de mediação permanece no modo beta (em constante construção). A cada dia, novas ações do professor podem integrar a mediação, conforme as mudanças sociais ocorridas, o que nos indica a inexistência de uma única forma de mediar e de uma fórmula para fazê-lo.

As ações e atuações apresentadas neste artigo (explicar, questionar, problematizar, orientar, comunicar conhecimentos, ouvir, dialogar, personalizar, atuar como *coach*, atuar como curador) nos levam a acreditar que a mediação ainda pode ser entendida como *estar entre* o sujeito e o objeto de conhecimento. Porém, esse *estar entre* se ressignifica diante das realidades contemporâneas e das práticas mais ativas de ensino e se amplia no que diz respeito às ações do mediador.

PARA SABER MAIS

Vídeo: O que a escola deveria aprender antes de ensinar?

Neste vídeo, a filósofa Viviane Mosé discute aspectos resistentes da educação tradicional que perpetuam nos dias de hoje e aponta questões para reflexão sobre a educação, o papel da escola e o do professor.

Disponível em: www.youtube.com/watch?v=EigUj_d5n80

Ebook: A volta ao mundo em 13 escolas

Este *ebook* gratuito mostra 13 escolas com propostas didáticas alternativas à educação tradicional, situadas em vários pontos do mundo. Nele, é possível conhecer diferentes concepções de estudante, de professor/tutor/mediador e de escola, subjacentes às propostas desenvolvidas. Uma leitura importante para a reflexão sobre os papéis do professor.

Disponível em: https://goo.gl/HXJFT5

REFERÊNCIAS

BRUNO, A. R.; PESCE, L. Mediação partilhada, dialogia digital e letramentos: contribuições para a docência na contemporaneidade. *Atos de pesquisa em educação*, v. 7, n.3, p. 683-706, set./dez. 2012.

CANCLINI, N. G. Culturas híbridas, poderes oblíquos. In: CANCLINI, N. G. *Culturas híbridas:* estratégias para entrar e sair da modernidade. São Paulo: EDUSP, 1997. Disponível em: < http://www.cdrom.ufrgs.br/garcia/garcia.pdf>. Acesso em: 05 maio 2017.

CHIOVATTO, M. O professor mediador. *Boletim Arte na Escola,* n. 24, 2012. Disponível em: <www.artenaescola.org.br>. Acesso em: 14 set. 2015.

COSCARELLI, C. V. Textos e hipertextos: procurando o equilíbrio. *Linguagem em (Dis) curso*, Palhoça, v. 9, n. 3, p.549-564, set./dez. 2009. Disponível em: <http://www.scielo.br/pdf/ld/v9n3/06.pdf>. Acesso em: 8 ago. 2016.

DINIZ-PEREIRA, J. E. A formação acadêmico-profissional: compartilhamento responsabilidades entre universidades e escolas. In: EGGERT, E. (Org). *Trajetórias e processos de ensinar e aprender:* didática e formação de professores. Porto Alegre: EDIPUCRS, 2008.

GOULART, I. do C. V. Entre o ensinar e o aprender: reflexões sobre as práticas de leitura e a atuação docente no processo de alfabetização. *Cadernos da Pedagogia*, São Carlos, v. 4, n. 8, p. 23-35, jul-dez. 2010.

LIMA, L. H. F. de; MOURA, F. R. de. O professor no ensino híbrido. In.: BACICH, L.; TANZI, A.; TREVISAN, F. de M. (Org.) *Ensino híbrido:* personalização e tecnologia na educação. Porto Alegre: Penso, 2015.

MORAN, J. M. Construindo novas narrativas significativas na vida e na educação. In: PORTO, A. P. T.; SILVA, D. A.; PORTO, L. T. (Org.). *Narrativas e mídias na escola*. Frederico Westphalen: URI, 2014. (Série Novos Olhares; v. 7).

MORAN, J. M.; MASETTO, M; BEHENS, M. A. *Novas tecnologias e mediação pedagógica.* Campinas: Papirus, 2000.

VIGOTSKI, L. S. *A construção do pensamento e da linguagem.* São Paulo: Martins Fontes, 2000.

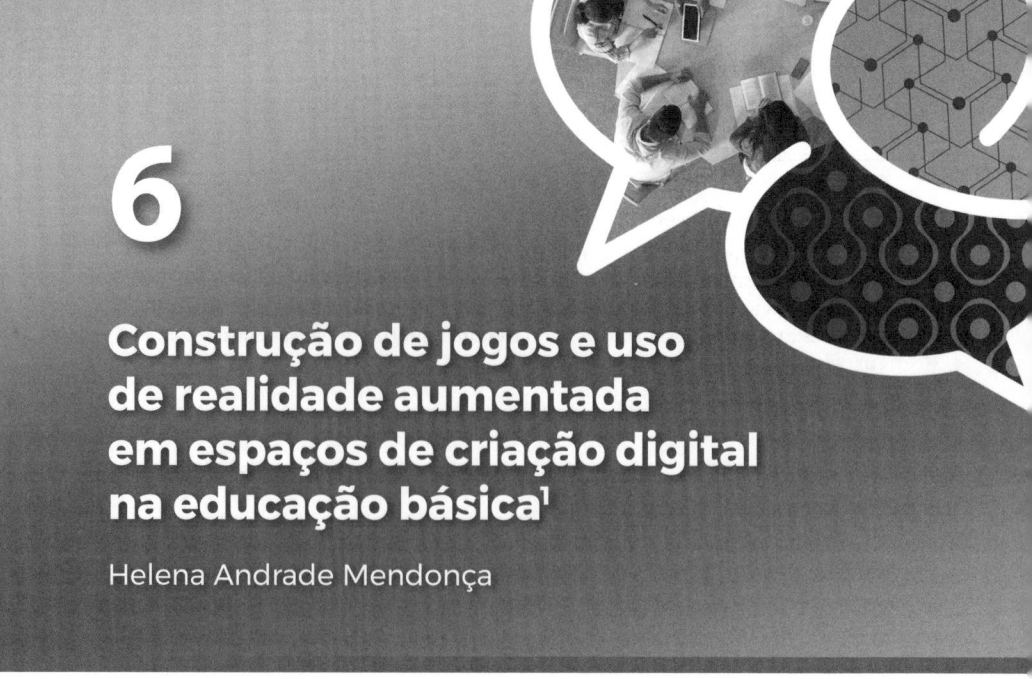

Construção de jogos e uso de realidade aumentada em espaços de criação digital na educação básica[1]

Helena Andrade Mendonça

A reflexão sobre o uso de tecnologias digitais em uma escola pode ocorrer de diversas formas: a partir das tecnologias como foco de estudo, como apoio a uma prática pedagógica e como recursos ubíquos da sociedade atual, que causam grande impacto nas relações sociais e profissionais, entre outros. Neste trabalho, as ações relatadas acontecem em espaços de criação digital abertos em uma escola de educação básica,[2] com foco no estudo sobre as tecnologias digitais e na exploração de suas possibilidades de uso. Um dos principais objetivos das atividades é a apropriação crítica e participativa dos recursos tecnológicos mobilizados (BUZATO, 2010). Esta análise tem como uma das referências as teorias dos novos e multiletramentos (KALANTZIS; COPE, 2009; MONTE MOR, 2013) e como material de investigação atividades de programação com o aplicativo *Scratch* e de criação de um jogo de caça ao tesouro com realidade aumentada, ambas realizadas com alunos do ensino fundamental.

As atividades apresentadas ocorreram de 2013 até 2016 em cursos extracurriculares, oferecidos aos alunos do ensino fundamental no contraturno das aulas. O projeto pedagógico da escola na qual a pesquisa ocorreu tem como base o cons-

---

1 Esta investigação foi realizada junto ao grupo de pesquisa de linguagem, sociedade e educação do Departamento de Letras Modernas (DLM) da Faculdade de Filosofia, Letras e Ciências Humanas da Universidade de São Paulo (FFLCH-USP) e é parte da dissertação de mestrado da autora, *Letramento digital e formação educacional na educação básica: investigação de práticas*.

2 Esta investigação ocorreu na Escola da Vila, em São Paulo (SP), que atua na educação básica desde 1980, fundada por professores que compartilhavam o desejo de trabalhar na vanguarda do pensamento sobre educação escolar no país. Para mais informações, acesse o *site* da escola: www.escoladavila.com.br.

trutivismo. A linha pedagógica da escola pode ser considerada um fator fundamental para se analisar a postura dos alunos em relação às atividades propostas e ao conhecimento mobilizado. A participação ativa dos alunos é uma das premissas do construtivismo, que considera que a construção de conhecimento é uma atividade mental intensa que possibilita a construção de significados individuais a partir de conteúdos sociais (COLL, 2006). A prática pedagógica, a partir dessa abordagem, requer a participação ativa do aluno e exige do professor uma ação a favor da criação de um ambiente propício para essa participação, levando em consideração os conhecimentos prévios dos alunos, para que a curiosidade e a vontade de saber estejam sempre presentes nos espaços de aprendizagem. Monte Mor (2013) afirma que os novos estudos sobre os letramentos reconhecem uma sociedade em transformação, que requer uma escola renovada na qual a formação crítica seja desenhada a favor do aprimoramento de uma cidadania ativa. Esses estudos também mostram que as sociedades digitais promovem a expansão de epistemologias, nas quais novas habilidades e capacidades são exigidas, considerando novas formas de participação social e profissional que delas emergem (CASTELLS, 1999). Kalantzis e Cope (2009) acrescentam que essa abordagem sugere uma pedagogia para uma cidadania ativa, centrada em aprendizes como agentes de seus próprios processos de conhecimento (*knowledge processes*), capazes de dar sua própria contribuição e de negociar as diferenças entre comunidades diversas.

Em 1996, o New London Group[3] formalizou um documento sobre a pedagogia dos multiletramentos, a partir de discussões realizadas desde o início dos anos 1990. Os autores afirmavam que a multiplicidade de canais de comunicação e o aumento da diversidade cultural e linguística no mundo de hoje solicitam uma visão mais ampla do conceito de letramento (do inglês *literacy*). Eles percebem, a partir das relações entre tecnologia digital, alfabetização e multiletramentos, que a linguagem não mais poderia ser reduzida a duas modalidades (escrita e oral), considerando-se que a tecnologia digital resgata – e, ao mesmo tempo, incrementa e desenvolve – outras modalidades já existentes que foram negligenciadas pela sociedade da escrita. Em função disso, passam a dar destaque às multimodalidades e, ao mesmo tempo, à necessidade de haver multiletramentos (pois o conceito de "alfabetização" como aprender a ler e escrever, concentrado nas modalidades oral e escrita, não mais daria conta da comunicação, da linguagem e do aprendizado destes, segundo os autores).

Kalantzis e Cope (2009) revisitam o manifesto publicado em 1994 em uma publicação em 2007 e fazem uma análise sobre como os letramentos podem atuar em prol da equidade e da igualdade. Os problemas sociais, cada vez mais comple-

---

3 Uma equipe de dez acadêmicos que se reuniu, em 1996, atenta às rápidas mudanças na alfabetização (*literacy*) devido à globalização, às tecnologias e ao aumento da diversidade social e cultural (THE NEW LONDON GROUP, 1996).

xos, requerem cidadãos críticos e conscientes de seu papel na sociedade. Ainda segundo os autores, essas mudanças têm sido articuladas por meio da ideologia do neoliberalismo, cujo mantra é "quanto menor a intervenção do estado, maior a liberdade para o cidadão". No entanto, na prática, esta não intervenção e a suposta liberdade reduzem a qualidade da educação, principalmente, para aqueles que têm acesso somente à escola pública. A proposta dos multiletramentos não visa a revisitar a educação em uma perspectiva neoliberal, preparando indivíduos para responder ao ideário desta sociedade. No entanto, esta proposta emerge de questões e percepções que também estão presentes nesta sociedade.

A seguir, descrevo a escola na qual a investigação ocorreu e relato as atividades propostas. Ao final, trarei algumas considerações que pretendem ampliar a reflexão sobre o tema das metodologias ativas na educação, a partir dessa experiência.

A ESCOLA E SEUS ESPAÇOS DE CRIAÇÃO DIGITAL

A escola em que foi desenvolvida a pesquisa tem como pilares os princípios da autonomia, da cooperação e do conhecimento. O primeiro princípio está diretamente ligado ao conceito de autonomia moral e intelectual. Para Piaget (1977 apud LA TAILLE, 1992, p. 49), "[...] toda moral consiste em um sistema de regras, e a essência de toda moralidade deve ser procurada no respeito que o indivíduo adquire por estas regras". Para o autor, o desenvolvimento da moral prevê três fases. A primeira é a anomia, normalmente observada em crianças até cinco anos. Nessa fase, as regras são seguidas pelo dever e pelo hábito, sem que a pessoa leve em conta as relações entre o bem e o mal. A segunda é a heteronomia, normalmente observada em crianças de até nove ou dez anos de idade: nessa fase, as regras são consideradas a autoridade, são impostas e não negociáveis, apesar de já haver uma percepção sobre o que é certo e errado. A terceira e última fase é conhecida como autonomia e nela o respeito às regras é entendido como acordo mútuo entre as partes. É possível definir novas regras e revê-las a partir da cooperação entre um grupo.

O conceito de cooperação, também segundo Piaget (1977 apud LA TAILLE, 1992), está ligado aos estágios do desenvolvimento do ser humano. O autor considera quatro períodos no processo evolutivo da espécie humana, que são caracterizados por aquilo que o indivíduo consegue fazer melhor no decorrer das diversas faixas etárias, ao longo do seu processo de desenvolvimento. São eles: sensório-motor, pré-operatório, operações concretas e operações formais. Segundo o autor, a cooperação só pode acontecer no estágio operatório e se define como a possibilidade de trabalho conjunto, de cooperar. La Taille (1992, p. 21) entende que "[...] o desenvolvimento cognitivo é condição necessária ao pleno exercício da cooperação, mas não condição suficiente, pois uma postura ética deverá completar o quadro".

O princípio do conhecimento está ligado à transitoriedade, às grandes e velozes mudanças da contemporaneidade; a escola não cria objetos de conhecimento próprios dela, mas transpõe, para a sala de aula, objetos de circulação social, construídos histórica e socialmente. As tecnologias digitais são um desafio para a construção de conhecimento na escola, não somente pelo conhecimento e apropriação das próprias ferramentas, mas também pelo impacto no registro, pesquisa e nos diversos procedimentos de estudo. Sua presença é fundamental, pois viabiliza práticas sociais atuais, que precisam ser tematizadas e experimentadas na escola. É importante, então, que as ações planejadas visando à formação do aluno para o uso do digital promovam a autonomia e a crítica e não atendam apenas os apelos comerciais do mercado.

Uma das vertentes de uso das tecnologias digitais na escola em que foi realizada a pesquisa são alguns dos cursos extracurriculares oferecidos ao ensino fundamental. Esses cursos pretendem complementar o currículo com atividades que vão desde a prática de esportes até as práticas culturais, como teatro, música e leitura, passando também por propostas com maior diálogo com o currículo, como as práticas de investigação científica e os desafios matemáticos. Há um leque amplo que se atualiza a cada semestre, em função dos interesses e das potencialidades de cada faixa etária.

Desde 2012 são oferecidos dois cursos extracurriculares, chamados *Programação e criação de jogos digitais* aos alunos de 4º e 5º ano do ensino fundamental (curso 1) e *Mídias digitais*, aos alunos do 6º ao 9º ano do ensino fundamental (curso 2). No início, os dois cursos tinham um grande foco na aprendizagem de programação de dados. Após o primeiro ano, percebeu-se, a partir de conversas com os próprios participantes, que as atividades planejadas junto aos alunos dos anos finais do ensino fundamental poderiam ser ampliadas, bem como as possibilidades de atuação dos alunos na escola. Assim, começaram a ser propostas atividades de manipulação de imagem, vídeo e áudio e modelagem de imagens em 3D, ainda com programação de dados. Desde o início, apesar de a escola ter alguns objetivos em vista, sempre houve uma grande abertura para o interesse dos alunos. Dessa forma, muitas vezes, as propostas eram alteradas a partir de ideias e sugestões dos jovens, que manifestavam interesse em algum tema relacionado ao curso.

Neste capítulo, relato uma atividade realizada com os alunos de 4º e 5º ano do ensino fundamental, no curso 1, e uma sequência de atividades planejada para o curso 2, oferecido aos alunos do 6º ao 9º ano, ambos com um encontro semanal de uma hora. As turmas não passam de 10 a 12 alunos, e uma das propostas dos cursos é abrir espaços de criação digital na escola, espaços nos quais os alunos possam ter um primeiro contato com programação, experimentar o uso de diversos recursos para edição e criação de animações, vídeo e áudio, desenvolvimento de jogos e aplicativos para celular e *tablet*, além de experimentar diferentes mundos virtuais. Em cada trimestre, são exploradas diversas tecnologias, a partir do conhecimento e experiência do grupo. O curso 1 se utiliza principalmente do *Scratch*[4] e promove um contato dos alunos com a programação de dados por meio da criação de jogos digitais. O curso 2 explora tecnologias mais variadas. Algumas das atividades já realizadas foram a criação de elementos com o uso de realidade aumentada, a construção em mundos de realidade virtual e programação em Lua[5] no servidor de *Minecraft*[6] da escola, a programação e a robótica por meio de placas como *Makey Makey*[7] e *Arduino*,[8] a manipulação de mídias e a criação de material 3D, sempre com foco no estudo sobre as tecnologias digitais, promovendo a apropriação destas e ampliando as possibilidades de trabalho com essas ferramentas.

Muitos alunos que frequentam o curso 2, de mídias digitais, participaram do curso 1 e, portanto, chegam com noções básicas de programação, adquiridas com o uso do *Scratch*. Essa linguagem oferece uma interface bastante acessível a qualquer pessoa que tenha ou não conhecimentos prévios em programação. A sequência de instruções dadas a um objeto ou personagem (ator) é organizada a partir do encaixe de blocos. É possível organizar vários objetos em um cenário e atribuir ações a cada um deles. O programa oferece também a possibilidade de criação de variáveis, conceito importante na aprendizagem de uma linguagem de programação. Dessa forma, é possível criar histórias, animações e peças digitais com ou sem a interação do usuário. Os alunos desses cursos passam a fazer parte de uma comunidade de crianças e jovens que programam e compartilham suas criações, histórias, jogos e simulações. Para isso, eles utilizam o *site* da comunidade para criar, compartilhar, remixar e aprender a programar a partir da metodologia proposta pela equipe de Michael Resnick do Massachussets Institute of Technology (MIT).[9] Com frequência, são organizados, na escola, momentos nos quais os alunos apresentam suas criações aos colegas de classe ou aos colegas de outras séries, conduzem oficinas e atuam como monitores. É importante ressaltar que, apesar de as aulas acontecerem

---

4 *Scratch* é uma linguagem de programação criada pelo MIT Media Lab. Sua comunidade pode ser acessada em https://scratch.mit.edu.

5 A linguagem de programação Lua foi usada em um complemento ao jogo *Minecraft*. Com o uso dela, os alunos podem programar ações em blocos para construção ou mineração. Para mais informações, acesse: www.lua.org.

6 *Minecraft* é um jogo popular entre os jovens, que oferece um "mundo" de realidade virtual com blocos que permitem a construção de casas, prédios, a criação de materiais diversos e a interação entre jogadores em um *chat*. Para mais informações, *site* do jogo: https://minecraft.net/pt-br.

7 *Makey Makey* são placas com componentes eletrônicos que estendem a capacidade de computadores. Oferecem outras possibilidades de entrada e saída de dados para a construção de instalações diversas de computação física. Para mais informações, acesse: www.makeymakey.com.

8 Arduino é uma placa que pode ser conectada em um computador para a extensão de seus controles. É possível acionar um mecanismo externo a partir de programação junto a esta placa. O contrário também é possível: a placa pode captar dados através de sensores e acionar algo no computador. Para mais informações, acesse: www.arduino.cc.

9 Para mais informações, acesse: http://scratch.mit.edu.

em grupos menores e no contraturno, a escola habitualmente abre espaços de troca para que os alunos compartilhem seus aprendizados. São momentos muito importantes de organização do conhecimento e apresentação dos projetos realizados. Considera-se importante a preparação do aluno para esta apresentação e a situação em si de contar sobre o seu trabalho e falar sobre o conhecimento construído a partir de determinadas propostas, já que esta é, também, mais uma situação potente de aprendizagem.

Os cursos contam com ambientes virtuais de apoio que organizam as produções dos alunos antigos e atuais, além de materiais diversos. Nesse espaço, os jovens acessam os projetos dos colegas e conhecem jogos e materiais selecionados para ajudá-los na criação de novos projetos. A Figura 6.1 apresenta o *site* do curso 1.

Nos dois cursos mencionados, as propostas têm como base, além dos princípios do construtivismo, elementos da abordagem de aprendizagem baseada em projetos ou PBL (*project-based learning*), dos espaços de afinidades (*affinity spaces*), conceito proposto por Gee e Hayes (2012), e também do conceito de *tinkering* (RESNICK; ROSEMBAUM, 2013). Os cursos têm uma proposta de ensino e aprendizagem que prevê o trabalho com os alunos a partir de questões complexas, que são investigadas, planejadas e respondidas por meio do fazer, resultando em uma produção final, que é sempre compartilhada com a classe, com a comunidade escolar ou com um público maior. As questões podem ser propostas pelos alunos ou pelos professores, a partir de temas amplos, e o processo de trabalho acontece de forma multidisciplinar, ou seja, conteúdos de várias áreas do conhecimento são mobilizados a depender do tema escolhido.

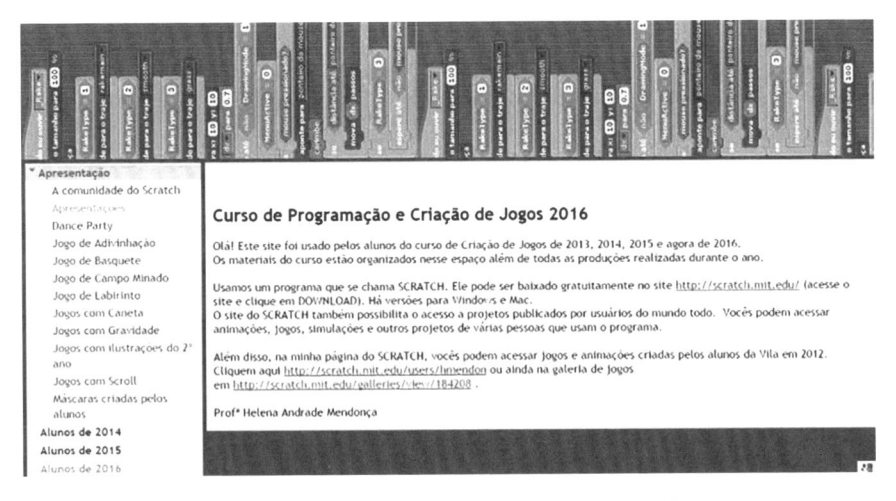

Figura 6.1 *Site* do curso extracurricular de programação e criação de jogos.

Referenciais teóricos

A aprendizagem baseada em projetos caracteriza-se por dois grupos de premissas. O primeiro grupo compreende o trabalho composto por conteúdos que sejam significativos aos alunos: aqueles que partem de questões norteadoras, trazidas pelos alunos ou pelo professor, a realização de investigação aprofundada sobre o tema e a apresentação da pesquisa para uma audiência real. O outro grupo está relacionado ao que são consideradas habilidades do século XXI, conforme apontado por um estudo do National Research Council, instituição norte-americana que faz pesquisas visando à criação de políticas públicas. Em 2012, foi organizado um comitê formado por educadores, economistas e psicólogos que realizou pesquisas durante um ano e publicou os resultados no livro *Educação para a vida e para o trabalho: desenvolvendo transferência de conhecimento e habilidades do século 21.* A partir do estudo realizado, essas habilidades seriam: promover o interesse ou a necessidade pelo saber, dar voz e escolha aos alunos e promover a revisão e reflexão dos estudos e das investigações realizados (ver Fig. 6.2).

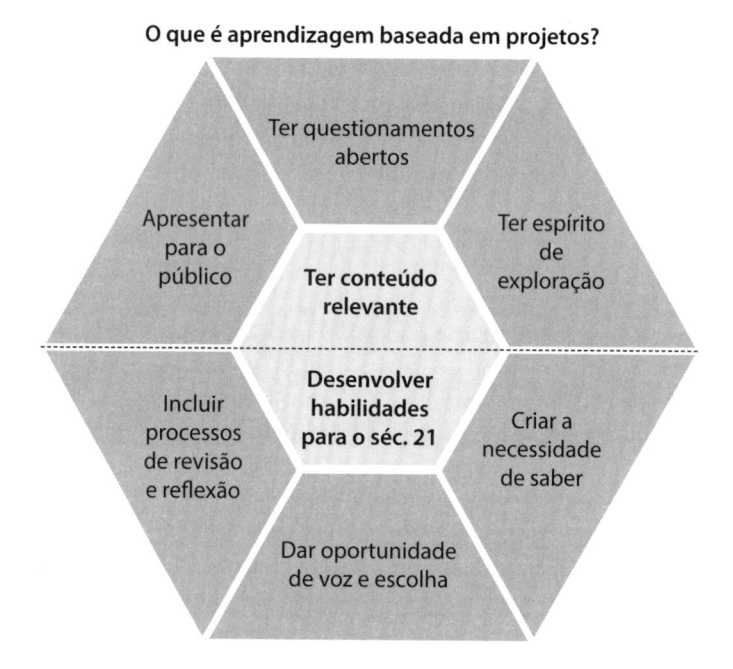

O que é aprendizagem baseada em projetos?

Figura 6.2 Esquema com as premissas da abordagem da aprendizagem baseada em projetos ou PBL, do Buck Institute for Education.[10]

---

[10] O Buck Institute for Education é uma instituição de formação de professores para o trabalho com a abordagem da aprendizagem baseada em projetos. Para mais informações, acesse: http://bie.org.

A figura mostra que o trabalho com a perspectiva de aprendizagem baseada em projetos prevê conteúdos relevantes e habilidades do século XXI no centro, levando em consideração aspectos como questões norteadoras (*driving questions*) e profundidade na pesquisa ou espírito de exploração (*in-depth inquiry*), criação da necessidade de saber (*need to know*), voz e escolha dos alunos (*voice and choice*), revisão do processo e reflexão contínua sobre a aprendizagem (*revision and reflection*) e a presença em um espaço de audiência pública (*public audience*),[11] ou seja, o projeto tem resultados que muitas vezes podem ultrapassar os muros da escola. Esta abordagem traz alguns elementos para o trabalho com questões complexas, que precisam de múltiplos olhares e levam em consideração a ubiquidade das tecnologias digitais. Não há a intenção aqui do uso dessa abordagem com o objetivo de preparar o aluno para o mercado de trabalho, mas sim de propor um trabalho com profundidade, análise e, no caso, uma apropriação crítica e participativa das tecnologias digitais (BUZATO, 2010).

Os espaços de afinidades, ou *affinity spaces*, segundo Gee e Hayes (2012), são espaços nos quais a aprendizagem pode acontecer de forma aprofundada e significativa. O autor cita o conceito de comunidades de prática (LAVE; WENGER, 1991 apud GEE; HAYES, 2012), também citado por Rheingold (1993), que fala sobre as comunidades de trocas e o uso da internet para o fortalecimento das mesmas. No caso das comunidades de prática, os estudos iniciais foram feitos com grupos que se encontravam presencialmente e não utilizavam o virtual; tinham interesses comuns e colocavam em ação as propostas desejadas pelo grupo. Gee e Hayes (2012) propõe o conceito de espaços de afinidade, considerando aspectos como a distribuição geográfica, a mediação das tecnologias e a fluidez dos agrupamentos. A sensação de pertencimento é um aspecto importante citado pelo autor, sendo que, nos espaços de afinidades a participação é fluida, não apresenta grandes exigências sobre quem participa ou não, permite a participação passiva, por meio da observação e também ativa, de acordo com a intenção do participante. Nesses espaços, a interação é fundamental e pode ocorrer presencialmente ou por meio do uso de espaços virtuais variados. Os autores também mencionam que alguns espaços de afinidades podem ser acolhedores e inclusivos, e outros não. Além disso, citam como características desses espaços o grande empenho e esforço comum e o fato de não haver restrição de idade e conhecimento imposto aos participantes. Neles, a produção é incentivada, mas não forçada, e o conteúdo disponível não é a produção de um usuário, mas sim um produto da interação. Esse aspecto é citado também por Cassany (2012), quando fala sobre o impacto do digital na leitura e na escrita e menciona a morte do autor isolado e a construção coletiva como aspectos importantes dessa cultura. Outros aspectos citados por Gee dizem respeito à fluidez dos papéis assu-

---

11 Sobre a PBL e os elementos essenciais para uma proposta de aprendizagem baseada em projetos, acesse: http://bie.org/blog/gold_standard_pbl_essential_project_design_elements.

midos nas várias etapas do trabalho e ao fato de o espaço favorecer e incentivar as escolhas dos alunos. Nas atividades propostas, é possível observar algumas ações que se aproximam desse conceito, em uma tentativa de se criar espaços de afinidades na escola.

Sobre o conceito de *tinkering*, segundo Resnick e Rosembaum (2013), esta abordagem é similar a uma brincadeira, uma experiência interativa de trabalho, na qual os participantes (*makers*) estão reavaliando continuamente seus objetivos, explorando novos caminhos e imaginando novas possibilidades. Este conceito é citado pelos autores como um dos princípios do funcionamento do *Scratch* – linguagem de programação usada pelos alunos dos dois cursos. O aplicativo oferece a possibilidade de programar um objeto por meio do encaixe e desencaixe de blocos, e essa montagem e desmontagem remete à ideia de construção do conceito de *tinkering*. Resnick e Rosenbaum (2013) afirma que várias das melhores experiências de aprendizagem acontecem quando se faz uso de materiais que estão acessíveis aos alunos para se construir algo, brincando, desmanchando, construindo protótipos, interagindo com um grupo para se ter *feedback*, fazendo alterações e criando novas ideias em um processo contínuo, adaptando-se à situação presente e a novas situações que possam surgir.

Há ainda um conceito importante a ser abordado para a análise das práticas: o conceito de apropriação tecnológica. Um dos objetivos desses cursos é que os alunos possam se apropriar de tecnologias digitais mais complexas do que as usadas no cotidiano. Então, a partir dessa apropriação, os alunos podem intervir nos processos de criação e no desenvolvimento de novas tecnologias. Rogoff (1995 apud BUZATO, 2010) propõe três sentidos para o termo "apropriação". O primeiro é a *internalização*, ou seja, as tecnologias seriam elementos externos que trazem consigo conhecimentos culturais que podem ser transmitidos ao indivíduo, provocando nele mudanças internas. Um segundo sentido seria o de *transformação*, ou seja, a tecnologia já estaria internalizada e poderia ser transformada a partir das necessidades do indivíduo. Nesses dois sentidos, a apropriação está ligada a características pessoais do indivíduo e seus movimentos em direção ao objeto. E o terceiro sentido seria a *apropriação participativa*, que indica que as pessoas adaptam e modificam o significado da tecnologia usada por meio da interação social em torno de seus usos. Ao fazer isso, as pessoas transformam-se; portanto, apropriar-se é igual a tornar-se.

Bar et al. (2007, apud BUZATO, 2010) propõem um ciclo de adoção de uma tecnologia, tal como ela foi projetada, seguida da apropriação, ou seja, de sua transformação com base nas necessidades do usuário e, finalmente, da reapropriação dessas transformações por parte do fabricante. Este, então, reconfigura a tecnologia para incorporar ou reprimir as apropriações.

É interessante observar que Buzato (2010) explora diversos conceitos de apropriação tecnológica, partindo de modelos nos quais o controle da tecnologia está centralizado (no fabricante ou em seu criador), cujas transformações seriam caracterizadas por inovações descendentes (*top-down*). Essas inovações podem ocorrer a partir da pressão dos usuários mas, em última instância, são definidas e controladas a partir de um plano de negócios e da visão do criador/fabricante. Um outro modelo de inovação seria a ascendente (*bottom-up*), ou aquela que se alimenta das sucessivas apropriações de seus usuários, que se apropriam, sugerem e eventualmente modificam tal tecnologia (CARDON, 2005 apud BUZATO, 2010). Ainda assim, no modelo de inovação ascendente, o controle das adaptações e mudanças estaria restrito a uma equipe de desenvolvedores com maior conhecimento para tal, mas o percurso de tomada de decisão poderia ser negociado e seu motor, acionado por seus usuários. A força desses modelos de apropriação/inovação "está nos ajustes sucessivos que vão sendo feito pelos que não a criaram originalmente" (BUZATO, 2010, p. 294). Alguns exemplos de inovação ascendente seriam os programas e plataformas de *software* livre, entre eles o Linux[12] e o *Moodle*,[13] além da Wikipédia, serviço oferecido pela *web* que permite a participação e contribuição dos usuários para a organização dos verbetes de uma enciclopédia digital. É importante mencionar que os movimentos de *software* livre,[14] de recursos educacionais abertos[15] e outros similares têm grande impacto na internet, no Brasil e em diversos países, e seu principal objetivo é garantir o acesso gratuito a programas e recursos digitais disponíveis na rede.

A partir da possibilidade dos alunos se apropriarem de determinadas tecnologias, questionando seu uso, conhecendo e propondo novas possibilidades, várias ações de formação discente são planejadas. A seguir, serão apresentadas algumas das atividades realizadas nos respectivos cursos.

CURSO DE PROGRAMAÇÃO E CRIAÇÃO DE JOGOS

As propostas desse curso se organizam de várias formas. Nas primeiras aulas, quando os alunos normalmente têm o primeiro contato com programação de dados, o professor apresenta projetos que usam blocos básicos de programação, como os de movimento e aparência. Esses blocos possibilitam uma série de ações e, assim, permitem a apropriação gradativa de toda a interface (janela de programação, editor de imagens

---

12 Linux é um sistema operacional de código aberto, ou seja, qualquer pessoa pode utilizá-lo, estudá-lo, modificá-lo e distribuí-lo livremente, de acordo com os termos da licença General Public License (GPL), criada pela Free Software Foundation (AGUIAR, 2008).

13 Moodle é um ambiente virtual de aprendizagem que possibilita a administração de atividades educacionais e a criação de comunidades *on-line* em ambientes virtuais voltados para a aprendizagem colaborativa. Trata-se de uma plataforma de código aberto, ou seja, o desenvolvimento é feito por comunidades abertas a interessados, que se organizam pela internet. Mais informações em: https://moodle.org.

14 Para mais informações, acesse: http://softwarelivre.org.

15 Para mais informações, acesse: www.rea.net.br/site.

e criação de trajes, inserção e edição de áudio, entre outros). Após algumas aulas de trabalho com jogos sugeridos pelo professor, os alunos passam a fazer sugestões de criação que podem ou não ser aceitas pelo grupo. Dessa forma, há um incentivo à agência e participação ativa dos alunos nas decisões do percurso das atividades e para que eles explorem os projetos existentes na comunidade e experimentem sequências de programação ainda não conhecidas (MONTE MOR, 2013).

A proposta aqui relatada diz respeito à construção de um jogo de adivinhação ou *quiz* com o uso do *Scratch*. Geralmente, o primeiro passo é o acesso a alguns jogos criados por alunos dos anos anteriores, que servem de modelo, para uma exploração inicial. Um dos jogos de referência usados nessa atividade, desenvolvido por um aluno do 4º ano, é *O Minion adivinho* (ver Fig. 6.3).[16]

Esse jogo tem características importantes para ser um modelo. Entre elas, a qualidade da programação, com um uso adequado e econômico de blocos, o uso de áudio nas perguntas e um cuidado nas sequências de animação do personagem, como a boca que se mexe quando ele fala.

Os alunos jogam o(s) jogo(s) modelo(s) e, depois, acessam o código para conhecer os blocos usados e a estrutura de programação escolhida pelo desenvolvedor; a seguir, analisam a sequência de instruções para a construção do próprio jogo. Eles podem escolher se começam a produção pessoal olhando e copiando partes da sequência, ou se

Figura 6.3 Tela do jogo *O Minion adivinho*, criado por aluno do 4º ano do ensino fundamental.
Fonte: Scratch (2013).

---

[16] Mais informações em https://scratch.mit.edu/projects/12874976.

remixa o jogo de referência, alterando o personagem e as perguntas/respostas. O *Scratch* incentiva a remixagem de projetos por meio do acesso ao código e da possibilidade de cópia. O projeto remixado aparece como referência na página do novo projeto desenvolvido, o que resolve a questão dos créditos ao autor do projeto de referência. Remixagem é um conceito trazido por diversos autores, como Resnick e Rosembaum (2013), Lankshear e Knobel (2007), Santaella (2007) e Cassany (2012), entre outros. Os autores referem-se à enorme possibilidade de acesso à informação e às formas de recortar, colar, remendar, reordenar, reorganizando os elementos selecionados a partir de outro ponto de vista. A remixagem só é possível por causa da facilidade de acesso, da existência das redes e conexões digitais, além da fluidez dos textos.

Após a construção do seu jogo, cada aluno o compartilha na comunidade do *Scratch*, indicando as instruções necessárias aos jogadores e dando os devidos créditos referentes ao desenvolvimento. A seguir, todos os alunos do curso experimentam os jogos criados e testam seu funcionamento, além de fazerem comentários sobre os aspectos técnicos e sobre a jogabilidade (GEE, 2008). Após a fase de testes, os autores retomam seus projetos e fazem as modificações necessárias, a partir dos comentários e indicações dos colegas. Essa fase de testes acontece em todas as propostas de desenvolvimento e é fundamental para a verificação dos erros, ajustes e aprimoramento do projeto. Alguns dos jogos criados por outros alunos podem ser acessados a partir dos *links* apresentados no Quadro 6.1. O *Studio* mencionado a seguir é uma seleção de alguns projetos desenvolvidos pelos alunos desde 2013.

É importante ressaltar que, no jogo de referência, o aluno criou uma variável para a contagem de pontos. Muitas vezes, os iniciantes fazem jogos somente com os blocos de pergunta, além das condições para se houver acerto ou não, ou seja, se a resposta estiver certa, o personagem deve dizer "Parabéns, você acertou!" e se a resposta estiver errada, "Tente novamente". Isso é denominado condicional, um conceito importante na programação de dados. Variável é outro conceito usado para a realização de diversas ações. Na contagem de pontos, por exemplo, é criada uma variável chamada "pontos". O programa, então, é construído para que uma determinada ação acarrete o aumento de pontos, ou seja, se a resposta estiver certa, além de o personagem dizer "Parabéns, você acertou!", acrescente um à variável pontos. Esse segundo conceito pode ser um grande desafio para os que estão se apropriando do recurso.

QUADRO 6.1 Jogos desenvolvidos no curso

Quiz Minecraft: https://scratch.mit.edu/projects/107595341
Master Cartoon Quiz: https://scratch.mit.edu/projects/100186986
Clash of Clans Quiz: https://scratch.mit.edu/projects/110439618
Studio do curso de programação e criação de jogos da Escola da Vila: https://scratch.mit.edu/studios/565320

Em 2015, um aluno do curso criou, por conta própria, um jogo de adivinhação a partir de um tema de estudo de ciências naturais e mostrou para sua professora. Ela organizou uma aula para que o aluno apresentasse o jogo aos colegas e os ensinasse a criar algo similar. Essa atividade é incentivada e acontece regularmente na escola; a ação não só reconhece o aluno/desenvolvedor, colocando-o em papel de destaque na turma e mais uma vez favorecendo a sua participação ativa, mas também é mais uma situação importante de aprendizagem para ele e para o grupo classe (COLL, 2006; MONTE MOR, 2013).

Na sequência de programação da Figura 6.4, é possível observar que, ao começar o jogo, a pontuação é zerada. Logo após, o bloco "repita até que..." indica que toda sequência será executada várias vezes, até que a resposta seja a indicada. O bloco seguinte indica um áudio a ser tocado, gravado pelo desenvolvedor ou baixado da internet. Na sequência, o bloco "Envie BOCA a todos" é uma mensagem interna do programa que faz o Minion mexer a boca enquanto fala. A programação "BOCA" está construída em outra sequência de blocos. Tudo isso é seguido por uma pergunta: "O que significa torpedo na nossa língua?". A partir da resposta dada pelo usuário, verifica-se se a resposta é "unicórnio". Se a resposta estiver correta, outro áudio será tocado, a frase "Parabéns, você acertou" aparecerá na tela, e o jogador ganhará um ponto. Se a resposta estiver incorreta, a sequência de blocos será a mesma, no entanto, o áudio e a frase mudarão e pontos serão subtraídos.

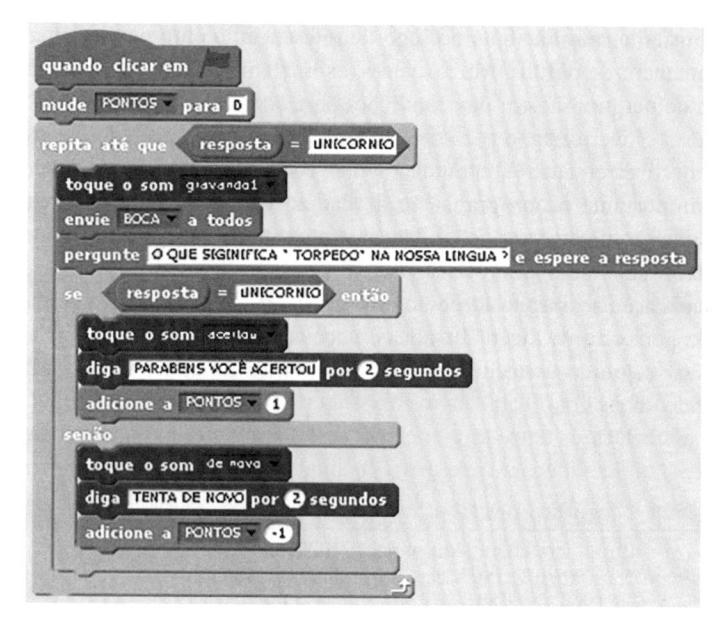

Figura 6.4 Sequência de programação do jogo *O Minion adivinho*.
Fonte: Scratch (2013).

CURSO DE MÍDIAS DIGITAIS

As propostas deste curso se organizam a partir de um tema de estudo relacionado às tecnologias digitais. Elas partem do interesse dos alunos com base em uma relação de sugestões fornecidas previamente pelo professor. No caso da sequência de atividades relatada, a escolha foi pela realidade aumentada. Após um primeiro contato da turma com o conceito e alguns recursos tecnológicos, um aluno sugeriu a criação de um jogo de caça ao tesouro, cujas pistas estivessem escondidas pela escola, sugestão que foi comemorada e rapidamente aceita por todos.

A realidade aumentada consiste na possibilidade de associar um elemento digital, uma imagem, um vídeo ou um áudio a uma imagem real. Assim, a partir de uma imagem focalizada com a câmera de um dispositivo móvel, como celular ou *tablet*, é possível estabelecer um vínculo com outro elemento, digital, que amplia aquela realidade. "Realidade aumentada é um conceito, muito mais do que tecnologia, relacionado à sobreposição de elementos virtuais e reais, alinhados em um mesmo espaço tridimensional, com os quais se pode interagir em tempo real" (TORI, 2014).

É importante diferenciar, segundo Tori (2014), a realidade virtual e a realidade aumentada. Na primeira, a intenção é a imersão em ambientes que simulam a realidade, enquanto, na segunda, os elementos do real possibilitam o acesso a elementos do virtual, que, segundo o autor, ampliam a realidade. Normalmente, nos ambientes de realidade virtual, o usuário assume um avatar, ou personagem, que tem características específicas definidas por ele. Alguns ambientes que foram criados a partir do conceito de realidade virtual são o *Minecraft* e o *Second Life*.[17] Já a realidade aumentada prevê que, a partir de um objeto real, exista um elemento virtual que "aumente" ou amplie a realidade. Como elemento que possibilita o trabalho com o conceito realidade aumentada, é possível citar os códigos QR ou *QR Codes*[18] usados em estacionamentos para a localização de um carro ou ainda exposições em museus, que usam esse tipo de código para ampliar o acesso a informações sobre uma determinada obra ou instalação (ver Fig. 6.5).

No caso da experiência com os alunos de mídias digitais, após a primeira conversa sobre o conceito de realidade aumentada, foram planejadas aulas para a exploração de dois recursos: um aplicativo chamado Aurasma e a possibilidade de criação de códigos QR. O aplicativo Aurasma permite a criação de "auras", que são vínculos estabelecidos entre uma imagem real e um material digital qualquer, seja ele imagem, áudio, vídeo, entre outros. O objetivo dessas aulas era conversar sobre

---

[17] *Second Life* é um mundo virtual criado em 1999 que simula em alguns aspectos a vida real. Dependendo do tipo de uso, pode ser encarado como um jogo, um simulador, um comércio virtual ou uma rede social (SECOND LIFE, 2016).

[18] Códigos que, a partir de um leitor específico, acionam a abertura de um *site*, de um texto ou imagem por meio do acesso à internet (CÓDIGO QR, 2016).

Figura 6.5 Exemplo de código QR.

o conceito de realidade aumentada, levantar os conhecimentos prévios dos alunos e experimentar o uso de tais recursos. Os alunos participantes ainda não tinham tido contato com o procedimento técnico previsto para essa exploração, mas tinham hipóteses em relação ao conceito de realidade aumentada, como se pode ver nos comentários a seguir.

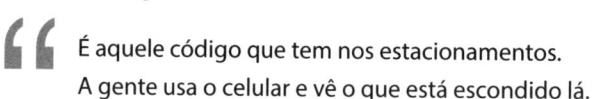 É aquele código que tem nos estacionamentos.
A gente usa o celular e vê o que está escondido lá.

Nessas aulas, foi possível compartilhar usos desse conceito em vários locais já conhecidos pelos alunos, além de pensar sobre outros possíveis usos dessa tecnologia. Para a exploração do aplicativo Aurasma, foram criadas previamente algumas "auras" espalhadas pela escola. Quando os locais eram focalizados com um celular ou *tablet* e o aplicativo específico, era possível ter acesso aos elementos escondidos. Os alunos foram a determinados locais da escola para acessar a informação que havia sido escondida. Durante a exploração, um dos alunos sugeriu a construção de uma caça ao tesouro com realidade aumentada, ou seja, a escola seria mapeada e seriam escondidas pistas que levariam a um tesouro. Começamos, então, a planejar as etapas para a elaboração do jogo.

A primeira atividade foi dar início ao planejamento do projeto por meio de algumas questões propostas ao grupo de alunos. As questões propostas encontram--se na Figura 6.6.

Após essa etapa inicial de planejamento e definição das regras, os alunos elaboraram uma relação de passos a serem realizados para a construção, além de definir quem seria responsável por cada etapa. Algumas das etapas previstas foram localizar o mapa da escola e planejar quais seriam os lugares nos quais as pistas seriam escondidas, definir quais seriam as pistas e em qual formato elas ficariam dispostas (como texto, vídeo ou áudio), entre outras (ver Fig. 6.7).

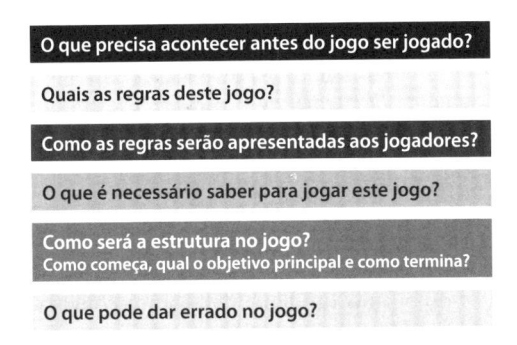

Figura 6.6 Questões iniciais para o planejamento do jogo.

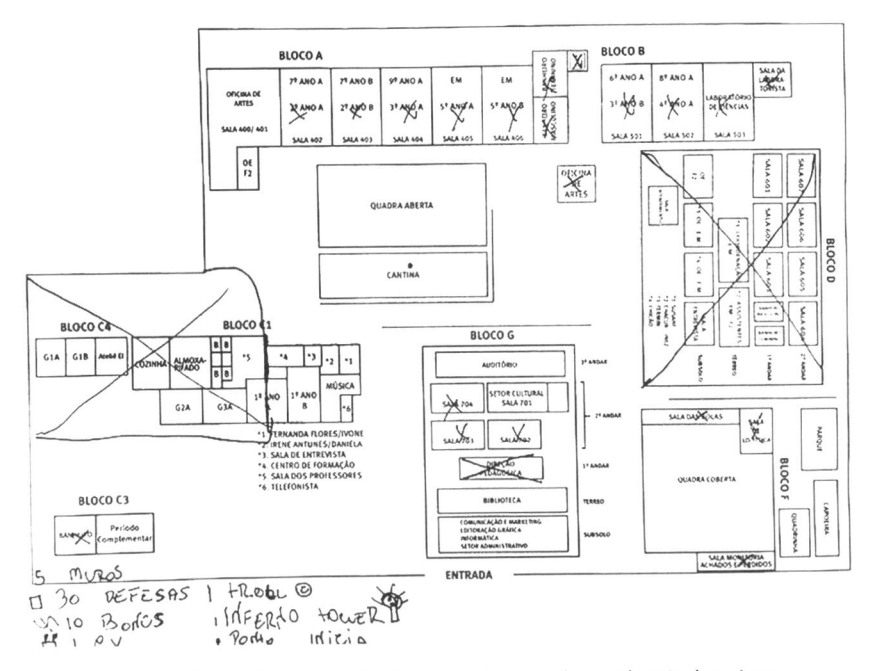

Figura 6.7 Mapa da escola com anotações dos alunos sobre os locais das pistas.

No processo de criação do jogo, os alunos levantaram questões como: "Como fazer para que o jogo tenha desafios que não sejam impossíveis de serem superados?" ou "Como fazer um jogo 'jogável'?". Todo início de aula, os alunos verificavam o que já havia sido feito e o que ainda precisava ser realizado. Eles se organizavam em duplas e trios para gravar as pistas e vinculá-las aos locais previamente definidos no mapa da escola. Ao longo do projeto, o cronograma ia sendo ajustado a partir das atividades que eram necessárias.

Nas últimas aulas disponíveis para o desenvolvimento do jogo, a proposta era que todos os alunos jogassem o jogo e ajustassem as pistas. Na aprendizagem baseada em jogos, ou *game-like learning* (GEE, 2008), um dos princípios do trabalho é a iteração, que prevê que o erro seja reformulado a partir das repetições. Assim, por meio da ação de jogar o jogo, os alunos podiam observar falhas e fazer as devidas reformulações.

A pista final não poderia ser descoberta rapidamente, para que o jogo não ficasse tão fácil. Após a finalização do jogo, ajustes e testes, os alunos do mesmo segmento, anos finais do ensino fundamental, foram convidados a jogar. No dia agendado para a atividade, os alunos criadores apresentaram o jogo aos colegas, contando como foi o processo de criação, como surgiu a ideia e quais os desafios enfrentados no desenvolvimento. Eles também explicaram as regras e acompanharam o momento no qual seus colegas procuravam pistas pela escola até acharem uma sala com o tesouro.

Ao final, todos os alunos envolvidos fizeram uma avaliação do jogo. Foram observados comentários bastante relevantes em relação à experiência vivida. Os alunos que participaram do jogo fizeram elogios e também apontaram problemas. A seguir, alguns comentários.

 Os alunos que criaram esse jogo são muito inteligentes.

Encontrei algumas falhas no jogo. Havia pistas que não levavam para nenhum lugar.

Achei muito legal que vocês criaram um jogo bastante ativo com o uso de tecnologias. Normalmente, as pessoas jogam videogames sentadas em um sofá. Para jogar esse jogo, tivemos que correr pela escola toda.

Um dos pontos que merece ser discutido é a atuação de um aluno de 13 anos que foi um dos criadores do jogo. Em algumas aulas durante o ano, esse aluno apresentava dificuldades ao lidar com desafios que imaginava serem muito grandes. Chegou a desistir de alguns projetos que havia iniciado e, em alguns momentos, não acreditava na sua capacidade. Em sua turma do ensino regular, era mais reservado e tinha dificuldades em algumas disciplinas. Ao longo do ano, a partir de conversas com outros professores desse aluno, foi organizada uma atividade na qual ele mostrou seus conhecimentos sobre programação aos colegas, que não conheciam o aplicativo usado e precisavam conhecê-lo para a realização de uma outra proposta. Essa ação deixou o aluno bastante mobilizado e, por causa dela, ele organizou várias produções anteriores, realizadas no próprio curso, tirou dúvidas com o professor antes da demonstração e finalizou projetos que estavam incompletos por motivos diversos. No dia em que seus colegas jogaram a caça ao tesouro, ele relatou:

Nunca pensei que eu poderia, algum dia, criar algo desse tipo, algo que deixasse as pessoas tão animadas e felizes.

A seguir, os comentários de outros alunos sobre a experiência. Esse registro foi realizado a partir de uma autoavaliação, proposta ao final da atividade:

 É uma experiência muito boa, porque você cria um jogo que já tem gente jogando.

Foi muito legal, porque é legal saber que os seus amigos jogam o jogo que você criou e eles acham legal.

Eu me senti muito feliz ou orgulhoso mesmo sabendo que certas coisas não deram como o planejado, ajudar amigos ou colegas foi muito bom.

É legal e interessante ver a opinião dos alunos em relação ao jogo.

Eu acho que participei bastante e gostei muito da experiência de ter alunos jogando o meu jogo.

Foi muito legal e divertido, principalmente porque havia horas em que eu ria muito, principalmente quando estavam procurando os *QR Codes*.

Além disso, sobre a aprendizagem das tecnologias e pensando no conceito de apropriação crítica e participativa (BUZATO, 2010), foi feita a seguinte pergunta aos alunos: "Se você pudesse criar ou alterar algo em relação a essa tecnologia, o que seria?". A seguir, estão alguns dos comentários:

 Eu criaria um jogo de tabuleiro com o Aurasma.

Eu criaria um aplicativo de jogo que você vê coisas pelo dispositivo enquanto anda.

Eu usaria o Aurasma para colocar animações nos lugares de *QR Codes*.

Lições de casa em *QR Codes*!

A partir dos comentários dos alunos e do restante dos dados obtidos com as autoavaliações, é possível perceber que eles se apropriaram das tecnologias usadas. Um próximo passo, talvez, seria um aprofundamento no conceito e no funcionamento técnico, seguido de propostas que pudessem colocar em prática mudanças no funcionamento e aplicações desse conceito, a partir de necessidades reais dos alunos e da comunidade na qual eles se inserem.

Talvez seja possível afirmar que os alunos podem ter experimentado um momento crítico ou *critical moment* (PENNYCOOK, 2012), ou, ainda, podem ter vivido uma experiência de aprendizagem como a *life changing learning* (GEE,

2008). Um momento crítico, segundo Pennycook (2012), é um momento de ruptura, um momento que passa pela tentativa de se olhar pelos olhos dos outros, algo impossível pela história e bagagem cultural de cada um, mas um exercício fundamental para a compreensão do outro e de si mesmo. Todo o processo de criação do jogo passa por questões práticas, planejamento a partir de questões técnicas, mas passa principalmente por uma tentativa de antecipar as ações do outro e imaginar como uma determinada instrução será percebida. Esse não é um processo simples; aproximadamente dez aulas de uma hora cada foram usadas para este trabalho, e todos tiveram que se dedicar para que a ideia se transformasse em algo real. Quando esses alunos tiveram a experiência de ver como o outro, seu colega, se relacionou com um sistema complexo de regras, instruções e percursos concebido por eles e por seu grupo, possivelmente puderam perceber ações que antes não foram previstas. Puderam também perceber e oferecer ajuda a todos, já que tinham grande conhecimento sobre o funcionamento do jogo, assumindo um papel diferente do habitual.

Gee (2008) afirma que os espaços de afinidades ou *affinity spaces* podem proporcionar uma aprendizagem chamada pelo autor de *life changing learning*. Por meio dos comentários e das experiências dos alunos, podemos supor que estes espaços de criação digital podem se aproximar do que o autor chama de espaços de afinidades e, em alguns casos, promover uma aprendizagem que faça sentido e que encoraje e impulsione o aluno a continuar buscando o estudo e o conhecimento.

Essas experiências foram realizadas com grupos pequenos de alunos, que demonstram interesse pelo assunto e atuam no contraturno. No entanto, o compartilhamento e a atividade conjunta realizada foram fundamentais para a disseminação das práticas. A partir dessa ação, houve diversas iniciativas de atividades que incluíram todos os alunos de uma classe ou série, com a exploração de tecnologias similares. Houve grande mobilização e interesse por parte das crianças e jovens, o que pode promover uma reflexão, por parte da escola, sobre a participação ativa dos alunos na construção do conhecimento a partir de metodologias similares e temas relativamente novos, como programação, jogos e realidade aumentada.

CONSIDERAÇÕES FINAIS

Os cursos mencionados neste relato são espaços de criação digital na escola e, muitas vezes, funcionam como espaços de afinidades – *affinity spaces* (GEE, 2008) –, já que se constituem como espaços nos quais os alunos têm interesses comuns, trabalham com outros alunos de diferentes faixas etárias e se autorregulam ao longo do trabalho a partir de objetivos específicos negociados com o professor. Esses espaços são parte da cultura digital, na qual os alunos estão imersos e já participam ativamente. Fomentar a existência desses espaços na escola permite a valorização do conhecimento dos alunos e o aprofundamento técnico, que é fundamental para uma apropriação crítica e participativa dos recursos digitais, e pode-se dizer que é mais um lugar que promove o prazer pelo saber (BUZATO, 2010).

Outro aspecto importante, talvez fundamental, para o sucesso dessa prática é a relação que a maioria dos alunos da escola tem com o conhecimento, já que se trata de uma escola construtivista, cujo trabalho tem como base a cooperação e a autonomia do aluno (COLL, 2006). Talvez seja possível afirmar que as teorias dos novos e multiletramentos promovem um novo olhar para as epistemologias vigentes e trazem contribuições importantes para o construtivismo, principalmente no que diz respeito ao letramento digital e à participação dos alunos para uma cidadania ativa.

 **PARA SABER MAIS**

Vídeo: TED *talk* –Vamos ensinar crianças a escrever códigos

Nesta palestra, Mitchel Resnick, um dos criadores do aplicativo Scratch, fala sobre a importância de se ensinar a escrever códigos. Ele relaciona o aprendizado do código à escrita: aprendemos a escrever para aprender e aprendemos a escrever códigos, ou a programar, também para aprender sobre vários outros temas.

Disponível em: www.ted.com/talks/mitch_resnick_let_s_teach_kids_to_code?language=pt-br

Vídeos: *Games and Education - Scholar James Paul Gee on Video Games, Learning and Literacy*

James Paul Gee Principles on Gaming

No primeiro vídeo, James Paul Gee discorre sobre o uso de princípios dos *videogames* no ensino e aprendizagem. Ele fala sobre estratégias como resolução de problemas, aprendizagem situada e imersiva, além de fazer uma crítica ao sistema educacional norte-americano. No segundo, elenca 13 princípios da aprendizagem baseada em jogos.

Disponível em: www.youtube.com/watch?v=LNfPdaKYOPI e www.youtube.com/watch?v=4aQAgAjTozk

REFERÊNCIAS

AGUIAR, B. T. de. *O que é Linux?*. 2008. Disponível em: <http://br-linux.org/2008/01/faq-linux.html>. Acesso em: 20 jun. 2016.

BUZATO, M. Cultura digital e apropriação ascendente: apontamentos para uma educação 2.0. *Educação em Revista*, Belo horizonte, v. 26, n. 3, p. 283-303, dez. 2010. Disponível em: <http://www.scielo.br/scielo.php?script=sci_arttext&pid=s0102-46982010000300014-&lng=pt&nrm-iso>. Acesso em: 18 jul. 2016.

CASSANY, D. La metamorfosis digital. In: GOLDIN, D.; KRISCAUTZKY, M.; PEREL. *Las tic en la escuela, nuevas herramientas para viejos y nuevos problema*. Barcelona: Editorial Océano, 2012.

CASTELLS, M. *A sociedade em rede*. São Paulo: Paz e Terra, 1999. v. 1.

CÓDIGO QR. In: Wikipédia: a enciclopédia livre. Disponível em: <https://pt.wikipedia.org/wiki/C%C3%B3digo_QR>. Acesso em: 18 jul. 2016.

COLL, C. *Construtivismo na sala de aula*. 6. ed. São Paulo: Ática, 2006.

GEE, J. P. Game–like learning: an example of situated learning and implications for opportunity to learn. In: *Assessment, Equity, and Opportunity to Learn*. Cambridge: University Press, 2008. Disponível em: <https://asu.pure.elsevier.com/en/publications/gamelike-learning-an-example--of-situated-learning-and-implication#>. Acesso em: 18 jul. 2016.

GEE, J. P.; HAYES, E. Nurturing affinity spaces and game-based learning. In: *Games, learning and society*. Cambridge: University Press, 2012.

KALANTZIS, M.; COPE, B. *Ubiquitous learning*. Urbana: University of Illinois, 2009.

LA TAILLE, Y. O lugar da interação social na concepção de Jean Piaget. In: LA TAILLE, Y. et al. *Piaget, Vygotsky, Wallon*: teorias psicogenéticas em discussão. 13. ed. São Paulo: Summus, 1992.

LANKSHEAR, C.; KNOBEL, M. (Ed.). *A new literacies sampler*. New York: Peter Lang Publishing, 2007. Disponível em: <http://everydayliteracies.net/files/NewLiteraciesSampler_2007.pdf>. Acesso em: 18 jul. 2016.

MONTE MOR, W. The development of agency in a new literacies proposal. In: BUZATO, M.; JUNQUEIRA, E. *New Literacies, New Agencies?* A Brazilian perspective on mindsets, digital practices and tools for social action in and out of school. New York: Peter Lang, 2013.

PENNYCOOK, A. *Language and mobility*: unexpected places. Bristol: Multilingual Matters, 2012.

RESNICK, M.; ROSENBAUM, E. Designing for tinkerability. In: HONEY, M.; KANTER, D. (Ed.). *Design, make, play*: growing the next generation of STEM Innovators. London: Routledge, 2013. Disponível em: <http://web.media.mit.edu/~mres/papers/designing-for-tinkerability.pdf>. Acesso em: 17 jan. 2015.

RHEINGOLD, H. *The virtual community*: homesteading on the electronic frontier. Cambridge: MIT Press, 1993. Disponível em: <http://www.rheingold.com/vc/book>. Acesso em: 13 fev. 2015.

SANTAELLA, L. *Linguagens líquidas na era da mobilidade*. São Paulo: Paulus, 2007.

SCRATCH. *O Minion adivinho*. MIT Media Lab, 2013. Disponível em: <https://scratch.mit.edu/projects/12874976/>. Acesso em: 16 ago. 2017.

SECOND LIFE. In: Wikipédia: a enciclopédia livre. Disponível em: <https://pt.wikipedia.org/wiki/Second_Life>. Acesso em: 18 jul. 2016.

THE NEW LONDON GROUP. A pedagogy of multiliteracies: designing social futures. *Harvard Educational Review*, v. 66, n. 1, 1996. Disponível em: <http://hepgjournals.org/doi/10.17763/haer.66.1.17370n67v22j160u>. Acesso em: 22 fev. 2015.

TORI, R. *Educação sem distância*. 2014. Disponível em: <http://romerotori.blogspot.com.br/2013/09/jogos-e-realidade-aumentada-para-uma.html>. Acesso em| 22 fev. 2015.

LEITURAS RECOMENDADAS

BUZATO, M.; JUNQUEIRA, E. *New Literacies, New Agencies?* A Brazilian perspective on mindsets, digital practices and tools for social action in and out of school. New York: Peter Lang, 2013.

COLL, C.; MONEREO, C. (Org.). *Psicologia da educação virtual*: aprender e ensinar com as tecnologias da informação e da comunicação. Porto Alegre: Artmed, 2010.

COPE, B.; KALANTZIS, M. *Literacies*. Cambridge: University Press, 2012.

COPE, B.; KALANTZIS, M. (Ed.). *MultiLiteracies:* literacy learning and the design of social futures. London: Routledge, 2000.

GEE, J. P. *James Paul Gee*. 2014. Disponível em: <http://www.jamespaulgee.com/>. Acesso em: 18 jul. 2016.

JENKINS, H. *Cultura da convergência*. São Paulo: Aleph, 2009.

LANKSHEAR, C.; KNOBEL, M. (Ed.). *New literacies:* changing knowledge and classroom learning. New York: Open University Press, 2003.

PAPERT, S. *A máquina das crianças:* repensando a escola na era da informática. Porto Alegre: Artmed, 2008.

RHEINGOLD, H. *Mitch Resnick:* the role of making, tinkering, remixing in DLM central: next--generation learning. 2011. Disponível em: <http://dmlcentral.net/mitch-resnick-the-role-of--making-tinkering-remixing-in-next-generation-learning/>. Acesso em: 23 jul. 2016.

Formação continuada de professores para o uso de metodologias ativas

Lilian Bacich

O desenvolvimento profissional dos professores que atuam em instituições de ensino, da educação básica ao ensino superior, tem sido considerado um desafio nas esferas pública e privada. Podemos observar que, na época em que os computadores foram inseridos na escola, muitos professores que aderiram à novidade continuaram a ministrar o mesmo tipo de aula, mudando apenas o recurso (computador no lugar do quadro de giz). Tornar o professor proficiente no uso das tecnologias digitais de forma integrada ao currículo é importante para uma modificação de abordagem que se traduza em melhores resultados na aprendizagem dos alunos.

Sancho (2006, p. 19) considera que a principal dificuldade de transformação dos contextos educacionais para a incorporação das tecnologias digitais parece estar centrada no fato de que "a tipologia de ensino dominante na escola é a *centrada no professor*". Assim como encontrado em constatações de outros autores (BACICH; TANZI NETO; TREVISANI, 2015; COLL; MONEREO, 2010; COSTA et al., 2012), essa postura do educador como centro do processo não considera o fato de que as tecnologias digitais de informação e comunicação (TDIC) possibilitam a mudança de papel dos educadores e dos estudantes em sala de aula. Cabe ressaltar, ainda, que a mudança deve ser analisada e considerada nos momentos em que se faz necessária. De forma alguma deve ser menosprezado o papel do professor, nem desconsiderados momentos em que é necessário transmitir certos conteúdos. O que se defende nessa mudança de postura é a reflexão de que o equilíbrio de abordagens didáticas deve ser considerado e, dessa forma, a inserção das tecnologias digitais nesse processo deve ser avaliada e inserida de acordo com os objetivos que se pretende atingir.

Estudos revelam que professores têm usado as tecnologias digitais e sentido mais confiança nessa utilização, mas, na maioria das vezes, o uso é restrito à preparação de aulas; poucos deles utilizam esses recursos para trabalhar com os estudantes durante as aulas, como meio de comunicação com os familiares ou, ainda, para estabelecer relação entre o estudo realizado em casa e aquele que é realizado na escola (BRASIL, 2014; WASTIAU et al., 2013).

No Brasil, a pesquisa TIC Educação, cuja última versão, referente ao ano de 2014, foi publicada no início de 2015, indica que 96% dos 1.770 professores entrevistados utilizam recursos digitais para preparar suas aulas e para produzir atividades para os estudantes, a maioria por motivação própria. Porém, mais da metade desses professores afirma que falta preparação para a utilização das TDIC como recursos pedagógicos.

Nesse contexto, compreende-se que a utilização de tecnologias digitais em situações de ensino e aprendizagem não é uma ação que ocorre de um dia para o outro. Estudos demonstram que se trata de um movimento gradativo que ocorre em etapas até que seja possível alcançar uma ação crítica e criativa por parte do professor na integração das tecnologias digitais em sua prática. A pesquisa *Apple Classrooms of Tomorrow* - ACOT (APPLE COMPUTER, 1991) identificou cinco etapas nesse processo (Fig. 1).

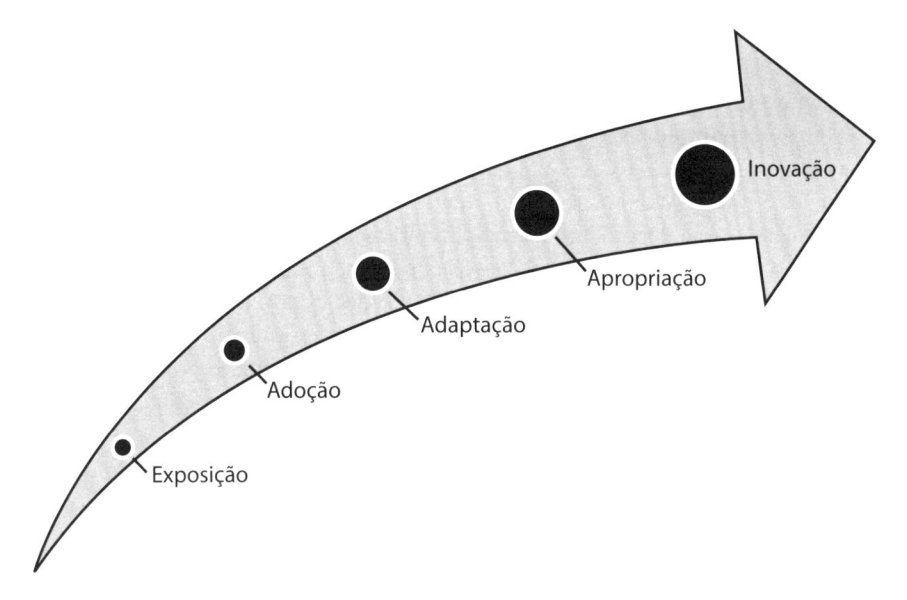

Figura 1 Etapas de integração das tecnologias digitais às práticas pedagógicas, segundo a pesquisa ACOT.

Inicialmente, o professor é exposto ao uso de tecnologias digitais e inicia o processo de exploração dos recursos, no sentido de identificar as competências necessárias para seu uso, compreendendo técnicas essenciais para lidar com eles. Em seguida, ao sentir-se confortável com alguns recursos básicos, o professor passa a adotá-los em algumas práticas. Por exemplo, no início do uso dos computadores nas escolas, o professor deixa de utilizar a máquina de escrever e passa a utilizar um editor de texto ao elaborar uma tarefa a ser realizada pelos alunos, ou, mais recentemente, aprende a utilizar um recurso como o PowerPoint, ou Prezi, e começa a utilizá-lo em suas aulas. Note-se que ocorre apenas uma substituição de um recurso já utilizado em sua prática por outro, mais "tecnológico". A próxima etapa é identificada como adaptação; nesse momento, tem início um processo de identificar como o recurso pode ser mais bem utilizado para possibilitar um aprendizado mais eficiente por parte dos alunos. O professor passa a inserir vídeos ou pequenas simulações em suas apresentações, tornando-as mais interessantes aos estudantes e aproximando-os dos conceitos com os quais devem interagir. Em seguida, o professor passa por um momento de apropriação; nessa situação, ele passa a atuar de forma mais crítica ao selecionar o que utilizar para aprimorar sua prática, inicia um processo de avaliação do potencial pedagógico dos recursos e começa a desenvolver projetos que ampliam o uso do recurso digital que era, até o momento, um suporte para a prática com a qual estava familiarizado. Finalmente, tem início um processo denominado inovação, em que a criatividade passa a ser a tônica e espera-se que a integração das tecnologias digitais às práticas pedagógicas seja ainda mais evidente e eficiente para a aprendizagem dos alunos.

Outros estudos analisaram processos de integração das tecnologias às práticas pedagógicas (MISHRA; KOEHLER, 2006; PUENTEDURA, 2012). O modelo TPCK (do inglês *Technological Pedagogical Content Knowledge*, Conhecimento Tecnológico e Pedagógico do Conteúdo), por exemplo, valoriza as relações entre o conteúdo a ser ensinado e aprendido, o aspecto pedagógico, ou seja, a metodologia que norteará o processo de ensino e aprendizagem, e a tecnologia que estará envolvida nele.

Para os autores (MISHRA; KOEHLER, 2006), a intersecção entre conteúdo, metodologia e tecnologia é um aspecto central a ser analisado nos processos de formação docente. Além disso, reforçam que o conhecimento da tecnologia não pode ser isolado do conhecimento da metodologia e do conteúdo.

Na figura que ilustra o modelo TPCK (Fig. 2), é possível identificar a combinação entre esses conhecimentos. Os autores reforçam a importância das intersecções entre eles. Conhecer o conteúdo a ser ensinado é importante, porém, identificar as melhores formas de um estudante aprender esse conteúdo selecionando a metodologia mais adequada é essencial, o que é indicado na intersecção entre C (conteúdo) e P (pedagogia = metodologia). Conhecer os recursos tecnológicos e saber como utilizá-los é insuficiente se não houver uma associação com a metodologia mais adequada e relações eficientes entre os recursos e os conteúdos, o que é indicado na intersecção T (tecnologia) e P, e na intersecção T e C. A relevância dessa compo-

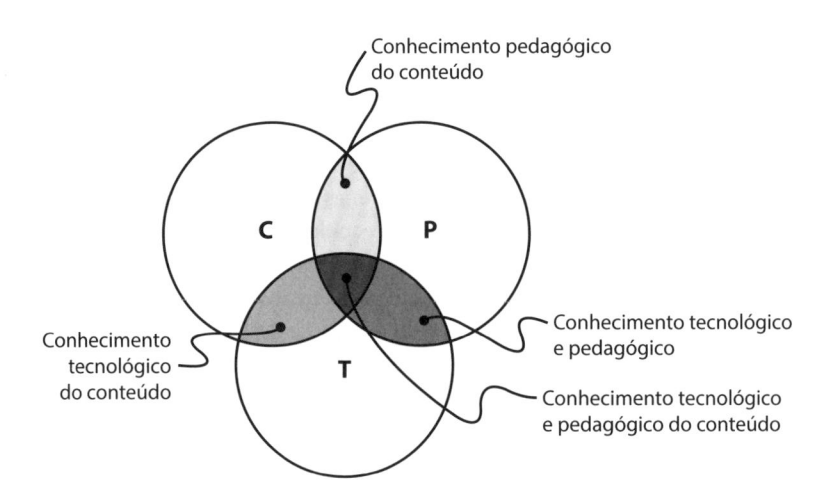

Figura 2 Conhecimento tecnológico e pedagógico do conteúdo.
Fonte: Mishra e Koehler (2006, p. 1025).

sição para o processo de ensino e aprendizagem será evidente ao cruzarmos todos esses conhecimentos: TPC.

O papel do professor, ao fazer uso das tecnologias digitais com base nos objetivos de aprendizagem que pretende atingir, supõe, portanto, uma análise da abordagem pedagógica mais adequada a ser utilizada. Como afirmam Coll e Monereo (2010, p. 31), "a imagem de um professor transmissor de informação, protagonista central das trocas entre seus alunos e guardião do currículo, começa a entrar em crise em um mundo conectado por telas de computador".

Nesse aspecto, a condução da aula, em que o estudante está no centro do processo, tem maior aderência a esse propósito do que o modelo de "palestra" em que o professor expõe o mesmo conteúdo a todos os estudantes, ao mesmo tempo e da mesma forma. Como afirma Almeida (2005), a configuração dos papéis do professor e do aluno em metodologias ativas de aprendizagem associadas às tecnologias digitais possibilita a reflexão sobre as teorias pedagógicas e sua associação com as práticas em sala de aula.

> O professor atua como mediador, facilitador, incentivador, desafiador, investigador do conhecimento, da própria prática e da aprendizagem individual e grupal. Ao mesmo tempo em que exerce sua autoria, o professor coloca-se como parceiro dos alunos, respeita-lhes o estilo de trabalho, a coautoria e os caminhos adotados em seu processo evolutivo. Os alunos constroem o conhecimento por meio da exploração, da navegação, da comunicação, da troca, da representação, da criação/recriação, organização/reorganização, ligação/religação, transformação e elaboração/reelaboração. (ALMEIDA, 2005, p. 73).

Quando pensamos sobre a forma como os estudantes podem fazer uso das tecnologias digitais como fonte de informações e recurso para construção de conhecimentos, é importante a reflexão sobre o que é solicitado deles como tarefas de aprendizagem. As propostas feitas pelos professores devem ser objeto de reflexão para esses estudantes. Por exemplo, a busca de informações e o resultado dessa busca, em uma sociedade digital, habitada por um grande número de nativos digitais que frequentam nossas escolas, é algo que ocorre de uma forma cada vez mais interativa e em uma velocidade muito maior do que a estrutura atual de nossas escolas consegue assimilar. Copiar e colar as informações obtidas no primeiro *site* que é apresentado ao aluno em uma ferramenta de busca, como o Google, é uma atitude corriqueira em atividades de pesquisa realizadas por alunos de qualquer faixa etária. Ao buscar informações, o aluno deve aprender a procurar *sites* confiáveis e, principalmente, a verificar, de forma crítica, o conteúdo por eles apresentado. Entretanto, se a proposta de pesquisa, feita pelo professor, limitar-se a um levantamento de dados, todos os *sites* apresentarão respostas semelhantes e copiar e colar será a melhor forma de realizar a tarefa proposta. O professor deve, então, propor atividades que busquem uma comparação, uma postura reflexiva ou, ainda, a utilização de informações pessoais, decorrentes do que foi trabalhado em sala de aula, para resolver a questão. Assim, pesquisar sobre a descoberta da vacina e sua utilização é um tipo de proposta em que a resposta será encontrada em muitos *sites*. Contudo, relacionar a importância das vacinas com os impactos na saúde, comparando as carteirinhas de vacinação dos colegas com as vacinas que devem ser tomadas em cada faixa etária, entre outras possibilidades, torna única a resposta e, dessa forma, não será encontrada uma pesquisa pronta sobre o assunto. A busca de informações toma, então, outras proporções, outros caminhos, outras formas.

Ao analisar o uso das tecnologias digitais no ensino em uma lógica transformadora das práticas vigentes, Costa et al. (2012, p. 31) comentam sobre a necessária mudança de teoria sobre o que é ensinar e aprender, posicionando as tecnologias digitais como uma ferramenta cognitiva para o aluno, porque o auxiliam na resolução de problemas e também a "criar e a expressar-se ou a interagir e colaborar com os outros". O aluno torna-se centro do processo e é estimulado a agir na construção de conhecimentos, avaliando e decidindo o percurso a ser traçado em sua relação com os diferentes saberes.

O computador oferece versatilidade e diversidade de uso, configurando-se como um importante aliado do trabalho docente. Com o auxílio da máquina, as redes e novas conexões formadas ampliam-se de tal maneira que estabelecer conexões entre todas essas informações requer um aprendizado prático e não teórico. Só há possibilidade de aprender a fazer um uso integrado das tecnologias digitais se estudantes e educadores fizerem uso desses recursos em situações reais de aprendizagem, atuando de forma colaborativa e vivenciando situações em que as TDIC possibilitem um posicionamento crítico e, consequentemente, favoreçam uma aprendizagem realmente transformadora.

Pearson e Somekh (2006) propõem uma teoria da aprendizagem transformadora fundamentada em uma pesquisa-ação realizada no Reino Unido na qual procuram mostrar que os progressos em direção a um sentido transformativo da aprendizagem são possíveis com "mudanças radicais dos papéis tradicionais dos professores e alunos", com a formação de "novas relações de poder e controle" e com uma nova abordagem para planejamento de aula que evita a "estrutura linear e suposições inflexíveis incorporadas em abordagens tradicionais" (PEARSON; SOMEKH, 2006, p. 537).

Segundo os autores, é possível dizer que a aprendizagem está sendo transformada quando os estudantes reúnem as seguintes condições (PEARSON; SOMEKH, 2006, p. 520):

- Aprender de forma criativa: contribuindo, experimentando, resolvendo problemas.

- Aprender como cidadãos ativos: atuando de forma autônoma, assumindo a responsabilidade por sua própria aprendizagem.
- Engajar intelectualmente com ideias poderosas: usando habilidades de pensamento, envolvidas com ideias e conceitos.
- Refletir sobre sua própria aprendizagem: avaliar sua própria aprendizagem por meio da metacognição.

Nessa perspectiva, o papel do estudante é assumido por meio de uma mudança do encaminhamento metodológico proposto pelo professor. Os autores propõem, ainda, que os estudantes comportem-se como produtores de conteúdos digitais, utilizando o ambiente *on-line* para estender as fronteiras entre a escola e a residência, criando espaços híbridos de interações culturais. Cabe refletir, porém, sobre o papel considerado "tradicional" do professor, que não está fadado ao desaparecimento nesse contexto. Os estudantes têm habilidades para o uso das tecnologias digitais, mas nem sempre sabem como selecionar, interpretar, organizar e comunicar de forma eficiente os conteúdos que encontram. A mudança de papel do professor nesse processo tem como objetivo a busca por estratégias que, incorporadas às aulas consideradas tradicionais, potencializem o papel do estudante em uma postura de construção de conhecimentos, com o uso integrado das tecnologias digitais nesse percurso.

A AVALIAÇÃO E A PERSONALIZAÇÃO

A reflexão sobre a relação entre avaliação e personalização do processo de ensino e aprendizagem é um dos aspectos a ser inserido na formação docente para o uso integrado das tecnologias digitais. Para essa reflexão, é importante ter clara a concepção de avaliação e de personalização a que nos referimos.

Avaliar não é fim. Avaliar é processo. Nessa perspectiva, concordamos com Zabala (1998) quando discorre sobre a avaliação inicial, avaliação reguladora ou formativa, e avaliação final ou somativa. Identificar os conceitos cotidianos construídos pelos alunos sobre o tema a ser trabalhado é o ponto de partida da ação educativa; durante o processo, é importante analisar os avanços conceituais dos estudantes; ao final de cada etapa do processo é o momento de verificar se os objetivos de aprendizagem foram atingidos. Nesse percurso, idas e vindas acontecem o tempo todo, replanejando a ação educativa, acertando os rumos a serem tomados, retomando o que for necessário para todo o grupo ou para alguns estudantes. A personalização do ensino passa a ser um dos objetivos da utilização da avaliação como processo (BRAY; MCCLASKEY, 2014).

Russel e Airasian (2014) estabelecem, nessa perspectiva, as contribuições das tecnologias digitais para uma avaliação que não é considerada *fim*, mas *meio*. Os autores apresentam formas de utilizar os recursos digitais em cada uma das fases de avaliação, como as fases propostas por Zabala (1998, p. 308), e identificadas por eles como "planejamento da instrução, avaliação durante a instrução e avaliação somativa".

A avaliação inicial funciona como planejamento da instrução e é o momento que precede o trabalho a ser realizado com os estudantes. Mais do que um diagnóstico para a compreensão de onde deve partir a ação educativa, os autores defendem três componentes importantes nessa fase. Em primeiro lugar, a identificação, por parte dos professores, dos conteúdos e habilidades que compõem o currículo determinado para aquela disciplina, para que possam ser evidenciados os objetivos de aprendizagem. Apesar de parecer óbvio, nem sempre os objetivos de aprendizagem são suficientemente claros para o professor ao dar início à ação educativa, e essa fase inicial pode colaborar com esse esclarecimento. Em seguida, é estipulado pelo professor o plano de atividades que serão realizadas com o propósito de atingir os objetivos de aprendizagem, viabilizadas em um plano de aula elaborado para esse fim. Parte-se, então, para o momento em que as tecnologias digitais podem tornar essa etapa mais rápida e eficiente para ambas as partes, professor e estudantes, momento que tem como meta

> [...] que os professores desenvolvam uma compreensão do estado atual de conhecimento e das habilidades dos seus alunos, seus estilos preferidos de aprendizagem, comportamentos típicos em sala de aula, interesses e desinteresses e relações de trabalho com seus colegas. (RUSSEL; AIRASIAN, 2014, p. 308).

Assim, afirmam os autores, recursos como a elaboração de questionários *on-line* para o levantamento dessas informações são uma ferramenta poderosa para tornar ágil um processo que também poderia ser feito com a utilização de recursos não digitais; porém, os "levantamentos eletrônicos ajudam a economizar muito do tempo que seria gasto organizando e resumindo as respostas dos estudantes" (RUSSEL; AIRASIAN, 2014, p. 311). O uso de formulários do Google[1] ou Survey Monkey,[2] por exemplo, organiza a coleta de dados e oferece relatórios com informações como a porcentagem de alunos que escolheu uma determinada resposta. Com essas informações em mãos, é possível pensar em estratégias de organização dos alunos, favorecendo ações de personalização do ensino.

Economizar tempo e agilizar o processo em aulas que têm, na maioria das instituições de ensino, prazos inflexíveis, sinalizados por uma campainha, uma sirene que avisa a todos, professores e estudantes, que é hora de trocar de assunto, trocar de "aula", deve ser considerado uma vantagem ao oferecer ao professor oportunidade de compartilhar com os estudantes o resultado desse levantamento e,

---

1 Ver GOOGLE. 2017. Disponível em: <www.google.com/forms/about>. Acesso em: 22 maio 2017.

2 Ver SURVEY MONKEY. 2017. Disponível em: <http://pt.surveymonkey.com>. Acesso em: 22 maio 2017.

de certa forma, dividir com eles a responsabilidade sobre o processo de ensino e aprendizagem.

Segundo Bray e McClaskey (2014), em um ambiente de ensino e aprendizagem "individualizado", as necessidades do aluno são identificadas por meio de avaliações e a instrução é adaptada. Em um ambiente de ensino e aprendizagem "diferenciado", os alunos são identificados com base em seus conhecimentos ou habilidades específicas em uma área e o professor organiza esses alunos em grupos por afinidades para melhor atendê-los. Em um ambiente de aprendizagem "personalizado", o aprendizado começa com o aluno. O estudante tem a oportunidade de identificar como aprende melhor e os objetivos de aprendizagem são organizados de forma ativa, juntamente com o professor. Segundo Campione (2002), essa forma de conduzir a aprendizagem deve estar embasada em uma boa avaliação que ofereça a oportunidade de destacar as forças e fraquezas que um indivíduo ou grupo de indivíduos possuem. Dessa forma, seus resultados podem ser traduzidos em uma reformulação do programa educacional, orientando para uma análise do processo e não do produto.

Os recursos digitais também podem ser utilizados durante a instrução (RUSSEL; AIRASIAN, 2014), oferecendo condições de avaliação reguladora ou formativa, uma vez que oferecem estratégias para saber mais sobre os estudantes enquanto a aprendizagem ocorre. Isso pode ser feito não apenas ao término dos processos intermediários que compõem o objetivo de aprendizagem mais amplo, mas durante, identificando e agindo em relação às ideias equivocadas dos estudantes, registrando os avanços e fornecendo *feedback* imediato, entre outras ações possíveis. Um editor de texto, como o Word, oferece condições para essa coleta de dados por meio da ativação do recurso "controlar alterações"; dessa forma, é possível identificar as mudanças realizadas pelos estudantes em um texto, em trabalhos individuais. O uso compartilhado do Google Docs[3] também fornecerá essas informações em trabalhos coletivos, por exemplo, e será possível, dessa forma, acompanhar o processo de forma mais ágil utilizando-se de recursos digitais.

A avaliação somativa, ou final, apresentará ao professor o panorama de suas conquistas com o grupo de estudantes e, se necessário, oferecerá condições para ele rever sua atuação, retomando aspectos que não avançaram de forma adequada. Construir rubricas de escore é uma estratégia que pode contar com o uso de recursos digitais. As rubricas de escore[4] oferecem informações aos estudantes sobre o que é esperado deles no processo e favorecem as ações de personalização.

As tecnologias digitais modificam o ambiente no qual elas estão inseridas, transformando e criando novas relações entre os envolvidos no processo de aprendizagem: professor, estudantes e conteúdos. Coll, Mauri e Onrubia (2010) chamam

---

3 Ver www.google.com/docs/about.

4 No Para saber mais, ao final deste capítulo, conheça um *site*, em inglês, para a produção de rubricas de escore.

essas três partes envolvidas de componentes de um *triângulo interativo*. Considerando um ambiente com tecnologias digitais em que um conhecimento esteja sendo construído, há três tipos de relações:

- **A relação professor-tecnologia:** com um objetivo de aprendizagem já fixado, o professor busca utilizar uma ferramenta tecnológica específica para potencializar a construção do conhecimento pelo aluno. Há preferência por ferramentas que tornem possível observar, explorar ou desenvolver algum aspecto, ações que não seriam viáveis sem seu uso, justificando, assim, a escolha do instrumento em questão. Como vemos no modelo de ensino híbrido (BACICH; TANZI NETO; TREVISANI, 2015), algumas ferramentas possibilitam ao professor coletar dados de cada um dos seus alunos para personalizar o ensino e a aprendizagem.

- **A relação aluno(s)-tecnologia:** pode ser uma relação de um aluno em um trabalho individualizado ou de diversos estudantes (grupo) com a tecnologia digital. É caracterizada por interações constantes com as ferramentas a partir da primeira interação, que pode ser originada do próprio instrumento, como um comando inicial para que o aluno comece uma atividade de programação, ou pelo aluno, como a construção de um gráfico em um *software* de matemática. Nessas interações, a princípio, tende a ocorrer o processo de ação-reflexão-ação, em que primeiro o estudante faz uma ação com o uso da ferramenta, depois reflete sobre as consequências e então age novamente. Nesses casos, não costuma haver uma reflexão prévia bem construída sobre as consequências que serão geradas a partir da ação, pois as ferramentas possibilitam um trabalho a partir da intuição dos estudantes, sobretudo no primeiro contato com o instrumento, sendo necessário, portanto, agir para entender seu funcionamento na prática. Posteriormente, há uma tendência ao processo de reflexão-ação-reflexão, em que o estudante primeiro refletirá sobre a ação desejada, buscando prever suas consequências, para depois agir de fato.

- **A relação professor-aluno(s)-tecnologia:** é uma mescla das duas relações anteriores, com o professor tendendo a ser tornar um mediador na relação do(s) aluno(s) com a ferramenta na busca de informação e construção de conhecimentos.

Segundo Bray e McClaskey (2014), em um ambiente de aprendizado individualizado, a aprendizagem tende a ser menos autônoma. Professores fornecem instruções individualmente e o aluno não interfere em seu projeto de aprendizagem. Em uma sala de aula diferenciada, da mesma forma, os alunos podem ter uma postura menos autônoma no processo. Os professores modificam as estratégias, apresentando o mesmo conteúdo para diferentes estilos de aprendizagem de seus alunos, mas os estudantes ainda recebem informações prontas, sem uma interferência no processo. Ainda segundo os autores, quando um estudante personaliza a sua aprendizagem, ele tem conhecimento das expectativas de aprendizagem e passa a atuar em parceria com o professor, ativamente, dirigindo seu processo e escolhendo uma forma de melhor aprender, em seu próprio ritmo e tempo, traçando o percurso mais adequado. Cabe ressaltar que muitas variáveis podem estar envolvidas nesse processo, como a idade do aluno, suas experiências anteriores e a forma como lida com as ações de ensino propostas em sala de aula. Quando a perspectiva de personalização de ensino é colocada em prática, isso não significa apenas dar a chance de escolha ao aluno para que ele decida seu percurso e afirmar que com essa oportunidade ele irá aprender mais e melhor. Mais do que isso, significa oferecer condições para que o percurso seja compartilhado e para que as decisões sobre os próximos passos possam ser tomadas de forma conjunta, entre estudante e educador; para que as ações mentais envolvidas no processo ocorram com algum tipo de intervenção do estudante, não com a recepção de um plano de ensino que contemple apenas aquilo que o educador considera essencial para o aprendizado de uma determinada área do conhecimento. Ter uma linha central que indique o que deve ser requisito fundamental para a compreensão de um dado conteúdo é importante, porém, sem um conhecimento das necessidades dos estudantes, o currículo torna-se arbitrário e não considera o aluno como centro do processo. Um processo de personalização que realmente atenda aos estudantes requer que eles, junto com o professor, possam delinear seu processo de aprendizagem, selecionando os recursos que mais se aproximam de sua melhor maneira de aprender. Aspectos como o ritmo, o tempo, o lugar e o modo como aprendem são relevantes quando se reflete sobre a personalização do ensino.

ORGANIZAÇÃO DO ESPAÇO

O espaço é um fator determinante para ações de colaboração entre pares. *Colaborar* e *cooperar* podem ser ações compreendidas de diferentes formas, dependendo do referencial teórico adotado, apesar de apresentarem a mesma definição no dicionário. Consideramos, neste texto, a utilização do termo colaboração como a ação que envolve, etimologicamente, um trabalho conjunto (*labore* = trabalho) e uma interação social para sua realização. A colaboração engloba o compartilhamento de ideias por meio do diálogo e da construção conjunta de um produto que é mais do que a soma das ações individuais, é uma reelaboração dessas ações.

Em uma sala de aula em que estudantes, enfileirados, ouvem atentamente a palestra do professor e, em seguida, resolvem atividades para comprovar a compreensão do conteúdo, podemos considerar que há pouca oportunidade de interação entre os pares, principalmente em salas numerosas, que impossibilitem a organização dos estudantes em grupos, limitados pelo espaço reduzido. Uma organização do espaço eficiente é aquela que facilita os momentos de apresentação de conteúdos que precisam ser expostos e, também, possibilita a organização dos estudantes em grupos para a construção de conceitos que dependam de discussão e de reflexão para serem elaborados. Essa flexibilidade do espaço é essencial para ações colaborativas de formação de conceitos.

Com uma adequada organização do espaço, as ações de ensino e aprendizagem podem ser potencializadas. Nesse sentido, além da colaboração, a possibilidade da oferta de *feedback* às realizações de professores e de estudantes serão mais efetivas.

Hattie e Timperley (2007) mencionam quatro tipos de *feedback*: o primeiro é aquele que afirma se o trabalho realizado está certo ou errado e o que deve ser feito para melhorá-lo (*feedback* sobre a tarefa); o segundo tipo está relacionado ao processo de realização da tarefa, e a orientação dada está relacionada ao que deve ser feito para o processo ser mais eficiente (*feedback* sobre o processo); o terceiro tipo tem função de autorregulação, questionando o estudante sobre sua ação e fazendo com que reflita sobre ela, como ocorre em uma autoavaliação (*feedback* sobre a autorregulação); o quarto tipo de *feedback* é aquele que valoriza o sujeito, encorajando-o a dar continuidade ao seu trabalho (*feedback* sobre o *self*).

Podemos considerar que uma organização do espaço e da atividade didática que forneça oportunidade de o professor estar mais próximo de grupos menores de estudantes será essencial para o exercício dos níveis de *feedback* comentados pelos autores, além de possibilitar momentos de colaboração e de *feedback* entre os pares.

MODELOS HÍBRIDOS PARA A FORMAÇÃO CONTINUADA DE PROFESSORES: RELATO DE CASO

A formação de professores para o uso integrado das teconologias digitais é um desafio em muitas instituições de ensino. Muitas vezes, essas formações ocorrem no início de um ano letivo, da mesma forma e no mesmo ritmo para todos os professores. A formação continuada nem sempre leva em consideração que os professores, assim como os aprendizes, não são todos iguais. Os momentos presenciais, com palestras e discussões entre pares, por exemplo, podem ser substituídos por modelos em que as discussões ocorram por meio de tecnologias digitais, com o uso de fóruns de discussões, em diferentes plataformas, e em que as palestras, consideradas momentos síncronos de aprendizagem, possam ocorrer de forma *on-line*, por meio de videoconferência. Vários autores (DEDE; EISENKRAFT, 2016; FISHMAN, 2016) consideram as vantagens da formação continuada no formato *on-line* em relação à formação presencial. Entre elas, podemos destacar: a possibilidade de adequação à agenda dos professores, uma vez que os horários podem ser mais flexíveis e o professor pode aprender no seu próprio tempo e ritmo, o que garante certo nível de personalização; a oportunidade de troca de experiências entre professores de diferentes localidades, compartilhando estratégias e recursos que podem ser utilizados de acordo com a realidade da escola ou do professor. Deve ficar claro que as tecnologias digitais, no processo de formação continuada, são utilizadas com o objetivo de oferecer mais interação, e não para, meramente, transmitir conhecimento.

Diante disso, alguns casos de formação de professores para o uso de recursos digitais e por meio de recursos digitais podem ser inspiradores para o desenvolvimento de programas de formação docente. O uso integrado das tecnologias digitais na educação básica, sua importância para a personalização do ensino e o processo de formação pelo qual deveriam passar os professores que estivessem envolvidos com essa proposta foram preocupações que estimularam a parceria entre duas organizações do terceiro setor, o Instituto Península[5] e a Fundação Lemann,[6] na constituição de uma pesquisa conjunta envolvendo esses objetos de estudo.

No início de 2014, imbuídos desse desafio, representantes das instituições iniciaram a busca por metodologias inovadoras de inserção de tecnologias digitais em escolas da educação básica. Visitaram algumas escolas do Vale do Silício, na Califórnia, Estados Unidos, para conhecer que tipo de formação para a utilização de tecnologias digitais por professores era desenvolvida por eles. Foram visitadas a High Tech High,[7] a Summit Public Schools[8] a Rocketship[9] e as escolas do Milpitas Unified School District. Uma das experiências mais interessantes foi a desenvolvida no Milpitas District[10] que, apesar de o distrito não contar com um curso estruturado para a formação de professores, a sua gestão pedagógica defendia que um projeto de formação docente para o uso integrado de tecnologias digitais deveria envolver professores que já tivessem iniciado um movimento de reorganização de suas estratégias didáticas para a condução das aulas com o uso de TDIC. Nesse sentido, deveriam ser envolvidos aqueles professores para os quais o uso das tecnologias digitais em sala de aula não representasse uma exigência muito significativa e que já estivessem, de certa maneira, "incomodados" e interessados em sair da "zona de conforto", ou seja, que já inovavam em suas aulas empregando diferentes estratégias com a utilização das TDIC. Esses professores, considerados *early adopters,* eram, portanto, o foco do processo nesse distrito.

---

5 O Instituto Península nasceu em 2010 com objetivo de canalizar em uma única frente o investimento social dos membros da família de Abilio Diniz. Assim, recursos e esforços são potencializados em prol de causas que interessam e mobilizam a todos: educação e esporte.

6 Fundação Lemann é uma organização sem fins lucrativos criada em 2002 pelo empresário Jorge Paulo Lemann. Contribuir para melhorar a qualidade do aprendizado dos alunos brasileiros e formar uma rede de líderes transformadores são os grandes objetivos da instituição. Para cumprir essa missão, a Fundação aposta em uma estratégia que envolve quatro áreas complementares de atuação: inovação, gestão, políticas educacionais e talentos.

7 Ver www.hightechhigh.org.

8 Ver summitps.org.

9 Ver www.rsed.org.

10 Ver www.musd.org.

Para que fosse possível conhecer o trabalho de um professor com essas características, o representante do distrito indicou a professora Alison Elizondo, da escola Burnett Elementary, pertencente ao distrito de Milpitas, que desenvolveu com sua turma do 4º ano do ensino fundamental um programa de uso integrado das tecnologias digitais com foco na personalização do ensino.[11] A escola está em uma região em que a maioria dos estudantes é imigrante e o índice de proficiência de seus alunos, principalmente em matemática, está em torno de 80%. O grupo também entrou em contato com Adam Carter, diretor acadêmico da Summit Public Schools, rede de *charter schools* (instituições de ensino públicas geridas por entidades privadas) que valoriza a personalização por meio de um modelo híbrido de ensino e que foi considerada, em 2013, uma das dez escolas mais transformadoras dos Estados Unidos.

Assim, a equipe do Instituto Península e da Fundação Lemann entraram em contato com o modelo denominado *blended*, que estava sendo utilizado, com sucesso, nessas escolas. O modelo, desenvolvido com apoio do Instituto Clayton Christensen,[12] foi identificado como uma possível estratégia de integração das tecnologias digitais ao ensino com ênfase na personalização. Do encontro com Michael Horn,[13] um dos responsáveis pela proposta, resultou a parceria entre Instituto Península, Fundação Lemann e Instituto Clayton Christensen. Porém, havia questões a serem respondidas: seria o modelo *blended*, traduzido para *ensino híbrido*, da forma como implementado nas escolas dos Estados Unidos, o mais adequado à nossa realidade? Supondo que a proposta fosse adequada, quais as condições necessárias para envolver um grupo de professores em um processo de formação para uso desse modelo?

Buscando responder a essas questões, foi organizado um encontro com um grupo composto por professores, coordenadores, secretários de educação e empreendedores do setor educacional para coletar informações que contribuíssem para o desenho desse processo. O encontro, baseado na abordagem de *design thinking*,[14]

---

[11] Para conhecer mais sobre o programa desenvolvido pela professora Alison Elizondo, é possível acompanhar sua apresentação no evento Transformar 2014. O convite para essa apresentação foi realizado após as equipes terem conhecido seu trabalho com os estudantes de Milpitas. Para mais informações, acesse: http://porvir. org/a-chave-para-ensino-hibrido-e-equilibrio e www.youtube.com/watch?v=xig4OgxXpOI.

[12] O Instituto Clayton Christensen é um *think tank* apartidário sem fins lucrativos, dedicado à inovação denominada "disruptiva". Embasado nas teorias do professor de Harvard Clayton M. Christensen, o Instituto desenvolve ferramentas exclusivas para a compreensão de muitos dos problemas mais prementes da sociedade, como educação e saúde.

[13] Michael Horn, em 2008, escreveu com Clayton M. Christensen, então seu professor em Harvard, o livro *Disrupting Class: How Disruptive Innovation Will Change the Way the World Learns* (CHRISTENSEN; JOHNSON; HORN 2008), no qual abordava o nascimento de uma nova forma de fazer educação. Horn tornou-se cofundador do Innosight Institute, que em 2013 passou a se chamar Clayton Christensen Institute (Ver http://porvir.org/porpensar/ensino-hibrido-e-unico-jeito-de-transformar-educacao/20140220).

[14] Ver www.dtparaeducadores.org.br/site e o Capítulo 7, neste livro.

apontou algumas questões que deveriam ser consideradas e que, somadas ao resultado das entrevistas realizadas nas escolas dos Estados Unidos que utilizavam o modelo, contribuiu para a constituição de um grupo de experimentação para a formação docente. Foram, então, considerados alguns aspectos fundamentais:

- Os professores que estariam envolvidos no processo de formação para o uso do modelo de ensino híbrido deveriam ser *early adopters*.

- A experimentação e a troca dessas experiências entre os participantes deveriam ser consideradas em todo o processo de formação.

- O reconhecimento dos professores participantes e dos resultados da pesquisa pelos pares e pela comunidade acadêmica deveria ser um dos objetivos do processo.

A primeira ação realizada pelas instituições parceiras foi a divulgação, em redes sociais e nos respectivos *sites*, de um edital de convocação de professores da educação básica que desejassem experimentar propostas inovadoras com uso de tecnologias digitais em suas aulas. Eram pré-requisitos para essa participação: que os professores enviassem um plano de uma aula bem-sucedida que tivesse sido realizada com o uso de tecnologias digitais; e que a direção da escola aprovasse a participação do professor, que exigiria uma dedicação semanal de oito horas, e de suas turmas de alunos em duas etapas do projeto, com duração total de seis meses.

Como resposta a esse edital, foram submetidos 1.782 planos de aula, enviados por professores de escolas públicas e privadas de todas as etapas da educação básica, de diferentes estados do Brasil. Os planos foram analisados pela equipe das instituições parceiras, composta por professores e pesquisadores na área da educação, e 35 planos foram selecionados para dar continuidade ao processo, no qual seria definida a participação final de 16 professores. O grupo de 35 professores selecionados na primeira etapa do processo teve a oportunidade de participar de um *workshop* com Michael Horn, como continuidade do processo seletivo. Nesse *workshop*, o ensino híbrido, como implementado nas escolas dos Estados Unidos, foi apresentado, discutido e algumas estratégias foram vivenciadas pelos professores. A elaboração de um plano de aula, até o término do *workshop*, foi o objetivo dessa etapa de seleção. Ao término desse dia de trabalho, 16 professores foram selecionados e passaram a constituir o Grupo de Experimentações em Ensino Híbrido. Desse grupo de professores, dois deles atuavam em escola pública e privada, seis deles apenas em escola pública e oito deles apenas em escola privada. Em relação ao nível de ensino em que atuavam, dez deles estavam envolvidos com o ensino fundamental, primeira e segunda etapa, e sete deles atuavam no ensino médio. Fizeram parte do grupo professores dos estados de São Paulo (11), Minas Gerais (1), Rio de Janeiro (3) e Rio Grande do Sul (1), envolvendo dez cidades no total.

As atividades realizadas no Grupo de Experimentações em Ensino Híbrido tinham dois objetivos principais:

- Verificar se o modelo de ensino híbrido, da forma como implementado nas escolas dos Estados Unidos, seria o modelo mais adequado à nossa realidade e se os benefícios para a aprendizagem, por meio da personalização do ensino, seriam identificados pelos professores brasileiros.

- Identificar estratégias de formação de professores para a utilização do modelo de ensino híbrido.

Aspectos como o papel do professor, a valorização e a construção da autonomia do aluno, a organização do espaço escolar para o uso integrado das tecnologias digitais, a reflexão sobre qual a melhor forma de avaliar nesse processo e o envolvimento da gestão para propiciar uma mudança gradativa na cultura escolar foram considerados temas relevantes e que deveriam estar envolvidos nessa implementação. Mas como organizar esses temas? Consideramos a interdependência entre eles, como peças de uma engrenagem que se articulam, com o objetivo de refletir sobre a importância de colocar o estudante e as relações pedagógicas no centro do processo.

O foco das propostas elaboradas e apresentadas ao Grupo de Experimentações em Ensino Híbrido era levar os professores a experimentarem novas formas de atuação, refletirem sobre elas e, nesse movimento, verificarem até que ponto essas formas de condução das aulas poderiam impactar os resultados esperados em relação ao desempenho de sua turma. Tratou-se, portanto, como definido pela literatura, de um processo de pesquisa-ação.

Segundo Tripp (2005, p. 445), "a pesquisa-ação educacional é, principalmente, uma estratégia para o desenvolvimento de professores e pesquisadores de modo que eles possam utilizar suas pesquisas para aprimorar seu ensino e, em decorrência, o aprendizado de seus alunos [...]".

Ainda segundo o autor, trata-se de uma investigação na qual a prática pode ser aprimorada e pode decorrer, dela, um processo de investigação e, nessa oscilação entre a prática, a reflexão e a pesquisa, descreve-se e avalia-se uma estratégia de melhoria da prática, aprendendo-se mais, "[...] no correr do processo, tanto a respeito da prática quanto da própria investigação" (TRIPP, 2005, p. 446).

Cabe ressaltar que as estratégias metodológicas escolhidas como instrumentos de reflexão dos professores sobre todos os aspectos envolvidos com a proposta de ensino híbrido tiveram como objetivo inverter a lógica a que estamos tão acostumados na educação: em primeiro lugar, a teoria e depois, a prática. Começar pela teoria foi o que sempre se privilegiou no ensino e que está sendo, gradativamente, revisto quando a educação passa a discutir as metodologias ativas. Iniciou-se pela prática e, a partir dela, construiu-se a teoria. Podemos considerar que esse não foi apenas um processo de pesquisa-ação, mas de ação-reflexão-pesquisa, em que a teoria está presente, principalmente, no direcionamento do olhar do pesquisador que questiona sua prática e atua a partir dessa reflexão.

Optamos por apresentar "desafios" que continham algumas das propostas do modelo de implementação sugeridas pelo Instituto Clayton Christensen, mas inserimos outras ações que, de acordo com o que identificamos na revisão da literatura, seriam essenciais, como a reflexão sobre os papéis assumidos por alunos e professor em sala de aula, a organização do espaço e a reflexão sobre a importância de a avaliação ser utilizada como um recurso para a personalização do ensino (Fig. 3).

Os desafios foram organizados em dois blocos, que duraram de maio a outubro. O primeiro bloco teve duração de oito semanas, com um desafio proposto a cada semana, nos meses de maio e junho. O segundo bloco, que durou de agosto a outubro, também foi composto por oito desafios, porém com período maior de execução para alguns deles, totalizando 12 semanas. O ambiente selecionado para as postagens e discussões sobre os desafios foi o Edmodo.[15] Em todos os desafios, havia:

Figura 3 Imagem elaborada para um especial do Porvir,[16] em que foram compartilhados cada um dos desafios elaborados para o grupo de experimentações.

---

15 Ver www.edmodo.com.

16 Ver www.porvir.org/especiais/personalizacao. Ao clicar em "Sua vez" é possível conhecer todos os desafios propostos ao grupo de professores que fizeram parte do projeto, além de assistir a vídeo-depoimentos.

- Uma parte teórica, composta por textos de diferentes autores ou por vídeos do Instituto Clayton Christensen,[17] que foram legendados, em português, para esse projeto.

- Uma parte prática, envolvendo, na maioria das vezes, a elaboração e aplicação de plano de aula, ou outras solicitações, de acordo com a proposta do desafio.

- Um momento de discussão entre pares sobre a prática em sala de aula e o tema central de cada desafio, descritos a seguir. Esse momento de discussão, no primeiro bloco, foi realizado entre o professor participante e o tutor, que era um dos professores coordenadores do grupo, vinculado ao Instituto Península e à Fundação Lemann. No segundo bloco, foram realizadas reflexões entre os próprios professores do grupo, alternando a condução das discussões entre eles e, sempre que necessário, contando com a intervenção da equipe de coordenação. Essas discussões ocorreram, no primeiro bloco, por Skype e, no segundo bloco, pela plataforma Edmodo.

Cabe ressaltar que os desafios foram elaborados semanalmente pela autora deste capítulo com a validação da equipe de coordenação,[18] de acordo com o que obtínhamos de *feedback* dos professores do grupo.

Os desafios do Bloco 1 tinham os seguintes objetivos:

- **Desafio 1:** incentivar a familiarização do grupo com a plataforma colaborativa, a leitura de material sobre o tema e a reflexão inicial sobre a aplicabilidade das propostas de ensino híbrido.

- **Desafio 2:** promover a mudança de uma disposição tradicional da sala de aula, refletindo sobre a organização do espaço para uso integrado das tecnologias digitais.

- **Desafio 3:** verificar alguns recursos digitais que podem ser usados em aulas híbridas, por meio de um compartilhamento de recursos digitais e sua aplicabilidade, oferecendo opções de plataformas, aplicativos e *softwares* que pudessem ser utilizados pelo professor no planejamento das aulas.

- **Desafio 4:** refletir sobre o papel do professor em um modelo de ensino híbrido.

- **Desafio 5:** refletir sobre a experiência do aluno em um modelo de ensino híbrido e sobre como obter elementos que possibilitassem personalizar o

---

[17] Ver https://pt.khanacademy.org/partner-content/ssf-cci/sscc-intro-blended-learning - vídeos de introdução ao *Blended learning*, elaborados pelo Instituto Clayton Christensen e disponibilizados na Khan Academy. As legendas em português foram produzidas a pedido da equipe de gestão do Grupo de Experimentações em Ensino Híbrido.

[18] Fizeram parte da equipe de coordenação nesta fase do projeto: Adriana Silva, do Instituto Península; Juliana Gregory Cavalcante, da Fundação Lemann; Adolfo Tanzi Neto, consultor; e Fernando Mello Trevisani, consultor.

ensino. Elaborar uma proposta de levantamento de dados sobre o desempenho dos estudantes em relação a um determinado objetivo.

- **Desafio 6:** refletir sobre os dados levantados no desafio anterior e sobre como esses dados podem ser utilizados na personalização do ensino.

- **Desafio 7:** refletir sobre o modelo de ensino híbrido que mais se adapta à nossa realidade, e, para isso, discutir com os pares a configuração da "cultura escolar" na sua escola.

- **Desafio 8:** retomar os desafios realizados e analisar os impactos em relação à sua prática, elaborando uma apresentação, a ser feita para todo o grupo, listando os desafios e os avanços identificados nesse percurso.

Cada professor, portanto, refletia sobre os temas envolvidos nesse processo de implementação do ensino híbrido, planejava aulas a partir dessas reflexões, aplicava e registrava os resultados dessas aulas por meio de vídeos e discutia, durante todo o processo, com os tutores e com os demais professores do grupo por meio da plataforma de interação. Durante o segundo bloco, além da realização dos desafios propostos, foi sugerida a elaboração de textos, produzidos individualmente, em duplas ou em trios, que reuniam as principais questões sobre as quais os professores refletiram durante o processo de experimentação. Foram objetivos dos desafios propostos no segundo bloco:

- **Desafio 9:** elaborar, em conjunto com outro professor do grupo de experimentações, uma forma de possibilitar a personalização por meio dos dados da avaliação.

- **Desafio 10:** aplicar os instrumentos elaborados com a intenção de avaliar para personalizar.

- **Desafio 11:** elaborar, em conjunto com outro professor de sua escola, um plano de aula envolvendo os recursos pensados nos desafios anteriores (avaliar para personalizar) e preparar uma aula para esse mesmo grupo de alunos, que já foi acompanhado no desafio anterior.

- **Desafio 12:** aplicar o plano de aula no modelo Laboratório Rotacional, em conjunto com outro professor de sua escola, e verificar as impressões do coordenador da escola sobre o modelo.

- **Desafio 13:** refletir sobre a organização de um roteiro de aprendizagem para o modelo de Rotação Individual. Aspectos como avaliar para personalizar deveriam estar muito presentes nessa proposta, uma vez que a elaboração de um plano de rotação individual só faz sentido se tiver como foco o caminho a ser percorrido pelo estudante de acordo com suas dificuldades ou facilidades.

- **Desafio 14:** aplicar o plano de aula elaborado sobre Rotação Individual.

- **Desafio 15:** aprofundar o modelo de Sala de aula invertida e envolver a descoberta e a experimentação como proposta inicial para os estudantes, ou seja, oferecer possibilidades de interação com o fenômeno antes do estudo da teoria (p. ex., que pode acontecer por meio de vídeos ou leituras).

- **Desafio 16:** apresentar à equipe de gestão da escola, representada pelo diretor e coordenadores, seu percurso em relação ao modelo híbrido de ensino.

Dessa forma, ao término do segundo bloco, devidamente embasados pela literatura, os professores finalizaram o registro das reflexões sobre o papel do professor, o papel do estudante, o papel da gestão, as tecnologias digitais, o espaço, a avaliação e a cultura escolar. Cada um desses temas constituiu um capítulo do livro *Ensino híbrido: personalização e tecnologia na educação,* organizado pela autora deste capítulo e demais coordenadores do Grupo de Experimentações (BACICH; TANZI NETO; TREVISANI, 2015). Além do livro, todos esses desafios, complementados pelas reflexões do grupo de professores, foram organizados em um curso *on-line* (MOOC[19]), livre e gratuito ou com tutoria, disponibilizado em duas plataformas até o momento: Instituto Singularidades[20] e Coursera.[21]

Ao pensar em multiplicar a proposta de formação de professores em outras escolas, principalmente na rede pública, foi foco das reflexões com o grupo de professores a melhor forma de implementação do ensino híbrido na realidade brasileira, considerando as vantagens e os desafios por eles identificados. Um dos professores de nosso grupo afirmou que "não há uma realidade brasileira, mas várias realidades", e concordamos com ele nesse sentido, pois sabemos que há, em nosso país, escolas em que as tecnologias digitais estão presentes em maior intensidade, com certa obrigatoriedade de uso por parte dos docentes; escolas em que as tecnologias digitais estão presentes e seu uso é facultativo; escolas em que não há tecnologias digitais, mas há entusiastas do seu uso; e, ainda, escolas em que não há qualquer indício da presença ou do uso de tecnologias digitais. Nessas muitas realidades, é possível pensar em uma prática híbrida desde que ela tenha uma forma sustentada de atuação, não como uma forma puramente de ruptura em relação ao modelo de ensino considerado "tradicional", mas caminhando em direção a essa possibilidade. Uma forma sustentada de atuação envolve ações como incentivar o uso das tecnologias digitais em diferentes modelos, não apenas substituindo recursos já existentes, mas mantendo aquilo que sustenta o ensino naquela escola. Trata-se, portanto, de organizar a escola de forma a aproveitar o melhor dos dois mundos: o presencial e o *on-line* (HORN; STAKER, 2015).

---

[19] Curso *On-line* Aberto e Massivo, do inglês *Massive Open On-line Course* (MOOC).

[20] Ver www.ensinohibrido.org.br.

[21] Ver www.coursera.org/learn/ensino-hibrido.

A mudança de toda uma cultura escolar não pode ser feita subitamente. Porém, em uma abordagem sustentada ou incremental, é possível avançar para que, em determinado momento, seja possível oferecer algo novo, para o qual não há comparação direta, como proposto em uma abordagem que realmente promova uma ruptura com o ensino "tradicional". Nesse aspecto, segundo a proposta do Instituto Clayton Christensen (HORN; STAKER, 2015), o envolvimento das equipes da escola é fundamental. Algumas ações estão sob controle do professor que inicia a mudança em sua sala de aula. Gradativamente, desperta o interesse de outros professores da escola, que podem se envolver com a proposta e, nesse caso, é essencial o envolvimento da equipe de gestão da escola, aprovando essas modificações e avaliando o impacto dessas mudanças no ensino e na instituição.

No relato desses professores, compreendemos que, entre outras ações, a possibilidade de registrar, por meio de uma filmagem, sua atuação em sala de aula, pensar sobre ela e, depois, discuti-la com o tutor configurou-se como rico momento de aprendizado.

 Filmar a aula toda e depois assistir foi um dos momentos mais ricos em meu aprendizado. Pude observar o desenvolvimento dos meus alunos e o meu. Além disso, pude refletir sobre o que falta para a minha aula ter um ensino personalizado. (Professor B)

Nesses momentos de análise do material produzido e selecionado por ele, foi possível, ao professor, confrontar-se com a imagem de seu trabalho e explicar suas ações para o tutor. Segundo Clot (2006, p. 136), "[...] a tarefa apresentada aos sujeitos consiste em elucidar para o outro e para si mesmo as questões que surgem durante o desenvolvimento das atividades com as imagens". Segundo o autor, isso opera uma modificação na percepção da atividade realizada, possibilitando que ações do plano interpsicológico, por meio do diálogo com o outro, manifestem-se no plano intrapsicológico, no momento em que o sujeito, ao analisar suas ações e verbalizar sobre as condutas observadas, identifica condições de realizá-las da mesma forma ou, na maioria dos casos, de uma forma aprimorada na próxima vez.

A proposta de analisar a aula de um colega e discutir sobre ela também foi considerada um momento importante para os professores, como demonstrado nos relatos a seguir.

 A proposta de analisar a produção de outro professor permitiu que se criasse um importante espaço de diálogo e troca de ideias. (Professor D)

Refletir sobre a prática de outro colega me fez pensar sobre aspectos na minha própria prática que eu estava deixando de lado. (Professor E)

De maneira geral, os aprendizados decorrentes do Grupo de Experimentações em Ensino Híbrido possibilitaram uma análise sobre a importância de estimular a reflexão, por parte do professor, sobre a organização da atividade didática. Foi possível concluir que o fato de o professor modificar as estratégias de condução da aula funcionou como disparador de reflexões sobre as relações de ensino e aprendizagem que se estabelecem em sala de aula e, consequentemente, como instrumento de análise e replanejamento de sua prática.

CONSIDERAÇÕES FINAIS

A formação de professores é considerada a chave para a melhoria das escolas e para uma produtiva reforma curricular. Porém, muitas vezes, a proposta de formação é ineficiente, ao desconsiderar a lacuna entre o que os professores estudam e o contexto em que esse conhecimento será aplicado. A criação de comunidades de prática, como a proposta nesta experiência realizada no Brasil, trata-se de uma oportunidade dos professores aprenderem uns com os outros, por meio de experiências de aprendizagem que possibilitem o engajamento entre os pares e o uso das tecnologias digitais nesse processo. A proposta justifica-se com o objetivo de que o professor considere a experiência de aprender por meio de tecnologias digitais como um recurso importante em seu próprio desenvolvimento profissional, e deixe, então, de aprender *sobre* o uso de tecnologias digitais para passar a aprender *com* o uso delas.

PARA SABER MAIS

Vídeo: Ensino híbrido

Neste vídeo, a autora do capítulo apresenta informações detalhadas sobre a abordagem denominada *ensino híbrido* e indica exemplos de estratégias para a integração das tecnologias digitais aos processos de ensino e aprendizagem.

Disponível em: www.youtube.com/watch?v=HdQ7QTPeHc4

Livro: *Teaching in a Digital Age*, de A. W. Bates

Educar na era digital é uma publicação aberta, gratuita, disponível para *download*. No site do autor, além do livro original, em inglês, é possível encontrá-lo em vários idiomas. Entre eles, em português.

Disponível em: www.tonybates.ca/teaching-in-a-digital-age/

REFERÊNCIAS

ALMEIDA, M. E. B. Tecnologia na escola: criação de redes de conhecimento. In: ALMEIDA, M. E. B.; MORAN, J. M. (Org.) *Integração das tecnologias educacionais*. Brasília: MEC/SEED, 2005.

APPLE COMPUTER. *Apple classrooms of tomorrow*: philosophy and structure and what´s happening where. Cupertino: Apple Computer, 1991.

BACICH, L.; TANZI NETO, A.; TREVISANI, F. de M. *Ensino híbrido*: personalização e tecnologia na educação. Porto Alegre: Penso, 2015.

BRASIL. Comitê Gestor da Internet. *TIC educação 2014*: pesquisa sobre o uso das tecnologias de informação e comunicação nas escolas brasileiras. São Paulo: Comitê Gestor da Internet no Brasil, 2014. Disponível em: <http://cetic.br/media/docs/publicacoes/2/TIC_Educacao_2014_livro_eletronico.pdf>. Acesso em: 2 maio 2017.

BRAY, B.; MCCLASKEY, K. *Personalization vs. Differentiation vs. Individualization (PDI) chart (version 3)*. 2014. Disponível em: <http://www.personalizelearning.com/2013/03/new-personalization-vs-differentiation.html>. Acesso em: 22 maio 2017.

CAMPIONE, J. C. Avaliação assistida: uma taxonomia das abordagens e um esboço de seus pontos fortes e fracos. In: DANIELS, H. (Org.). *Uma introdução a Vygotsky*. São Paulo: Edições Loyola, 2002.

CHRISTENSEN, C.; JOHNSON, C. W.; HORN, M. B. *Disrupting class*: how disruptive innovation will change the way the world learns. New York: McGraw-Hill, 2008.

CLOT, Y. *A função psicológica do trabalho*. Petrópolis: Vozes, 2006.

COLL, C.; MONEREO, C. Educação e aprendizagem no século XXI. In: COLL, C.; MONEREO, C. *Psicologia da educação virtual*: aprender e ensinar com as tecnologias da informação e da comunicação. Porto Alegre: Artmed, 2010.

COLL, C.; MAURI, T.; ONRUBIA, J. A incorporação das tecnologias de informação e comunicação na educação: do projeto técnico-pedagógico às práticas de uso. In: COLL, C.; MONEREO, C. *Psicologia da educação virtual*: aprender e ensinar com as tecnologias da informação e da comunicação. Porto Alegre: Artmed, 2010.

COSTA, F. A. et al. *Repensar as TIC na educação*: o professor como agente transformador. Carnaxide: Santillana, 2012.

DEDE, C.; EISENKRAFT, A. On-line and Blended teacher learning and professional development. In: DEDE, C. et al. *Teacher learning in the digital age*. Massachusetts: Harvard Education Press, 2016.

FISHMAN, B. Possible futures for on-line teacher professional development. In: DEDE, C. et al. *Teacher learning in the digital age*. Massachusetts: Harvard Education Press, 2016.

HATTIE, J.; TIMPERLEY, H. The power of feedback. *Review of Educational Research*, v. 77, n. 1, 2007. Disponível em: < http://journals.sagepub.com/doi/full/10.3102/003465430298487>. Acesso em: 22 maio 2017.

HORN, M. B.; STAKER, H. *Blended*: usando a inovação disruptiva para aprimorar a educação. Porto Alegre: Penso, 2015.

MISHRA, P.; KOEHLER, M. Technological pedagogical content knowledge: A framework for teacher knowledge. *The Teachers College Record*, v. 108, n. 6, 2006.

PEARSON, M.; SOMEKH, B. Learning transformation with technology: a question of sociocultural contexts? *International Journal of Qualitative Studies in Education*, v. 19, n. 4, 2006.

PUENTEDURA, R. R. *Building upon SAMR*. 2012. Disponível em: <www.hippasus.com/rrpweblog/archives/2012/09/03/BuildingUponSAMR.pdf>. Acesso em: 2 maio 2017.

RUSSEL, M. K.; AIRASIAN, P. W. *Avaliação em sala de aula:* conceitos e aplicações. 7. ed. Porto Alegre: AMGH, 2014.

SANCHO, J. M. De tecnologias da informação e comunicação a recursos educativos. In: SANCHO, J. M. et al. (Colab.). *Tecnologias para transformar a educação*. Porto Alegre: Artmed, 2006.

TRIPP, D. Pesquisa-ação: uma introdução metodológica. *Educação e Pesquisa*, v. 31, n. 3, p. 443-466, 2005.

WASTIAU, P. et al. The use of ICT in education: a survey of schools in Europe. *European Journal of Education*, v. 48, n. 1, 2013.

ZABALA, A. *A prática educativa:* como ensinar. Porto Alegre: Artmed, 1998.

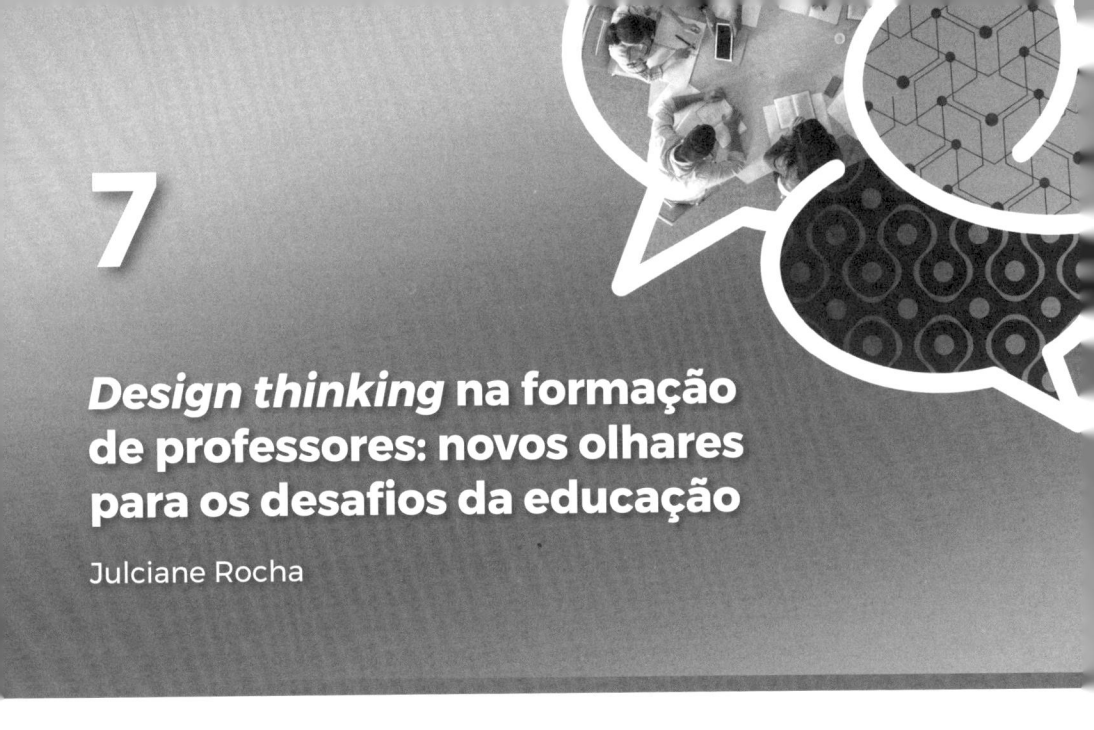

Design thinking na formação de professores: novos olhares para os desafios da educação

Julciane Rocha

Design thinking (DT) é o nome dado à apropriação por outras áreas do conhecimento da metodologia e sistemática utilizada pelos *designers* para gerar, aprimorar ideias e efetivar soluções. O DT tem características muito particulares que visam facilitar o processo de solução dos desafios cotidianos com criatividade e de forma colaborativa. Graças a elas, pode-se dizer que o DT provoca a inovação e a ação prática.

Essa abordagem ficou conhecida mundialmente pelas publicações da empresa de *design* IDEO, que apostou no seu potencial para provocar transformações em diferentes espaços da sociedade. Embora algumas experiências tenham sido mapeadas em anos anteriores, foi em 2009 que a *designer* Kiran Bir Sethi (Índia) tornou pública a sua inspiração no *design thinking* para a transformação das diretrizes de sua escola, criando um movimento denominado Design for Change.[1]

Em 2011, a IDEO publicou um material específico para a área educacional, sistematizando a abordagem de maneira didática e passível de ser experimentada por instituições de ensino interessadas no tema. No Brasil, as primeiras experiências começaram em 2012 e continuam crescendo a cada ano, configurando o *design thinking* como uma prática poderosa de transformação das relações e dos desafios cotidianos vividos no lócus educacional.

Neste capítulo, temos como objetivo situar o leitor acerca do surgimento do *design thinking* e os princípios e processos que dão forma à abordagem. Feita essa contextualização, pretende-se apontar algumas possíveis contribuições da abor-

---

1 Para mais informações, acesse: www.dfcworld.com/SITE. No Brasil, o Instituto Alana é representante desse movimento, com o programa Criativos na Escola: http://criativosdaescola.com.br.

dagem quando vivenciada na área educacional, em especial, na formação de professores. Para ilustrar essas possíveis contribuições, lançaremos mão de algumas experiências já registradas e outras experiências pessoais de cocriação utilizando o *design thinking*.

Para dar início a essa reflexão, vamos pensar a respeito do contexto de desenvolvimento da área da educação, de que forma ela se molda e se torna a instituição que conhecemos hoje para, assim, pensarmos como o *design thinking* pode ajudar a transformar alguns aspectos dessa instituição tão fundamental em nossa sociedade.

A CRISE DA EDUCAÇÃO: DA DENÚNCIA AO ANÚNCIO

A denúncia de uma crise de sentido na educação não é algo novo e exclusivo do momento histórico em que vivemos. Podemos dizer que a crítica ao modelo educacional e à função social da escola se constitui à medida que a própria educação se institucionaliza, incorporando a responsabilidade de ser um processo sistemático e intencional de formação humana.

A escola como conhecemos hoje nasce na modernidade e é nela também que nasce a crítica ao modelo vigente. Rousseau (1712-1778), no século XVIII, já denunciava a educação escolar como insuficiente, por se preocupar tão somente com a transmissão de determinados conteúdos consagrados. Para ele, a escola precisava colocar a criança como centro do processo de aprendizagem e uma de suas funções deveria ser compreender a criança e suas manifestações, algo que até então pouco se conhecia (STRECK, 2004).

O século XIX foi marcado pelo surgimento do embate teórico entre socialismo e positivismo, que se refletiu em várias esferas sociais, inclusive na educação. A escola, denunciada como um instrumento de controle social e a serviço da classe burguesa, precisava estar em sintonia com as necessidades do proletariado. Nesse mesmo período, houve a consolidação da "cultura escolar", a criação de disciplinas, do controle do tempo, estabelecimento de programas e materiais didáticos.

A reflexão sobre o sentido da educação adentra o século XX. A crítica se aprofunda e há insatisfação tanto das correntes mais liberais quando das mais marxistas. A importância da educação para a transformação dos cidadãos e, como consequência, da sociedade, é reconhecida tanto em movimentos de herança liberal, como a Escola Nova, quanto em movimentos neomarxistas, como a Teoria Crítica.

As mudanças sociais acentuaram os problemas estruturais da instituição escola. No Brasil, por exemplo, em meados dos anos 1950, apenas 30% da população brasileira viviam nas cidades. A partir das mudanças do modelo econômico na década seguinte, seguindo orientação fortemente industrial e com ênfase nos investimentos em obras de infraestrutura urbana, a população que estava no campo começa a migrar para as cidades, consequência das dificuldades de se manter em seus lugares de origem. A pressão das camadas médias pelo aumento do acesso e da permanência na escola ampliou-se consideravelmente neste período, dada a relação estabelecida entre a escolarização e o direito à cidadania. Com o inchaço das cidades e a falta de investimento nos setores sociais, os serviços públicos, entre eles, a educação, começam a entrar em colapso, dando origem a alguns dos problemas que conhecemos hoje.

O século XXI absorve toda essa trajetória de insatisfação com o modelo educacional vigente. No final do século XX, a UNESCO estabelece uma Comissão Internacional sobre a Educação para o século XXI, que elabora um documento, coordenado por Jacques Delors, que visa construir coletivamente um propósito para a educação neste século que se inicia, denominado *Educação – um tesouro a descobrir*. Nele, fica evidente que a função social da escola para o século XXI é desenvolver aprendizagens para além do conteúdo escolarizado.

> Para poder dar respostas ao conjunto de suas missões, a educação deve organizar-se em torno de quatro aprendizagens fundamentais que, ao longo de toda a vida, serão de algum modo, para cada indivíduo, os pilares do conhecimento: aprender a conhecer, isto é, adquirir os instrumentos da compreensão; aprender a fazer, para poder agir sobre o meio envolvente; aprender a viver juntos, a fim de participar e cooperar com os outros em todas as atividades humanas; e finalmente, aprender a ser, via essencial que integra as três precedentes. (DELORS, 1998, p. 89-90).

Há muita expectativa depositada na educação, e, cada vez mais, há um consenso na sociedade em relação à sua importância para tornar o mundo um lugar melhor. Ao mesmo tempo em que ela é o reflexo da forma como a sociedade pensa, se organiza e age, espera-se que ela atue em direção à transformação dessa própria sociedade. Isso seria possível? Segundo Cortella (2008), a escola não deve ser vista como neutra e nem como determinada. As contradições existentes nas relações sociais também se refletem na escola, ou seja, a escola tanto pode ser um espaço de manutenção do *status quo*, posicionando-se como uma instituição conservadora, quanto de transformação social, posicionando-se como uma instituição inovadora. Nas palavras do autor, olhar a escola com otimismo crítico permite reconhecer a sua autonomia relativa perante as forças sociais.

Nesse sentido, o desafio está em como avançamos da denúncia para o anúncio, ou seja, da crítica para a ação transformadora. Embora o reconhecimento de que todas as insuficiências do modelo educacional sejam importantes para mobilizar a mudança, o que fará diferença na vida de professores, estudantes e todos os profissionais da educação são as ações.

Como é de nosso conhecimento, o fracasso escolar tem múltiplas causas. No entanto, é comum os profissionais da educação centrarem seus apontamentos especialmente nas causas extraescolares, como "[...] precárias condições sociais e econômicas da população, formação histórica colonizada, poderes públicos irresponsáveis ou atrelados aos interesses de uma elite predatória" (CORTELLA, 2008, p. 118).

De fato, tais causas existem e não devem ser ignoradas, mas não são as únicas. No entanto,

> Se desejamos aproveitar a contradição entre o caráter *inovador* e *conservador* de nossas práticas (procurando explorar os espaços nos quais nossa *autonomia relativa* rejeite concretamente a manutenção de uma realidade social injusta), devemos nos debruçar sobre as *causas intraescolares* do fracasso. (CORTELLA, 2008, p. 118).

Ao longo dos últimos cinco anos, durante o exercício de fomentar ações transformadoras e de inovação nos contextos educacionais, partindo da força do coletivo que emana da escola, tivemos a oportunidade de conhecer, aprofundar e vivenciar o *design thinking*. Tal processo despertou nosso olhar especialmente por contribuir com algumas mudanças de paradigmas importantes para o fortalecimento dos sujeitos da educação na promoção de transformações que estão ao seu alcance. Entre essas mudanças, um novo olhar para a escuta e o diálogo, categorias profundamente desenvolvidas na obra de Paulo Freire (1979, 1996, 2005) e que podem ser revisitadas.

Mais do que atuar como um instrumento para resolução de problemas, o *design thinking* é um processo centrado nas pessoas, que busca aproximá-las para pensarem juntas nos desafios cotidianos e em formas possíveis de superá-los.

Por essa razão, acreditamos que sua abordagem pode ajudar na superação do cenário atual da educação. Algumas experiências com *design thinking* no universo da educação já são realidade e podemos aprender com elas.

O *DESIGN*, O *DESIGN THINKING* E SUA INSERÇÃO NO UNIVERSO EDUCACIONAL

O *design* é uma área do conhecimento que consiste na concepção, idealização, criação e desenvolvimento de artefatos e, mais atualmente, também de serviços e experiências. O *design* reúne estratégia, técnica e criatividade e seu ponto de partida habitualmente é a intenção de resolver um problema.

O *design thinking* é uma abordagem que se inspira na forma como os *designers* atuam para resolver problemas, originária do *design* centrado no humano. Podemos dizer que, ao cunhar esse termo, seus criadores buscavam reconceituar a própria área, acentuando que a característica mais importante do profissional que atua com o *design* é sua capacidade de propor soluções baseadas nas necessidades das pessoas e nos contextos e com um olhar sistêmico. Assim, rompia-se com a visão comumente associada ao *design*, como desenvolvimento de produtos esteticamente diferenciados.

Os criadores do conceito de *design thinking*, em 1973, são Rolf Faste, professor da Stanford University que definiu e popularizou o termo, e David Kelley, também de Stanford e um dos fundadores da IDEO,[2] empresa que disseminou o conceito e tem desenvolvido projetos no mundo inteiro, em diversas áreas, inclusive na educação.

Tim Brown, diretor executivo da IDEO, escreveu, em 2009, o livro[3] *Design thinking: uma metodologia poderosa para decretar o fim das velhas ideias*, com o objetivo de disseminar a abordagem e ampliar sua experiência em outras áreas. No livro, traduzido e publicado em 2010, o autor define *design thinking* como "[...] a abstração do modelo mental utilizado há anos pelos *designers* para dar vida a ideias" (BROWN, 2010). Já nessa obra, Brown (2010) sinaliza que "[...] os princípios do *design thinking* são aplicáveis a uma ampla variedade de organizações". Em 2009, o TED Talk[4] da *designer* Kiran Bir Sethi tornou mundialmente conhecida sua inspiração no *design thinking* para a elaboração das práticas pedagógicas realizadas em sua escola, a Riverside School, convidando outras instituições a se unirem no movimento Design for Change. O principal diferencial de sua escola é a intervenção na realidade a partir da perspectiva do *design*.

Em 2011, a IDEO lançou um material voltado para a área da educação, chamado *Design thinking para educadores*.[5] O material é fruto das experiências realizadas por professores da Riverdale Country School,[6] de Nova York, Estados Unidos, nas suas salas de aula e em outros espaços da escola. Tais experiências bem-sucedidas inspiraram a produção do texto de referência, que tem como objetivo sistematizar de forma didática os princípios do *design thinking*, permitindo que outras escolas possam experimentar a abordagem para solucionar os desafios cotidianos. O material foi traduzido para a língua portuguesa em 2014 como recurso educacional aberto, sob licença *creative commons*.[7] O texto incorporou exemplos de experiências de utilização da abordagem no contexto brasileiro, como a realizada no Instituo Akatu.

No mesmo ano, o Instituto Tellus, em parceria com o Instituto Península, utilizou a abordagem de *design thinking* para desenvolver uma pesquisa com objetivo de colaborar com a reconfiguração do currículo escolar nas escolas do Brasil. Esse estudo durou seis meses e envolveu um grupo focal de seis professores brasileiros,

---

2 IDEO é uma empresa de consultoria de *design* global que se apresenta como uma empresa "que usa uma abordagem humanizada para ajudar organizações dos setores públicos e privados a inovar e crescer". É uma instituição premiada e reconhecida em todo o mundo pelo sucesso de seus projetos. Foi criada em 1991, a partir de uma fusão de quatro empresas, entre elas a empresa de *design* de David Kelley. Para saber mais, acesse: www.ideo.com.

3 A obra foi publicada em 2009 nos Estados Unidos, mas foi traduzida para o Brasil em 2010.

4 *Kids, take charge*. Disponível em: www.ted.com/talks/kiran_bir_sethi_teaches_kids_to_take_charge.

5 Disponível em: https://designthinkingforeducators.com.

6 Disponível em: www.riverdale.edu.

7 *Design thinking para educadores*. Disponível em: https://designthinkingforeducators.com/DT_Livro_COMPLE-TO_001a090.pdf

que vivenciaram a experiência de *design thinking* com o apoio do Instituto Tellus, que já utiliza a abordagem em seus projetos de inovação em serviços públicos no Brasil. O resultado foi publicado em 2015, em um relatório que, além de sistematizar a experiência, apresenta uma análise contextual da educação baseada na escuta dos sujeitos envolvidos no processo educacional (professores, gestores, alunos e comunidade escolar) e algumas diretrizes para quem desejar experimentar a abordagem em sua realidade.[8]

Os dois documentos citados foram a base para as experiências que vamos relatar neste capítulo.

OS PRINCÍPIOS E O PROCESSO DO *DESIGN THINKING*

Para que possamos propor alguns caminhos e reflexões a respeito das contribuições do *design thinking* para a educação, é importante que as características da abordagem sejam explicitadas, bem como a forma como esses princípios são vivenciados no desenvolvimento da abordagem (Fig. 7.1). As pesquisas acadêmicas sobre *design thinking* na educação são relativamente escassas no Brasil. Para fundamentar nossa reflexão, selecionamos o livro *Design thinking para educadores* (IDEO, 2014) e a dissertação de Reginaldo (2015). Ambos descrevem as principais características da abordagem.

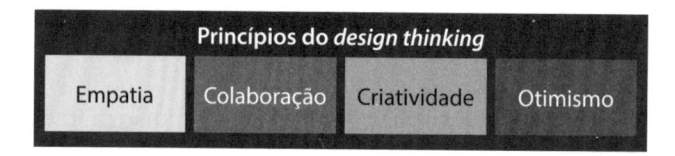

Figura 7.1 Princípios do *design thinking*.

Empatia

O *design thinking* é uma abordagem que coloca o ser humano no centro do processo de inovação. Essa é uma das características mais fortes da abordagem, e há toda uma sistemática por trás da vivência da empatia, uma das etapas do processo, como veremos mais adiante. Segundo o dicionário Michaelis, empatia é "a habilidade de imaginar-se no lugar de outra pessoa; a compressão dos sentimentos, desejos, ideias e ações de outrem e qualquer ato de envolvimento em relação a uma pessoa, a um grupo ou uma cultura" (MICHAELLIS, 2017). Entendida como uma inteligência emocional, a empatia nos conecta com o outro de forma profunda, sem, no entanto, nos confundirmos com ele. Trata-se de um exercício afetivo e cognitivo.

---

[8] *Aprender a aprender: como o design pode transformar a escola*. Disponível em: https://s3.amazonaws.com/porvir/wp-content/uploads/2015/03/20150121_RELATORIO_final.pdf.

O *design thinking* proporciona esse olhar em profundidade para as pessoas, para criar empatia em relação a elas, inspirar-se com elas e compreender suas necessidades e motivações. Ele humaniza o processo de inovação, pois deixa claro que são pessoas criando soluções para pessoas e com pessoas.

Conforme apontado por Brown (2010), a fonte para o desenvolvimento dos processos de definição do problema e da empatia no *design thinking* foram as ferramentas de observação das ciências sociais acadêmicas, como a etnografia, comumente utilizada nas pesquisas antropológicas. No processo de *design*, a empatia demanda observação e diálogo constante. Na maior parte do tempo, o *design thinking* se realiza no campo, ou seja, no local onde se realiza a ação.

Em várias de suas obras, Paulo Freire (1996, p. 127) trata da importância do diálogo e da escuta na prática educativa. Para Freire, só é possível falar com alguém quando aprendemos a escutar essa pessoa verdadeiramente. Nesse sentido, o *design thinking* e sua sensibilização para a empatia podem contribuir para o desenvolvimento de uma escuta ativa e, mais do que isso, do fortalecimento dos demais sujeitos para se colocarem em diálogo. Para Freire (1996, p. 127) "[...] quem tem o que dizer deve assumir o dever de motivar, de desafiar quem escuta, no sentido de que quem escuta diga, fale, responda". Isso é comunicação.

Colaboração

O *design thinking* tem como um dos pilares fundamentais a colaboração. Os envolvidos no processo aprendem a extrair o melhor dos grupos, partindo do entendimento profundo de problemas e desafios no universo da educação (seja de currículo, de sala de aula, etc.), uma vez que as múltiplas percepções ajudam a entender melhor o que se quer resolver, até a criação de soluções e propostas inovadoras.

Essa multiplicidade de olhares sobre o fenômeno é um dos elementos-chave para o despertar de soluções ancoradas na realidade e, por isso, mais conectadas com o problema que se pretende resolver. Quanto mais os envolvidos no problema participarem dos processos de decisão durante o desenvolvimento da solução, mais cocriada será esta solução.

O ato de buscar soluções para os problemas de forma colaborativa já envolve as pessoas no compromisso de tornar aquela solução uma prática, uma realidade. Não será uma solução que vem de fora, mas algo construído dialogicamente, contextualizado na vida daquelas pessoas.

> A existência, porque humana, não pode ser muda, silenciosa, nem tampouco pode nutrir-se de falsas palavras, mas de palavras verdadeiras, com que os homens transformam o mundo. Existir, humanamente, é pronunciar o mundo, é modificá-lo. O mundo pronunciado, por sua vez, se volta problematizado aos sujeitos pronunciantes, a exigir deles novo pronunciar. Não é no silêncio que os homens se fazem, mas na palavra, no trabalho, na ação-reflexão. (FREIRE, 2005, p. 90).

A reflexão de Freire (2005) acerca da importância do diálogo e da reflexão se aproxima da característica colaborativa do *design thinking* na medida em que coloca as pessoas no centro do processo de mudança. O compartilhamento de ideias, visões de mundo, percepções, aliado à escuta verdadeira torna a experiência de resolver problemas mais contextualizada e, portanto, mais efetiva.

Criatividade

Não é incomum ouvirmos dizer que existem pessoas criativas e pessoas não criativas. Nessa mesma perspectiva do que significa criatividade, as pessoas criativas são comumente vinculadas a áreas consideradas "artísticas" (KELLEY; KELLEY, 2014), muitas vezes não participando de processos "sérios" e decisórios nas instituições. O *design thinking* traz uma visão diferente sobre a criatividade das pessoas, pois a partir da vivência da abordagem é possível perceber que todos são criativos. Porém, ao longo do tempo, boa parte das pessoas perde sua confiança criativa, e o *design thinking* ajuda a despertá-la novamente, pois a criatividade é algo que faz parte da essência do ser humano, é algo que todos nós temos.

Para Tom e David Kelley (2014, p. 17), a confiança criativa é "[...] a capacidade de imaginar, ou expandir, ideias originais". Para eles, "o maior valor da criatividade só surge com a coragem de colocar essas ideias em prática" e, por isso, entende-se como confiança criativa "a capacidade de ter novas ideias e a coragem para testá-las".

Otimismo

Para criar soluções inovadoras, é preciso ter um novo olhar sobre o mundo e, para chegarmos a esse mundo cheio de possibilidades, é preciso dedicação e eterna vigilância para romper a lente do pessimismo, a lente que parece mostrar que nada é possível, que os desafios são impossíveis de se resolver. Paulo Freire chamaria tal olhar sobre o mundo de inédito viável, ou seja, "[...] um modo de superação dos condicionamentos históricos que o tornam momentaneamente inviável" (FREIRE, 1979, p. 30). No livro *Pedagogia da autonomia*, Freire retoma essa reflexão, apontando o risco de encararmos a História como determinismo e não como possibilidade (FREIRE, 1996, p. 128-129). Para ele, tal visão é "[...] a posição de quem se assume como fragilidade total diante do todo-poderosismo dos fatos que não apenas se deram porque tinham que se dar, mas que não podem ser 'reorientados' ou 'alterados'".

O *design thinking* contribui para o rompimento dessa barreira, pois encoraja um novo modelo mental que permite que os envolvidos no processo vejam um mundo cheio de possibilidades, e que a criatividade de cada um, junto ao processo de inovação, permita resolver os problemas mais improváveis de serem resolvidos. Problemas reais, contextualizados na realidade dos sujeitos, fomentando o pensar globalmente e agir localmente. "Ensinar exige a convicção de que a mudança é possível [e que] o mundo não é, o mundo está sendo" (FREIRE, 1996, p. 85).

O PROCESSO DO *DESIGN THINKING*

A empresa americana de *design* IDEO foi a principal responsável por disseminar o *design thinking* mundialmente, como já mencionado. Isso se deu pela forma como eles sintetizaram o processo de *design*, permitindo sua aplicação em diversos contextos. David Kelley, um dos fundadores da IDEO, também é um dos fundadores da escola do Hasso Plattner Institute of Design, da Stanford University, a chamada d.school — um laboratório de *design* que atende a todos os cursos da universidade. Kelley levou essa síntese do processo de *design* para ser vivenciada na d.school.[9]

A Figura 7.2, disponível em d.school (2012), representa as etapas do *design thinking* que utilizamos em nossas experiências de formação de professores. Como é possível observar, as etapas refletem os próprios princípios do *design* já relatados. De acordo com a d.school, as etapas do *design thinking* reúnem métodos da engenharia e do *design*, combinados com ideias originadas das artes, procedimentos das ciências sociais e *insights* do mundo dos negócios (D.SCHOOL, 2010).

É importante ressaltar que essas etapas não são necessariamente lineares, ou seja, se for necessário retomar alguma etapa para aprofundamento ou validação, por exemplo, há flexibilidade para tal. Da mesma forma, o ciclo pode se repetir por completo mais de uma vez, caso seja preciso. Cada ciclo completo é chamado de iteração (ver Fig. 7.2).

Ao comparar as figuras que ilustram as etapas do *design* (adaptadas da d.school e da IDEO, respectivamente), identificamos que as fases estão com nomenclaturas diferentes, mas representam os mesmos processos.

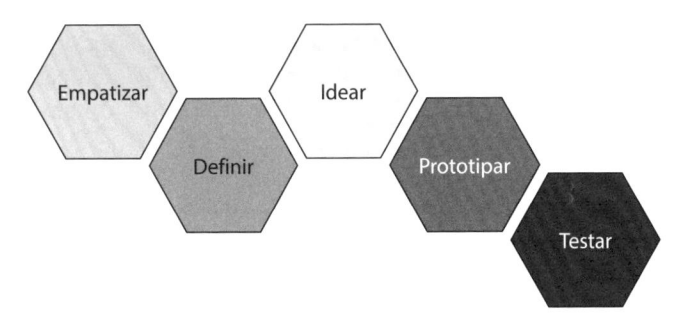

Figura 7.2 Etapas do *design thinking*, segundo a d.school (Stanford University).
Fonte: Adaptada de d.school (2012, p. 6).

---

9 Hasso Plattner Institute of Design at Standord University. Disponível em: https://dschool.stanford.edu.

Descoberta/empatizar

Na etapa da descoberta/empatia, o ponto principal consiste em compreender o universo no qual a temática do problema está imersa. No *design thinking*, o problema é investigado a partir do entendimento da realidade, mesmo que haja um problema inicialmente identificado. Muitas vezes, o real problema pode ser de fato aquele percebido numa primeira aproximação da realidade. No entanto, há casos em que, no processo de diálogo com as pessoas imersas naquele contexto, identificamos outras necessidades mais pertinentes do que aquela inicialmente apresentada.

Nessa fase também vivenciamos a empatia, que permeará todas as demais fases do processo de *design thinking*. Como a abordagem envolve constante diálogo, a empatia não é encarada como mera técnica, mas como princípio a ser praticado ao longo de todo o processo. Além do diálogo com os públicos envolvidos, nessa etapa são realizadas pesquisas em diversas fontes, documentais, bibliográficas, na internet,[10] além de conversas com especialistas da área investigada.

Interpretação/definir

A etapa de definição envolve a interpretação dos dados coletados na primeira etapa. Consiste em analisar, categorizar, recolher aprendizados para, por fim, definir o desafio a ser solucionado. Como o *design thinking* é um processo colaborativo, é importante criar registros visuais, visando compartilhar as histórias e os personagens identificados na fase da empatia. Essa análise e interpretação dos dados fará emergir *insights* (percepções) importantes, frutos do exercício de dar significado ao que foi coletado. Como processo coletivo, a riqueza está em construir coletivamente esses sentidos, negociar impressões e relevâncias. O final desse processo consiste em elencar, entre as oportunidades identificadas, o desafio que será levado adiante.

É recomendável que esse desafio esteja descrito de forma propositiva. No material *Design thinking para educadores*, sugere-se elaborar o desafio com uma pergunta que se inicie com "Como podemos...?" (IDEO, 2014, p. 48), como nos exemplos a seguir.

> Como podemos engajar os pais na vida escolar de seus filhos?
>
> Como podemos apoiar os professores na adoção das tecnologias digitais de forma significativa?
>
> Como podemos desenvolver os alunos para que aprendam de maneira mais autônoma?

---

[10] Na área do *design thinking*, essas pesquisas são chamadas de *desk research*. Para mais informações, acesse: http://blog.dtidigital.com.br/pesquisa-desk-design-tinking.

Um dos instrumentos mais utilizados nessa etapa é o mapa da empatia, criado pela Xplane,[11] que auxilia na sistematização dos aprendizados obtidos. A partir de nossa observação, imersão e conversas estabelecidas com os sujeitos envolvidos no processo, podemos nos debruçar sobre eles com mais profundidade, analisando-os sob diferentes óticas: o que pensam e sentes? O que ouvem? O que falam e fazem? O que veem?

Desse exercício reflexivo, podemos extrair quais são as possíveis dores e necessidades de cada público-alvo, criando personas, ou seja, personagens fictícios feitos para representar os diferentes grupos. Tais aprendizados devem nortear as próximas ações. Se houver dificuldade em completar os espaços de alguns dos aspectos, o mapa está evidenciando algumas lacunas de conhecimento que você precisa preencher.

Ideação/idear

A fase da ideação consiste em gerar e refinar ideias. Para isso, são estimulados alguns processos criativos, como o *brainstorming*. O importante é que todos se sintam confiantes em contribuir e que não haja julgamento das ideias apresentadas e nem apego às ideias. A construção coletiva, a negociação e o diálogo é que permitirão o surgimento de ideias ainda não pensadas, sólidas e que possam resolver o problema.

Após a geração de ideias, é preciso definir qual delas será levada adiante. Antes de definir apenas uma, recomenda-se que os envolvidos se debrucem sobre algumas delas e pensem em obstáculos e possíveis soluções, apenas como um exercício para antecipar sua complexidade e possibilidade de atuação. Recomenda-se selecionar aquelas de maior praticabilidade. Ao fim desta etapa, é importante que o grupo já tenha clareza de como a solução se dará.

Se os envolvidos no problema não estiverem cocriando com o time de *designer thinkers*, é muito importante que eles sejam consultados durante todo o processo. O *feedback* deles é fundamental para evitar que se leve adiante uma ideia que não tem aderência ao público-alvo. Eles precisam sentir-se reconhecidos na solução.

Experimentação/prototipar

A fase da experimentação ou prototipação é o momento de dar vida às ideias. A palavra protótipo vem do grego *protótipos*, que significa primeiro modelo, ou seja, uma primeira versão de algo, de caráter experimental, antes da produção de novos exemplares (PROTÓTIPO, 2016).

O protótipo, além de comunicar uma ideia e torná-la tangível, permite sua validação. Em geral, pensamos que só é possível criar protótipos de produtos, mas a

---

[11] Disponível em: www.xplane.com/about.

área do *design* tem procedimentos também para o desenvolvimento de protótipos de processos e experiências. Algumas formas de criar protótipos mais comuns são: *storyboards*, diagramas, contação de histórias, anúncios, modelos e maquetes, *role play*, além de diversos produtos digitais (IDEO, 2011).

Esse é o momento mais importante para recolher *feedback* dos envolvidos, uma vez que a ideia de construção do protótipo é dar vida à solução. Ao tornar tangível a ideia, a comunicação é estabelecida e a colaboração se fortalece. É importante registrar todas as devolutivas e, mais do que isso, fomentar a participação. Perguntas que levem as pessoas a verbalizar suas impressões são bem-vindas. O *toolkit* da IDEO (2011, p. 62) traz algumas ideias que ajudam a ilustrar como promover a participação:

- Você poderia descrever o que te deixa mais animado com esta ideia, e por quê?
- Se você pudesse mudar uma coisa neste protótipo, o que seria?
- O que você gostaria de melhorar nesta ideia?

É importante não se apegar à ideia e, em consequência disso, apresentá-la de uma forma defensiva. É preciso buscar transmitir tranquilidade, para que as pessoas sintam-se à vontade para contribuir.

Ao final da apresentação do protótipo, é importante que os envolvidos façam uma reflexão sobre tudo o que foi ouvido e vivido, de forma a tomar decisões sobre como caminhar a partir de então. Será necessário repensar o problema? Aprofundar a empatia? Retomar ideias descartadas? Ou basta ajustar o protótipo e fazer uma nova rodada de devolutivas?

Evolução/testar

Finalizada a etapa de experimentação, ou seja, quando se chega a um protótipo validado, é necessário planejar a implementação da ideia. O que será necessário? Quem ficará responsável por determinadas ações? O que esperamos como resultado?

Nesta etapa, é importante trabalhar com ferramentas de gestão de projetos, como planos de ação, cronograma de reuniões e plano de comunicação para envolvimento do público-alvo. Não basta que tenhamos boas ideias, precisamos executá-las.

O acompanhamento da solução visa a identificar se os resultados esperados estão se concretizando. Para isso, novamente se faz importante vivenciar a empatia e exercitar o diálogo. Nessa fase, é importante ficar atento a eventuais ajustes no processo. O desenvolvimento de uma solução é um processo dinâmico e vivo. Ele não se encerra na implementação, mas na sua consolidação. É importante também comemorar as vitórias, elas são um importante motor para o fortalecimento do trabalho colaborativo.

Também faz parte dessa etapa a reflexão sobre o processo, de forma a compartilhar impressões, momentos marcantes e aprendizados. Assim, será possível aprimorar o processo do *design thinking* nas próximas experiências. Afinal, novos desafios se apresentam, e novas soluções, também.

RELATO DE EXPERIÊNCIA: O PRIMEIRO CONTATO DE UM GRUPO DE PROFESSORES COM A ABORDAGEM DO *DESIGN THINKING*

Até aqui, nosso objetivo foi apresentar os princípios e o processo de *design thinking*, buscando evidenciar quais possíveis contribuições a abordagem poderia trazer ao universo educacional. A seguir, pretendemos apresentar algumas impressões de professores que tiveram um primeiro contato com o *design thinking* em oficinas facilitadas pela autora deste texto.

As oficinas ministradas têm o objetivo de promover uma primeira experiência imersiva dos professores, para que possam vivenciar os princípios do *design thinking*: empatia, colaboração, criatividade e otimismo, ainda que de forma inicial. Trata-se de uma experiência que busca encorajar as pessoas a conhecer mais sobre o processo, a aprofundar-se na abordagem e a experimentar utilizá-la em seu cotidiano.

Por ser esse um tema relativamente novo na educação, a realização de oficinas com professores é recente. A autora tem participado da condução dessas vivências desde 2015, com adaptações para diversos públicos, mas com uma espinha dorsal presente em todas as atividades, que consiste em viver as quatro primeiras etapas do processo. Um requisito fundamental das oficinas é o desenvolvimento de soluções para problemas cujo principal público-alvo sejam os professores, pois assim o processo de empatia não é simulado, mas vivenciado.

Todas as oficinas foram ministradas em São Paulo e algumas no espaço de uma mesma instituição, mas com públicos diferentes. Para este relato de experiência, foram selecionadas três vivências, uma delas realizadas em 2015 e duas em 2016. A experiência de 2015 foi realizada após um convite da coordenadora do curso de pedagogia desta instituição. As experiências de 2016 foram desenvolvidas como parte de um curso de extensão, ministradas pela autora e por outros dois professores e oferecidas em duas instituições com perfis diferentes. Como critério de escolha dessas oficinas, está a obtenção de dados de avaliação dos encontros, por meio da pergunta "O que eu levo do encontro de hoje?".

Uma breve descrição do contexto de realização das oficinas é apresentada no Quadro 7.1.

Apresentaremos algumas das reflexões dos alunos a respeito desse primeiro contato com o *design thinking*. Selecionamos os depoimentos que trazem algum

QUADRO 7.1 Dados referentes às oficinas de *design thinking*

Ano	Público-alvo	Caracterização	Desafio
2015	Estudantes do primeiro semestre de pedagogia	Os estudantes desta instituição têm, em geral, mais idade do que um público que ingressa no ensino superior oriundo do ensino médio. Uma parte deles está cursando sua segunda graduação.	Cada grupo elaborou um desafio, todos relacionados a dificuldades enfrentadas na vida acadêmica: Como adaptar os meus estudos à minha rotina? Como podemos adquirir bagagem prática para a sala de aula, oferecendo uma boa formação para os alunos? Como as disciplinas podem ser distribuídas para otimizar o tempo para a realização das atividades?
2016 (A)	Profissionais da educação de diferentes instituições inscritos no curso de metodologias ativas	Aproximadamente metade dos alunos são professores. Os demais são profissionais de empresas que desenvolvem serviços para a área educacional.	Os docentes propuseram o desafio: como podemos estimular a integração das tecnologias à sala de aula atendendo aos desafios de aprendizagem do século XXI?
2016 (B)	Profissionais de curso profissionalizante em nível médio da mesma instituição inscritos no curso de metodologias ativas	Apenas uma pequena parcela do grupo de alunos advém das áreas administrativas da instituição. Os demais são professores de áreas técnicas.	Os docentes propuseram o desafio: Como podemos avançar em práticas inovadoras em nossa instituição?

elemento das categorias representantes dos princípios do *design thinking*: otimismo, criatividade, empatia e colaboração. Com o objetivo de preservar a identidade dos respondentes, utilizaremos números para identificá-los.[12]

Otimismo

Nos relatos a seguir, foi possível identificar que, para alguns dos professores-alunos, o otimismo mostrou-se um elemento poderoso na vivência de *design thinking*.

---

[12] Para ter acesso a imagens e outros registros, acesse http://bit.ly/DTprofessores. Esse material foi produzido pela autora, com o objetivo de oferecer mais detalhes acerca das experiências.

> Amei essa aula, é uma maneira inovadora de ajudar a resolver problemas, não sozinhos, mas sim com outras mentes. (Estudante 3 – oficina 2015)
>
> Esperança. (Estudante 3 – oficina 2016-A)
>
> Mudanças são necessárias e não é impossível mudar. (Estudante 4 – oficina 2016-A)
>
> Novas perspectivas. (Estudante 5 – oficina 2016-B)
>
> A possibilidade de fazer diferente ou, pelo menos, de encontrar alternativas possíveis. (Estudante 7 – oficina 2016-B)

Como facilitadora do processo e com a percepção de quem acompanhou o desenrolar das soluções, percebi que o otimismo se evidencia na confiança em apresentar a produção aos demais colegas. Há uma coerência na construção das soluções, que fortalece a sensação de dever cumprido diante das restrições de tempo e recursos. Costumamos encerrar a experiência ressaltando: "Se em tão pouco tempo e com tão poucos recursos vocês conseguiram chegar a soluções tão interessantes, imaginem o que não são capazes de fazer com mais tempo e um pouco mais de recursos?".

Empatia

A empatia é, grosso modo, o princípio mais marcante para os indivíduos que vivenciam pela primeira vez o *design thinking*. Em geral, utilizamos, pelo menos, 30% do tempo da oficina para a vivência desse princípio, chegando à construção do mapa da empatia como um instrumento que evidencia a complexidade diante do que praticamos, pensamos, ouvimos e sentimos. Como resultado, a empatia aparece em muitas sínteses realizadas pelos participantes, como veremos a seguir.

> Foi interessante o cunho da discussão, pois trouxe à tona questões e angústias que eu achava que eram só minhas. Me estimulou a resgatar minha autoestima como estudante. (Estudante 2 – oficina 2015)
>
> Gostei muito da experiência de hoje, estava com a sensação de ter errado na pergunta, mas depois percebi que não estava ali para responder à minha pergunta e sim para responder à pergunta dos outros. Saio desta oficina muito satisfeita. (Estudante 5 – oficina 2015)
>
> A questão de compreender a empatia e analisar com olhar do outro, achei muito importante. Amplia as chances de sucesso na solução dos problemas. (Estudante 2 – oficina 2016-A)
>
> Importante. A conexão entre as pessoas para avançar para a solução das questões é fundamental. (Estudante 1 – oficina 2016-B)
>
> Valorização do outro. (Estudante 8 – oficina 2016-B)

> A oportunidade de refletir mais profunda e colaborativamente para desenvolver uma solução empática. (Estudante 10 – oficina 2016-B)
>
> A cocriação, partindo da empatia e da síntese coletiva, como realizado no DT, é a melhor maneira de encontrar soluções realmente eficazes e que façam sentido para todos os envolvidos. (Estudante 2 – oficina 2016-B)

No exercício de observar as interações durante o desenvolvimento da oficina, é interessante notar a forma como se colocam os professores-alunos após a sensibilização para a importância da empatia. Há um cuidado na escuta, nas perguntas colocadas para o colega, no registro das informações levantadas. O desafio se mostra no momento de interpretar os dados. É comum passarmos nos grupos e ouvirmos determinadas colocações começando pelo pronome "eu", o que demanda uma maior atenção ao contexto e, se necessário, recorrer à mediação.

Costumamos provocar os participantes a pensar se estão concentrados nos dados coletados ou se estão se voltando em demasiado às suas próprias experiências. Esse momento costuma ser enriquecedor como aprendizado sobre a importância de construir uma solução partindo dos *inputs* do seu público-alvo. Parece óbvio, mas como não temos o hábito, é preciso exercitar.

Colaboração

Nas respostas à pergunta disparadora "O que eu levo do encontro de hoje?", a colaboração foi o elemento mais marcante. Como todo o processo acontece em grupo e demanda diálogo, negociação de papéis e pontos de vista, é esperado que os participantes identifiquem facilmente esse princípio na experiência vivida, como aconteceu em alguns dos relatos recebidos dos professores-alunos.

> Acho que no início é difícil expor para o grupo as nossas angústias ou dificuldades, principalmente quando o grupo não está de acordo com todas as ideias expostas. Mas acabou se tornando um desafio, fazer-se ser ouvido e colocar em prática uma solução. (Estudante 1 – oficina 2015)
>
> De muitas dinâmicas, este saber do *design thinking* foi muito especial, enriquecedor, tivemos muitas discussões importantes e possibilidades de uma melhora para os nossos conflitos. (Estudante 4 – oficina 2015)
>
> Desafio à colaboração. (Estudante 5 – oficina 2016-A)
>
> Troca de informações/aprendizado. (Estudante 3 – oficina 2016-B)
>
> Ideias e projetos são muito mais fortes e aplicáveis quando desenvolvidos em grupo. Colaboração e empatia são essenciais! (Estudante 4 – oficina 2016-B)

Durante a mediação e a observação dos participantes, é muito raro encontrar alguém mais isolado, sem participar das discussões ou dos momentos "mão na massa". Isso porque a vivência é dinâmica e demanda organização para se chegar a algum resultado significativo em um curto espaço de tempo. Também costumamos ver uma rotação do protagonismo entre os participantes, pois cada momento exige determinadas habilidades, como negociar, sintetizar (por escrito e por meio de facilitação visual), falar em público ou habilidades manuais.

Criatividade

A criatividade é um elemento muito exercitado no *design thinking*. É por meio da criatividade que os participantes chegam a resultados surpreendentes na busca de soluções para desafios complexos. A criatividade, aliada à força do coletivo, impulsiona a confiança das pessoas. Ela pode ser identificada nos relatos a seguir.

> Gostei muito da oficina. Muito criativa. Parabéns. (Estudante 6 – oficina 2015)
>
> Através da experiência vivida, entender que ideias colaborativas podem propor inovações. (Estudante 1 – oficina 2016-A)
>
> Uma nova forma de pensar, um novo modelo de solucionar problemas. (Estudante 6 – oficina 2016-B)
>
> Sistematização do processo criativo. (Estudante 9 – oficina 2016-B)
>
> Diálogo, empatia, idealizar e colocar a mão na massa para tentar achar solução para o problema. (Estudante 11 – oficina 2016-B)

É possível notar que os participantes reconhecem a criatividade não somente no produto final do processo, mas no processo em si. Isso porque, como já sinalizamos, a vivência é construída para estimular a criatividade e, por isso, se desenvolve sob diferentes estratégias.

No entanto, a criatividade é o elemento mais preocupante para os participantes. Não são raras as vezes em que eles expressam, ao longo do processo, sua dificuldade em se perceber criativos. Isso acontece porque, no imaginário das pessoas, ser criativo pode estar relacionado a ter habilidades artísticas, e não à nossa capacidade de resolver problemas. A confiança criativa é algo a ser desenvolvido e a oficina é apenas uma sensibilização para essa necessidade. O fato de se chegar a um produto final, muitas vezes sofisticado, é um importante ingrediente para alimentar a confiança criativa dos participantes.

Entre as críticas ouvidas dos participantes e, muitas vezes, não expressadas no papel, estão aquelas relacionadas ao próprio entendimento do que fazer em cada uma das etapas. Isso se agrava com o controle rigoroso do tempo para a realização de cada uma delas. Tal dificuldade é esperada, pois é algo totalmente novo para a maioria das pessoas. Por isso, costumamos passar nos grupos e reforçar as orientações, verificar se, de fato, as pessoas compreenderam o cerne da questão ou se precisam de mais exemplos para seguir adiante.

Alguns dos participantes pontuam a dificuldade em transformar uma questão, muitas vezes, ampla em algo mais específico e prático. Isso acontece porque as pessoas têm um olhar para o desafio como algo que precisa ser respondido, não como um contexto a ser aprofundado. É a partir desse mergulho no contexto que algum aspecto vai se sobressair e demandar uma solução. Na realidade, a pergunta do desafio é naturalmente reformulada em cada um dos grupos, tornando-se algo mais concreto e palpável diante do aspecto da realidade que se pretendeu abordar na solução.

A partir das reflexões dos professores sobre a vivência na oficina de *design thinking*, consideramos a experiência poderosa na formação docente, por mobilizar aspectos muitas vezes não considerados em sua trajetória formativa. Diante das situações complexas que vivenciamos nas instituições de ensino, relacionadas a diversos fatores (falta de recursos adequados, dificuldades de engajar os estudantes e a família no processo educacional, currículos distantes da realidade, espaços engessados, pouca colaboração entre pares, etc.), ter a possibilidade de exercitar o otimismo, a empatia, a colaboração e a criatividade pode ajudar os profissionais de educação a agir de forma mais assertiva no processo de resolução de problemas e desafios do cotidiano. Da mesma forma, exercitar essas habilidades pode ajudar professores e alunos a tornarem a sala de aula um espaço mais democrático e conectado com a realidade.

CONSIDERAÇÕES FINAIS

Como apontado no início deste capítulo, nosso objetivo foi situar o leitor na temática do *design thinking* e, em especial, no *design thinking* na educação. Para isso, optou-se por aprofundar seus princípios e processos, para, diante dessa contextualização, dialogar acerca de algumas possíveis contribuições da abordagem, quando vivenciada na formação de professores. Para isso, estabelecemos algumas aproximações entre os princípios do *design thinking* com o pensamento de alguns autores importantes na área, em especial, de Paulo Freire.

É importante ressaltar que nossa intenção não foi equalizar tais princípios e reflexões como se fossem equivalentes. O exercício de aproximar os princípios do *design thinking* das reflexões teóricas teve como objetivo encontrar alguns pontos de convergência. O mais interessante é perceber o *design thinking* como uma forma de tornar vivos esses aspectos apontados pelos autores, valiosos para construirmos a educação que desejamos. Essa forma pode conviver e se fundir com outras, igualmente legítimas.

A apresentação das impressões dos professores-alunos teve como objetivo mostrar que há um impacto nos educadores que vivenciam experiências de cocriação utilizando *design thinking* e que há espaço para aprofundamento em ações posteriores. Nossa expectativa é que, ao experimentarem essa primeira vivência, os professores busquem esse aprofundamento para espelharem práticas de cocriação com seus alunos.

Há uma outra reflexão importante, não abordada neste texto, de experimentação do *design thinking* como metodologia ativa de ensino e aprendizagem, associada a outras metodologias ativas, como a aprendizagem baseada em problemas e a aprendizagem baseada em projetos. Existem práticas já vivenciadas por professores de uso do *design* nesses contextos. No entanto, entendemos ser esse um segundo passo do uso da abordagem, quando o professor já experimentou o poder do *design* como prática de resolução de problemas de forma criativa e colaborativa em seu cotidiano. Por essa razão, optamos por começar nossa reflexão sobre o tema partindo da formação de professores. Nossa expectativa é avançar no debate, abordando esse aspecto em uma próxima publicação. Desejamos ver o *design thinking* ocupando cada vez mais espaço no universo educacional.

 **PARA SABER MAIS**

Vídeo: TED *talk* – Tim Brown conclama os *designers* a pensar grande

O diretor executivo da IDEO defende que o profissional de *design* tem um papel maior a desempenhar do que apenas criar pequenos objetos nítidos e elegantes. Ele pede uma mudança para o "pensamento de *design*" local, colaborativo e participativo.

Disponível em: www.ted.com/talks/tim_brown_urges_designers_to_think_big?language=pt-br

Vídeo: *Teacher for All* – Kiran Sethi

A *designer* e idealizadora da Riverside School, na Índia, conta como sua escola, que desenvolve projetos baseados em *design thinking*, tem transformado seu entorno.

Disponível em: www.youtube.com/watch?v=MWjmzFgq0WU7Y2sj_G4Njg

Relatório: *Aprender a Aprender* – Instituto Tellus e Instituto Península

O Instituto Tellus, especialista em *design* para serviços públicos, realizou uma pesquisa-ação com 6 docentes que utilizaram o *design thinking* como abordagem para promover mudanças em seus contextos de atuação.

Disponível em: www.youtube.com/watch?v=0eb6hjcTyU0.

O relatório também pode ser acessado em https://s3.amazonaws.com/porvir/wp-content/uploads/2015/03/20150121_RELATORIO_final.pdf

Vídeo: LED – Laboratório de Experimentações Didáticas

O LED é um espaço-evento baseado em DT, desenhado para engajar educadores na criação e experimentação de soluções didáticas e arranjos sociais inovadores para a escola. Iniciativa de Adriana Martinelli, Luciano Meira e Marcia Padilha.

Disponível em: www.youtube.com/watch?v=T-hw713Af8k&index=6

Livro: *Design* de experiências de aprendizagem

O livro de Alex Sandro Gomes e Paulo André da Silva pretende estimular o desenvolvimento de habilidades para que educadores promovam situações inovadoras, discutindo as noções existentes de "aula" e provocando reflexões sobre em que medida podem limitar a forma como as pessoas aprendem. Para isso, utilizam técnicas do *design* para ampliação dos cenários e fronteiras.

Amostra do livro disponível em: www.pipacomunica.com.br/livrariadapipa/produto/design-de-experiencias-de-aprendizagem

Projeto: *Experience learning* – Perestroika

Metodologia de aprendizagem da Perestroika, baseada em uma proposta inovadora de *design* de experiências de aprendizagem. Trata-se de um método, um processo, um sistema, um fluxo bem organizado utilizado como uma bússola na hora de montar o programa de um curso, uma aula, uma palestra ou qualquer outro formato ou dinâmica de aprendizagem.

Disponível em: www.perestroika.com.br/experiencelearning

Projeto: *Curiouser Lab* – Leila Ribeiro

O *Curiouser lab* é uma experiência em formação de professores para letramento digital, baseado nos toolkits DT para educadores e *experience* educadores e *experience learning*. Essa experiência é base para a tese de doutorado da idealizadora.

Disponível em: http://repositorio.unb.br/handle/10482/21279 e http://curiouser.sala.org.br

Projeto: Escolas transformadoras – Ashoka e Instituto Alana

Mapeamento e criação de rede entre escolas de todo o país que estão construindo projetos de transformação das instituições, com foco no aluno como protagonista do processo educacional. Também possuem uma rede ativadora, comunidade formada por pessoas de diversas áreas dispostas a mudar a conversa sobre educação.

Disponível em: http://escolastransformadoras.com.br

Projeto: Criativos da escola – Instituto Alana

Baseada no Programa Design For Change, da indiana Kiran Sethi (*designer* e proprietária da escola Riverside School), é uma metodologia baseada no *design*, com foco no desenvolvimento de ações transformadoras da realidade. Os criativos da escola premiam as melhores práticas desenvolvidas por alunos e professores, da educação formal e não formal.

Disponível em: http://criativosdaescola.com.br

Vídeo de divulgação do programa: www.youtube.com/channel/UC3wQsMqjYmq S5_lcoE1K_5w

Material de apoio: *Design thinking* na formação de professores

Material produzido pela autora, com o objetivo de oferecer mais detalhes acerca das experiências, com imagens e outros registros.

Disponível em: http://bit.ly/DTprofessores

REFERÊNCIAS

BROWN, T. *Design thinking*: uma metodologia poderosa para decretar o fim das velhas ideias. Rio de Janeiro: Elsevier, 2010.

CORTELLA, M. S. *A escola e o conhecimento*: fundamentos epistemológicos e políticos. 12. ed. São Paulo: Cortez, 2008.

DELORS, J. *Educação:* um tesouro a descobrir. Relatório para a UNESCO da Comissão Internacional sobre Educação para o século XXI. São Paulo: Cortez, 1998.

D.SCHOOL. *The virtual crash course playbook*. [S. l.]: Institute of Design at Stanford University, 2012. Disponível em: <https://static1.squarespace.com/static/57c6b79629687f-de090a0fdd/t/5899326a86e6c0878c6e63f1/1486434929824/crashcourseplaybookfinal-3-1-120302015105-phpapp02.pdf>. Acesso em: 7 set. 2017.

D.SCHOOL. *Fact sheet*. [S. l.]: Institute of Design at Stanford University, 2010. Disponível em: <http://dschool-old.stanford.edu/wp-content/uploads/2010/09/dschool-fact-sheet.pdf>. Acesso em: 16 out. 2016.

EMPATIA. In: Dicionário MICHAELLIS. Disponível em: <http://michaelis.uol.com.br/busca?r=0&f=0&t=0&palavra=empatia>. Acesso em: 7 set. 2017.

FREIRE, P. *Conscientização*: teoria e prática da libertação - uma introdução ao pensamento de Paulo Freire. São Paulo: Cortez & Moraes, 1979.

FREIRE, P. *Pedagogia da autonomia*: saberes necessários à prática educativa. 14. ed. Rio de Janeiro: Paz e Terra, 1996.

FREIRE, P. *Pedagogia do oprimido*. 40. ed. Rio de Janeiro: Paz e Terra, 2005.

IDEO. Riverdale Country School. *Design thinking for educators*. Toolkit. [S.l.: s.n], 2011.

IDEO. Riverdale Country School. *Design thinking para educadores*. [2014]. Tradução para a Língua Portuguesa de Instituto EducaDigital. Disponível em: <https://designthinkingfore-ducators.com/DT_Livro_COMPLETO_001a090.pdf>. Acesso em: 11 maio 2017.

INSTITUTO PENÍNSULA. *Aprender a aprender*: como o design pode transformar a escola. 2015. Disponível em: <https://s3.amazonaws.com/porvir/wp-content/uploads/2015/03/20150121_RELATORIO_final.pdf>. Acesso em: 7 set. 2017.

KELLEY, D.; KELLEY, T. *Confiança criativa*: libere sua criatividade e implemente suas ideias. São Paulo: HSM do Brasil, 2014.

PROTÓTIPO. In: Dicionário PRIBERAM. Disponível em: <https://www.priberam.pt/dlpo/protótipo>. Acesso em: 10 out. 2016.

REGINALDO, T. *Referenciais teóricos e metodológicos para a prática do design thinking na educação básica*. Dissertação - (Mestrado em Engenharia e Gestão do Conhecimento) - Universidade Federal de Santa Catarina, Santa Catarina, 2015.

STRECK, D. R. *Rousseau & a educação*. Belo Horizonte: Autêntica, 2004.

LEITURAS RECOMENDADAS

ANDRADE, M. S. et al. A história da educação no século XIX. *Cadernos de graduação*, Aracaju. v. 1, n. 14, p. 175-181, out. 2012.

CAVALCANTI, C. C.; FILATRO, A. *Design thinking - na educação presencial, a distância e corporativa*. São Paulo: Saraiva, 2017.

GOMES, A. S.; SILVA, P. A. *Design de experiências de aprendizagem*: criatividade e inovação para o planejamento das aulas. Recife: Pipa Comunicação, 2017.

IDEO. *Site* Institucional. c2017. Disponível em: <http://www.ideo.com/>. Acesso em: 11 maio 2017.

RIBEIRO, L. A. M. *Curiouser Lab*: uma experiência de letramento informacional e midiático na educação. 2016. 412 f., il. Tese (Doutorado em Ciência da Informação) – Universidade de Brasília, Brasília, 2016.

RIBEIRO, M. L. S. *História da educação brasileira*: a organização escolar. 20. ed. Campinas: Autores Associados, 2008.

ROCHA, J. C.; RAMACIOTTI, A.; CARVALHO, J. S. O diálogo na educação *on-line* inspirada na pedagogia freireana: algumas aproximações. In: BRITO, R. L. et al. (Org.). *Paulo Freire*: contribuições para o ensino, a pesquisa e a gestão da educação. Rio de Janeiro: Letra Capital, 2014. Disponível em: <http://bit.ly/1O8JEwM>. Acesso em: 20 jul. 2015.

8

O professor autor e experiências significativas na educação do século XXI: estratégias ativas baseadas na metodologia de contextualização da aprendizagem[1]

Julia Pinheiro Andrade
Juliana Sartori

Hoje há praticamente um consenso de que a escola necessária ao século XXI deve ser bem diferente da experiência escolar que a maioria de nós experimentou. Mas o que há de exatamente novo? Ao apresentarem a discussão sobre ensino híbrido, José Moran e Lilian Bacich (2015, p. 1) afirmam que a educação sempre foi híbrida, misturada, mesclada,

> [...] sempre combinou vários espaços, tempos, atividades, metodologias, públicos. Agora esse processo, com a mobilidade e a conectividade, é muito mais perceptível, amplo e profundo: trata-se de um ecossistema mais aberto e criativo.

O que mudou foi o ecossistema, o contexto social no qual está inserida a escola. O mundo e a vida mudaram muito – e a escola mudou pouco. A vida no século XXI, especialmente a vida das crianças e dos jovens nas grandes cidades, tem sido cada vez mais mediada pelas tecnologias digitais da era urbana do consumo e da informação. Esse contexto, desde o século XX, obrigou a escola a repensar a relação entre teoria e prática, entre ciência e técnica; isso ocorreu, por exemplo, quando muitas escolas inseriram em suas rotinas a tecnologia digital dos computadores, televisões e, em algumas delas, *tablets* e lousas digitais.

No entanto, a mudança tecnológica, por si mesma, não trouxe mais aprendizado ou mais inovação. Lidar com as tecnologias da inteligência na era digital envolve

---

1 Artigo originalmente publicado pela Atina Educação, em versão digital, no Issuu, em setembro de 2016: ANDRADE, J. P.; SARTORI, J. *Educação que faz sentido para vida*. 2016. Disponível em: https://issuu.com/atinaedu/docs/livro_metodologia_atina.

recriar sentidos e significados para o conhecimento construído e compartilhado em redes. Inovar é mudar ações, comportamentos,[2] ou seja, assimilar, na vivência dos gestos, das narrativas, dos percursos cotidianos no contexto de cada sala de aula, novas experiências significativas do aprender e do ensinar (LÉVY, 2010). Assim, sobretudo no século XXI, como coloca José Larrosa Bondía, a educação tem o desafio de pensar e compartilhar a relação entre experiência e sentido. Para Bondía (2002), é necessário encontrar situações e experimentar percursos que permitam que algo nos aconteça, nos toque, nos desacomode, fazendo-nos recriar nossos sentidos e direções, ressignificando nossas práticas por meio de narrativas compartilháveis em rede.

A ESCOLA ENSINA CONHECIMENTOS OU COMPETÊNCIAS?

Em 1996, a Unesco lançou o célebre relatório *Educação: um tesouro a descobrir*, da International Commission on Education for the Twenty-first Century, organizado por Jacques Dellors. Nele, afirmava-se o paradigma do desenvolvimento humano pleno e integral como objetivo da educação[3] e a pedagogia das competências como estratégia para "aprender a aprender" pela vida toda. A educação no século XXI deveria passar a ser alicerçada em quatro pilares: aprender a conhecer; aprender a fazer; aprender a viver juntos e aprender a ser.

Atualmente, a Unesco atualiza essa perspectiva de educação integral para o desenvolvimento humano por meio do conceito de cidadania global e postula princípios curriculares (expectativas de aprendizagem) para orientar as práticas educacionais para essa finalidade. A educação deve garantir o desenvolvimento de todos – e de cada um – na perspectiva de uma multidimensionalidade cognitiva, socioemocional e comportamental.

Nessa perspectiva, no entanto, o que exatamente a escola deve ensinar? Michael Young defende a centralidade da garantia do direito ao que conceitua como "conhecimento poderoso":

> Uma escola voltada para o conhecimento [significa que] somos nós que oferecemos conhecimento compartilhado e poderoso às crianças do país. Esse conhecimento vem

---

2 Consideramos o conceito de inovação de Peter Drucker segundo Silvio Meira (2015): "Inovação é a única fonte de vantagens competitivas sustentáveis. E inovação, muitas vezes, não tem nada a ver com tecnologia: Peter Drucker, um dos maiores estudiosos do tema em todos os tempos, definiu inovação como a mudança do comportamento de agentes, no mercado, como fornecedores e consumidores de qualquer coisa. Não tem tecnologia, aí, e tem uma definição radical do que é inovação. Uma definição que chama à ação, ao processo de redefinir o mundo e sua performance" (MEIRA, 2015).

3 "A educação não serve, apenas, para fornecer pessoas qualificadas ao mundo da economia: não se destina ao ser humano enquanto agente econômico, mas enquanto fim último do desenvolvimento" (UNESCO, 1996, p. 85).

de séculos de aprendizado e das universidades e associações disciplinares. É poderoso porque habilita as crianças a interpretar e controlar o mundo; é compartilhado porque todas as nossas crianças deveriam ser expostas a ele. É justo e imparcial que seja assim. É injusto e parcial quando as crianças recebem conhecimento de má qualidade, que não consegue levá-las para além de sua experiência. (YOUNG, 2007, p. 249).

O "conhecimento poderoso" vale por si mesmo, ensina a pensar e a superar a experiência imediata e os contextos de vida, especialmente às classes socioeconômicas desfavorecidas. Cabe aos adultos ensinarem aos jovens e garantir-lhes esse direito. Portanto, segundo Young (2007), "conhecimento poderoso" não é "conhecimento dos poderosos", mas o conhecimento que permite o pleno exercício da cidadania, do pensamento crítico e da inserção social e econômica.

Na mesma direção, como crítica à pedagogia das competências, Antonio Nóvoa (2007) afirma que, para a escola garantir seu papel formativo no século XXI, é necessário realizar uma mudança gravitacional: da escola centrada no ensino baseado em transmissão de informações à escola centrada na aprendizagem, ou seja, em garantir que "alunos efetivamente aprendam conhecimentos".[4]

No entanto, com a profunda mudança técnica no contexto social e cultural, como favorecer metodologias de ensino que assegurem o direito à aprendizagem integral e significativa do "conhecimento poderoso"? Que tipo de experiências professores e alunos podem compartilhar no espaço-tempo escolar diante dos novos contextos técnicos, do trabalho, cultura em redes, mídias sociais, buscadores e dicionários digitais da internet? Qual é o atual papel do professor na construção do conhecimento sobre esse mundo? Quais estratégias permitem efetivamente aos estudantes a construção ativa de significados em uma educação que faça sentido para essa vida contemporânea? Consideremos, primeiro, uma pergunta fundante: o que é conhecer e como essa ação pode ganhar sentido e significado para os jovens hoje?

O QUE É CONHECER?

"O conhecimento é uma construção humana.
A aprendizagem significativa subjaz a essa construção."

Marco Antonio Moreira (1999, p. 170)

No século XXI, conhecer não é apenas obter informações. Tampouco ensinar é transmitir informações. Em nosso dia a dia, somos expostos a uma quantidade

---

4 "Uma coisa é dizer que nosso objetivo está centrado no aluno e outra coisa na aprendizagem do aluno. E definirmos isso como nossa prioridade no trabalho dentro das escolas. Aprendizagem necessita também dos conhecimentos. E os conhecimentos, é preciso reconhecer, durante algum tempo foram espécie de paradigma ausente de muitas práticas pedagógicas. A melhor expressão que define isso é 'aprender a aprender', a ideia de que se poderia aprender num vazio de conhecimentos" (NÓVOA, 2007, p. 6).

enorme de novidades, por meio das mídias sociais e dos meios de comunicação. Não retemos e armazenamos nem uma fração dessa avalanche informacional. Novos dados são armazenados como informações relevantes quando se tornam parte de nossa bagagem de conhecimento, ou seja, quando são relacionados e articulados a outras informações de nosso mosaico de significados e de emoções. Ou, ainda, quando se tornam, de fato, conhecimento assimilado, experiência vivida e apropriada por nós. Uma possibilidade de esquematizar a diferença entre dados, informação, conhecimento e sabedoria é apresentada na Figura 8.1.

A Figura 8.1 traz possibilidades para pensarmos o que significa conhecer: construir percursos significativos, articulando informações e conferindo-lhes sentido. O *insight* e a sabedoria advêm, assim, de experiências com percursos significativos de construção de um conhecimento pertinente (MORIN, 2002; MOREIRA; CANDAU, 2007), que articula dados, informações e saberes por meio da aprendizagem significativa.[5]

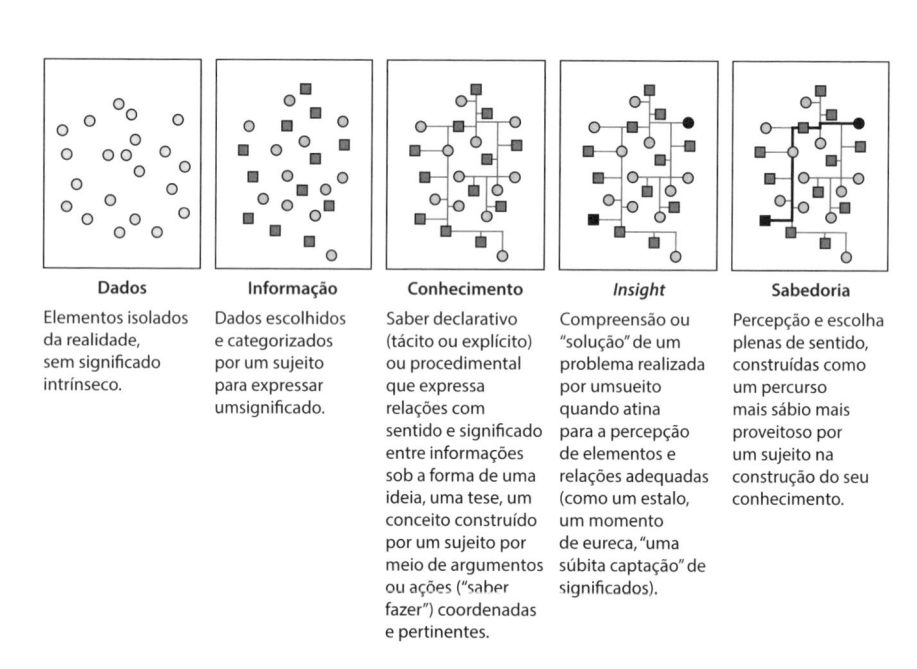

Dados	Informação	Conhecimento	*Insight*	Sabedoria
Elementos isolados da realidade, sem significado intrínseco.	Dados escolhidos e categorizados por um sujeito para expressar umsignificado.	Saber declarativo (tácito ou explícito) ou procedimental que expressa relações com sentido e significado entre informações sob a forma de uma ideia, uma tese, um conceito construído por um sujeito por meio de argumentos ou ações ("saber fazer") coordenadas e pertinentes.	Compreensão ou "solução" de um problema realizada por umsueito quando atina para a percepção de elementos e relações adequadas (como um estalo, um momento de eureca, "uma súbita captação" de significados).	Percepção e escolha plenas de sentido, construídas como um percurso mais sábio mais proveitoso por um sujeito na construção do seu conhecimento.

Figura 8.1 Diferença esquemática entre concepções para a definição de conhecimento.
Fonte: Elaborada com base em Somerville (2014).

---

[5] Para alcançar a sabedoria, a criatividade é uma competência essencial que deve ser desenvolvida na escola. Partilhamos da visão de aprendizagem criativa de Mitchel Resnick (2007), de que a experiência com o conhecimento deve se dar em espiral: imaginar => criar => brincar => compartilhar => refletir => imaginar. As experiências que estamos desenvolvendo com estudantes fortalecem essa perspectiva, como se pode ver nas experiências de empreendedorismo descritas adiante (ver experiências 1 e 2 do Quadro 8.4).

Na relação cotidiana de sala de aula no século XXI, não é mais possível manter o foco de atenção dos estudantes por meio de aulas-palestras centradas no professor, ainda que incrementadas por ferramentas digitais como PowerPoint, Prezi, vídeos ou recursos de lousas digitais. Para fomentar uma aprendizagem integradora, ativa e significativa, é necessário que as ações educativas estimulem que o estudante construa o *seu* conhecimento, ou seja, contextualize e reconstrua o "conhecimento poderoso" definido pelo currículo, atribuindo significados ancorados na sua vida. Nessa construção, a experiência com o conhecimento envolve construção de sentido, desenvolvimento de enfoque profundo e busca intrínseca por motivação:

> [...] quando a distância entre o que se sabe e o que se tem que aprender é adequada, quando o novo conteúdo tem uma estrutura que o permite e quando o aluno tem certa disposição para chegar ao fundo, para relacionar e tirar conclusões (AUSU-BEL; NOVAK; HANESIAN, 1983), sua aprendizagem é uma aprendizagem significativa que está de acordo com a adoção de um enfoque profundo. (ZABALA, 1998, p. 37-38).

Há diferentes modos de aprender: por imitação; por memorização; por coerção; por tentativa e erro; por métodos lógicos e demonstráveis de experimentação, etc.[6] Aprendizagem é ação: atividade e experimentação sobre o mundo, mediada pelo outro, pelo contexto social. Por meio de um complexo e progressivo processo de interiorização, a ação, a atividade sobre o mundo, se forma como conceito e como pensamento (WALLON, 2008; VIGOTSKI, 1989; LEONTIEV; GALPERIN apud MORAN; BACICH, 2015). Do ponto de vista neurobiológico, "memória é a aquisição, conservação e evocação de informações. A aquisição se denomina *aprendizado" (*IZQUIERDO, 2004, p. 15). Os tipos de memórias e de aprendizagem variam de acordo com as mediações e os contextos individuais e sociais em que se formam. Para efeitos didáticos de nosso argumento, podemos, em alto nível, dividir a aprendizagem em dois grupos de estratégias, como demonstrado no Quadro 8.1.

Todas essas estratégias de aprendizagem podem ser combinadas e mobilizadas de diversas formas, dependendo do objetivo curricular. Como afirmam muitos autores (MORAN 2015; MOREIRA, 2011; ZABALA, 1998), as estratégias metodológicas precisam acompanhar os conteúdos e os objetivos pretendidos em um percurso de aprendizagem coerente e pertinente.

Por exemplo, memorização, reprodução de informações ou tutoriais podem ser etapas necessárias para a formação de memórias, de repertório conceitual e, portanto, de condições mínimas de formulação de hipóteses. Observar e assistir

---

6 As pesquisas de neurociência e educação avançaram muito nas evidências de como o cérebro aprende. Para um compêndio, ver Pellegrino et al. (2012), Cosenza e Guerra (2011), Bransford, Brown e Cocking (2000). A revista Neuroeducação (Editora Segmento/Instituto Ayrton Senna) tem cumprido um papel importante na divulgação científica deste campo do conhecimento para as escolas brasileiras.

QUADRO 8.1 Diferença esquemática entre estratégias de aprendizagem ativa e passiva

Atividades de aprendizagem ativa	Atividades de aprendizagem passiva
Observação de evidências no contexto	Memorização
Formulação de hipóteses	Reprodução de informações
Experimentação prática	Estudo teórico
Tentativa e erro	Reprodução de protocolos ou tutoriais
Comparação de estratégias	Imitação de métodos
Registro (inicial, processual e final de aprendizagens)	Ausência de registro
Favorecimento de foco atencional dinâmico e mediado por colaboração entre pares	Foco atencional mais repetitivo, estático e individual

Fonte: elaboração própria, baseado em Somerville, 2014.

o professor demonstrar conhecimentos e procedimentos ajudam a desenvolver esquemas mentais e perceptuais. O certo é que, se o professor enfatiza apenas atividades da coluna de "aprendizagem passiva", o aluno tende a não formar memórias de longa duração, não se vincula emocionalmente ao trabalho escolar e não tem condições de construir ativamente seu próprio conhecimento e conectá-lo com sua vida. Sua tendência é criar memórias operatórias de curto e médio prazo, reproduzindo mecanicamente informações para atender a uma demanda externa a ele e, após testes e avaliações, esquecer tudo o que estudou.

Como a aprendizagem significativa é progressivamente construída e interiorizada (MOREIRA, 2011), para que ela se desenvolva e forme memórias duradouras (em uma perspectiva formativa para toda a vida) faz-se necessário trabalhar o conhecimento articulando o desenvolvimento progressivo de competências. Todas as crianças nascem com grande potencial para aprender, construir conhecimentos e desenvolver competências. No entanto, esse potencial depende fortemente dos contextos de vida e de aprendizagem para tornarem-se habilidades e reais capacidades, seja na criança, no jovem ou no adulto.

Há evidências de que o cérebro tem plasticidade, com capacidade para aprender, mudar e se desenvolver. As competências são adaptáveis; podem evoluir com a prática e ser reforçadas por experiências. As cognitivas, sociais e econômicas podem se desenvolver independentemente, mas também influenciar umas às outras. (OCDE, p. 15, 2015).

[...] As competências abrangem capacidades cognitivas e socioemocionais necessárias para uma vida próspera, saudável e feliz. Competências socioemocionais desempenham um papel importante quando as pessoas buscam metas, trabalho em grupo e administram emoções. Elas desenvolvem-se progressivamente e tiram proveito de competências adquiridas antes e de novos investimentos em aprendizagem. Os que iniciam mais cedo o desenvolvimento de competências tendem a alcançar mais resultados do que outros, embora a adolescência também seja um momento fundamental. (OCDE, p. 31, 2015).

Consideramos o conceito de competência como um "saber fazer" com o que se sabe, ou seja, como um saber operar com o conhecimento em diversas situações:

Uma competência é um saber-mobilizar. Não se trata de uma técnica ou de mais um saber, mas de uma capacidade de mobilizar um conjunto de recursos — conhecimentos, *know-how*, esquemas de avaliação e de ação, ferramentas, atitudes — a fim de enfrentar com eficácia situações complexas e inéditas. (PERRENOUD, 1998, p. 206).

[...] é uma capacidade de agir de maneira eficaz em um determinado tipo de situação, apoiado em conhecimentos, mas sem limitar-se a eles. Para enfrentar uma situação da melhor maneira possível, deve-se, via de regra, pôr em ação e em sinergia vários recursos cognitivos complementares, entre os quais estão os conhecimentos. (PERRENOUD, 1999, p. 7).

Como, então, auxiliar o professor a construir coerência e pertinência em propostas de ensino, visando a uma aprendizagem significativa na escola contemporânea? Acreditamos que, ao privilegiar estratégias ativas de aprendizagem para o ensino do "conhecimento poderoso", favorecemos uma perspectiva de educação integral em que competências cognitivas e socioemocionais articulam-se efetivamente na prática educativa. Nossa hipótese é que o grande elemento articulador seja uma operação de contextualização da aprendizagem, isto é, por meio do estabelecimento de questões-problema ancoradas em fenômenos reais[7] e, por isso, efetivamente mobilizadoras do interesse e do protagonismo juvenil. A aprendizagem significativa de conteúdos e conhecimento "universais" deve partir de questões, problemas e desafios pertinentes ao contexto daquele que aprende. O conhecimento (o que se deve saber) pode ser mobilizado como uma competência (o que se saber fazer com o que se sabe) por meio de um movimento de contextualização, seguido de um movimento de generalização e transposição ou transferência a outros contextos. Nossa maior contribuição, nesse sentido, será com a formação do professor como autor de experiências contextualizadas com o conhecimento e mediador da aprendizagem significativa dos estudantes.

---

7 Guardadas as proporções e o contexto, nossa abordagem se assemelha à proposta do currículo finlandês: o ensino baseado em fenômenos reais, ou *phenomenon-based learning*. Para mais informações sobre conceito e matriz curricular, acesse: www.phenomenaleducation.info/phenomenon-based-learning.html.

CONTEXTO E CONTEXTUALIZAÇÃO NA EDUCAÇÃO

Segundo o dicionário Houaiss, a etimologia da palavra contexto vem do latim *contĕxtu*(m), e significa "nexo, ligação", derivado de *contexĕre, contessere*. Originalmente, o termo se relacionava à trama de um tecido: "entrelaçar, tecer, unir tecendo". Com o tempo, passou a significar o "conjunto de circunstâncias temporais, espaciais e culturais em que um evento ganha sentido". Em educação, o termo "contextualização" é utilizado de diversas maneiras. Segundo Dolores Perin, contextualização tem sido utilizado como:

> [...] uma família diversa de estratégias de ensino designadas para ligar o aprendizado de habilidades fundamentais a um conteúdo acadêmico ou técnico por meio da aplicação concreta do ensino e da aprendizagem em um contexto específico que mobiliza o interesse do aluno. (MAZZEO et al. apud PERIN, 2011, p. 2, tradução nossa).

De acordo com a revisão sistemática empreendida por Perin (2011, p. 3), há diversos termos utilizados para designar contextualização, porém todos convergem para "[...] a ideia de desenvolver estratégias de ensino e de aprendizagem com referência direta a 'habilidades, eventos e práticas ancorados no mundo real'".[8]

Partimos do princípio de que a contextualização não é uma solução mágica, mas é um grande facilitador do ensino – especialmente no Brasil, onde há certo predomínio do "conteudismo", valorização excessiva do conhecimento teórico e desarticulado da vida. Ou seja, para que o "conhecimento poderoso" trabalhado na escola ganhe sentido e significado em um processo significativo de aprendizagem, é fundamental que haja certa ancoragem social dos conteúdos de maneira contextualizada para aquele que aprende (MOREIRA; CANDAU, 2007, p. 36).

No processo de ensinar e aprender, é fundamental que a construção de sentido seja entrelaçada à construção dos significados. O sentido, o propósito e o objetivo do aprender, para cada um, devem se entrelaçar com os significados socialmente construídos do conhecimento acumulado nas ciências, na cultura e na tecnologia. Formar crianças e jovens nesses campos de significados herdados, representados pelas diversas disciplinas do conhecimento, ganha sentido dentro do conjunto de circunstâncias temporais, espaciais e culturais em que se encontra cada escola, cada turma, cada estudante, ou seja, seu contexto de vida e de significação. A contextua-

---

8   Em seu trabalho de revisão sistemática do conceito de contextualização, Perin (2011, p. 3) discute e cita, entre outros: "*contextual teaching and learning* (BAKER et al., 2009; JOHNSON, 2002); *contextualized instruction* (PARR; EDWARDS; LEISING, 2008; WISELY, 2009); *embedded instruction* (SIMPSON et al., 1997); *integrative curriculum* (DOWDEN, 2007); *situated cognition* (STONE et al., 2006); *anchored instruction* (BOTTGE et al., 2007); *curriculum integration* (BADWAY; GRUBB, 1997); *developmental education learning communities* (WEISS; VISHER; WATHINGTON, 2010)".

lização é o primeiro passo para esta construção ativa do conhecimento, pois ao determinar as condições de sua inserção e os limites de sua validade: "a evolução cognitiva não caminha para o estabelecimento de conhecimentos cada vez mais abstratos, mas, ao contrário, para sua contextualização. É a condição essencial da eficácia do funcionamento cognitivo" (MORIN, 2002, p. 34).

Nesse sentido, é possível pensar uma articulação entre duas operações. A primeira seria a contextualização inicial do conhecimento por meio de situações-problema que façam sentido ao universo conhecido daquele que aprende. E a segunda, parte de uma descontextualização, no sentido de estabelecimento de conclusões e conceitos mais generalizáveis e abstratos, que transcendam a experiência e as situações vividas (CRAHAY, 2006; PELLEGRINO et al., 2012). Ou seja, da contextualização inicial para promover sentido e engajamento na construção do conhecimento à transferência a outros contextos (próximos ou distantes).

EXPERIÊNCIAS COM A METODOLOGIA DE CONTEXTUALIZAÇÃO DA APRENDIZAGEM

Abordaremos, a seguir, o relato de experiências de autoria docente por meio da metodologia de contextualização da aprendizagem (MCA). A MCA é desenvolvida desde 2008 em trabalhos de cocriação e formação continuada de professores de 11 redes municipais de ensino dos estados do Paraná e de São Paulo e com toda a rede estadual da Bahia.[9]

A MCA tem como objetivo engajar alunos e professores em novas relações de ensinar e aprender com sentido e significado para suas vidas. Para isso, atua a partir do contexto de cada rede de ensino, fortalecendo estratégias pedagógicas já propostas por suas secretarias de educação para garantir o direito à aprendizagem significativa dos estudantes e estimular o desenvolvimento da autoria docente.

Em todas as redes trabalhadas, o ponto de partida da MCA é o desenvolvimento de um material cocriado com professores e especialistas: os livros que retratam o contexto, o lugar e as temáticas pedagógicas das redes. Tanto no livro do aluno quanto no do professor, a MCA é baseada na problematização e resolução de problemas por meio do contexto. Em síntese, a MCA envolve dois eixos complementares para relacionar de modo significativo, científico e contextualizado o ensino (professores) e a aprendizagem (estudantes):

---

[9] A Atina Educação é uma empresa de impacto social. Seu propósito é promover uma educação que faça sentido para a vida. Nasceu como Vistadivina, transformou-se em Geodinâmica em 2008 e, desde 2015, após um processo de *branding* e revisão de objetivos, tornou-se Atina Educação. A empresa segue uma tendência do século XXI: a de empresa com causa. Quando alunos atinam para que o que está sendo ensinado em aula nada mais é do que a vida, o conhecimento ganha significado e eles se transformam em estudantes. Para ver abrangência nacional e diversidade de ações da Atina Educação, acesse: http://goo.gl/tnq7Jb.

1. O desenvolvimento – cocriado com a rede de ensino – de uma publicação paradidática (impressa e/ou digital) com linha pedagógico-editorial inovadora para veicular a pesquisa sobre a realidade local/regional, destinada a todos os estudantes de ensino fundamental da rede. Trata-se de uma publicação para todo um segmento educacional (anos iniciais e finais do ensino fundamental ou ensino médio), "multisserial", para uso recorrente e interdisciplinar, com duração de três a cinco anos. Seu objetivo é disparar questões investigativas a partir do contexto. Portanto, não substitui nenhum livro didático.

2. O desenvolvimento de competências docentes para o uso contextualizado (ao currículo obrigatório e à realidade local dos estudantes) da publicação do estudante em sala de aula por meio de cursos de formação continuada móvel (presenciais e a distância) e de materiais específicos para professores (livro impresso e ferramentas de pesquisa e desenvolvimento autoral digitais). Seu objetivo é engajar professores na autoria (individual e coletiva) de práticas contextualizadas, publicar experiências como "práticas para compartilhar em rede", e, sobretudo, reconhecer publicamente a autoria dos professores e das escolas envolvidas.

O primeiro eixo da MCA – pesquisa para construção de uma linha pedagógico-editorial inovadora – fundamenta-se na consolidação de um *design thinking* de alta densidade de contextualização de informações relacionadas aos sujeitos envolvidos (BROWN, 2010). Isto é, a pesquisa parte de uma escuta inspiracional nas redes (seja por meio de grupos de conversa com técnicos, seja por meio de oficinas de cocriação com professores) e identifica demandas e necessidades.[10] Em seguida, desenvolve uma arquitetura de aprendizagem personalizada para cada rede e a traduz em materiais (impressos ou digitais) cujo *design* gráfico favorece ao leitor a construção de conhecimento enquanto interage com o material.

No caso do material do aluno, o objetivo é trazer um retrato dinâmico de diversos temas locais para disparar problematizações que instigam a curiosidade, mas não esgotam o tema. As linguagens (verbal e não verbal) caracterizam-se pela fácil acessibilidade e entendimento, porém, não há simplificação didática de conteúdos. Desse modo, para compreender bem um tema, é necessário construir sentido por meio de três graus de leitura: identificação, explicação e interpretação dos fenômenos. Para que esses três níveis de compreensão cognitiva se completem, o leitor necessariamente associa a leitura de diferentes tipos de linguagens verbais (como texto explicativo, texto informativo, legenda sintética, depoimentos, poesias) e lin-

---

[10] Esse processo é feito sobretudo por meio da abordagem de cocriação do *design thinking* e do *wordcafe*. Para mais informações, acesse: www.dtparaeducadores.org.br e www.theworldcafe.com.

guagens não verbais ou híbridas (fotografias, infográficos, mapas, imagens de satélite, aquarela, croquis, tabelas, mapas conceituais).[11]

O caso do uso de infográficos é emblemático do *design thinking* da MCA: é realista (baseado em fotografia, com efeito de realidade), mas não é real (distorce tamanhos, proporções, abrangências); simula lado a lado o que normalmente não existe nas mesmas condições. Assim, causa familiaridade (pelo realismo) e estranhamento (pela montagem artificial). Portanto, consegue, ao mesmo tempo, encantar e provocar dúvida; desperta a busca de informações porque faz indagar sobre relações entre os objetos e fenômenos mostrados, conforme se vê no exemplo da Figura 8.2.

Figura 8.2 Exemplo de comunicação interdisciplinar do livro *Bahia, Brasil: vida, natureza e sociedade*. Por meio de imagens e textos, é proposta uma análise dinâmica e sintética da interdependência das relações sociais e do funcionamento da natureza em diversas situações. O tratamento didático favorece a percepção da multiescalaridade dos fenômenos: as relações entre o presente e o passado; o específico e o geral; o local, o regional, o nacional e o mundial; e o que resulta de ações individuais e coletivas. Acima, infográfico mostra diferentes usos e estruturas do solo no campo e na cidade. Conferir infográfico colorido na sequência didática "O que vemos quando lemos?", disponível em http://goo.gl/qAzaDQ.
Fonte: Furlan (2014).

AUTORIA E SEQUENCIAMENTO DE EXPERIÊNCIAS DIDÁTICAS

O segundo eixo da MCA procura desenvolver as competências docentes para o manejo e a criação de materiais interdisciplinares. Para isso, desenvolvemos uma abordagem estruturada, porém, não restritiva para o desenvolvimento da autoria do professor. Conforme se pode verificar em exemplos descritos adiante, desenvolvemos experiências estruturadas de "pensamento pedagógico mediado pela escrita" (as sequências didáticas) para embasar a prática didática de maneira teoricamente rigorosa e facilitar ações de compartilhamento e trocas de experiências entre pares. Consideramos o conceito de "unidades de ensino potencialmente significativas", de Marco

---

11 Para uma discussão sobre leitura em diferentes tipos de linguagem ver Andrade, Furlan e Senna (2012). Adiante, nossa sequência didática de competência leitora exemplifica uma experiência de leitura envolvendo linguagem verbal e imagética.

Antonio Moreira (2011), como base para as nossas propostas de sequenciamento da experiência didática. Ou seja: consideramos toda a fundamentação de aprendizagem significativa crítica de Moreira e a articulamos com autores que discutem didática, currículo e planejamento de ensino, como Antoni Zabala e Délia Lerner.[12]

A sequência didática é uma forma de estruturar o pensamento de maneira lógica, coerente e rigorosa para planejar o trabalho docente tanto de uma aula, quanto de um projeto. Em nossa concepção, trata-se de uma maneira de estruturar de modo simples e claro a coerência entre os objetivos de ensino e as premissas da aprendizagem significativa para o estudante. Com isso, permite ações de interdisciplinaridade e não fragmentação do conhecimento (seja entre aulas ou disciplinas). Com o macro objetivo de ensino de integrar construção de conhecimento, contexto e sentido para a vida, a Atina Educação desenvolveu um modelo de sequenciamento para guiar, ao mesmo tempo, a contextualização e a proposição de situações-problema aos estudantes e os passos para o desenvolvimento da autoria intelectual cientificamente estruturada. Para isso, a MCA propõe quatro etapas bem definidas para organizar a relação de ensino e aprendizagem de modo significativo e garantir o rigor científico da construção do conhecimento na escola (ANDRADE; SENNA, 2012; 2014):

1. exploração;
2. investigação;
3. resolução de problemas;
4. avaliação (ver Quadro 8.2).

A articulação entre as quatro etapas visa a garantir o engajamento cognitivo e enfoque profundo (GOWIN, 1981 apud MOREIRA, 2011) dos alunos nas situações-problema. Para isso, a contextualização é proposta, simultaneamente, em duas dimensões: a *contextualização cultural* e a *contextualização cognitiva*. A contextualização cultural consiste em estudar temas de todas as áreas do conhecimento a partir da investigação do ambiente ou contexto conhecido. E a contextualização cognitiva tem como objetivo propor desafios alcançáveis para uma aprendizagem por meio da experimentação e enfrentamento de situações-problema, partindo do concreto e conhecido para alcançar o mais abstrato e distante.[13]

---

[12] Segundo Zabala (1998, p. 18), as sequências didáticas são atividades ordenadas e articuladas para a "[...] realização de certos objetivos educacionais, que têm um princípio e um fim conhecidos tanto pelos professores como pelos estudantes". Délia Lerner (2002) corrobora a definição de Zabala e avança na conceituação de quatro diferentes modalidades organizadoras de planejamento e currículo: sequência didática, projeto, atividade permanente e atividade ocasional. As diferenças entre as modalidades de planejamento envolvem mudanças qualitativas nos objetivos e no uso do tempo didático para aproximar a escola da prática social e do contexto de vida dos estudantes.

[13] Nesse sentido, acreditamos que a contextualização é uma estratégia que favorece para o professor a avaliação e regulação do nível de desafio das situações-problema para os estudantes, isto é, favorece o manejo do conceito de zona de desenvolvimento proximal (ZPD) de Vigotski (1989): a boa avaliação e o manejo didático da distância entre o que o aluno já sabe e o que ele precisa aprender.

QUADRO 8.2 Estrutura da sequência didática

Etapas		Objetivo
0	Raio X da experiência	Ficha técnica contendo enunciado dos objetivos de ensino, direitos de aprendizagem, disciplinas e conteúdos relacionados (com base em documentos curriculares), tempo previsto e materiais necessários.
1	Exploração	A exploração contextualiza o tema e o apresenta de forma cativante, motivando o interesse dos alunos pelo problema a ser estudado e mais bem definido na etapa seguinte. O tema ou problema estudado pode ser proposto pelo professor ou pelos alunos. Porém, o professor conduz a sistematização da exploração para registrar conhecimentos prévios (o que os alunos sabem ou imaginam sobre o assunto). Mapas conceituais e tabelas de hipóteses são ótimas ferramentas de registro e avaliação processual (ver exemplos nos Quadros 8.4 e 8.5).
2	Investigação	Investigar o tema como um problema.* Realizar pesquisa por meio diferentes linguagens (gráficos, infográficos, textos, imagens, hipertextos, etc.) e fontes (periódicos, entrevistas, atividade de campo, levantamento de dados estruturados, etc.). Reunir subsídios para dar respostas para o problema apresentado na etapa anterior e construir hipóteses: hierarquizar e ordenar dados como informações, delimitar variáveis relevantes e irrelevantes, ordenar conceitos. Em seguida, estabelecer uma estratégia investigativa e testar hipóteses ou "experimentá-las" de maneira concreta na próxima etapa.
3	Resolução de problemas	Esta etapa é o momento "mão na massa" de enfrentar o problema ou a problematização que se colocou na primeira etapa e se definiu (afunilou) na segunda. Trata-se de testar hipóteses, construir argumentos, fazer observações, seguir protocolos, confrontar dados, estabelecer comparações, analisar os resultados e estabelecer conclusões. As experiências descritas adiante (Quadros 8.4 e 8.5) exemplificam diferentes abordagens possíveis: cocriação e desenvolvimento de pesquisa por meio de *design thinking*, experimento científico refeito com materiais recicláveis e atividades de leitura investigativa no território.
4	Avaliação	A avaliação se caracteriza pelo julgamento frente a evidências sistemáticas da aprendizagem. Deve buscar a coerência entre objetivos do professor e a aprendizagem dos alunos: favorecer que os objetivos de ensino e aprendizagem sejam consciente e intencionalmente atingidos. Pode ser feita por meio de diferentes estratégias com ênfase na autoavaliação e na metacognição. Isto é, visando a amarrar todo percurso formativo da sequência didática e favorecer que alunos comparem o que aprenderam com o que sabiam de início.

(Continua)

(Continuação)

Etapas	Objetivo
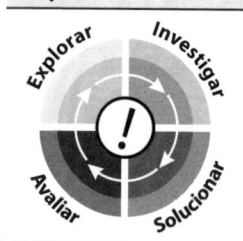	Integração: as etapas procuram estruturar de forma coerente, sequencial e integrada um percurso de experiências investigativas com o conhecimento para que o estudante aprenda de modo contextualizado, significativo e profundo. Para facilitar a escrita de sequências didáticas, a Atina Educação organizou uma matriz de competências e vem desenvolvendo "modelos" cocriados com as redes para articular as propostas autorais dos professores aos documentos curriculares.**

* "As situações-problema devem ser propostas em níveis crescentes de complexidade; dar novos exemplos, destacar semelhanças e diferenças relativamente às situações e exemplos já trabalhados, ou seja, promover a reconciliação integradora; após esta segunda apresentação, propor alguma outra atividade colaborativa que leve os alunos a interagir socialmente [...] [com] negociação de significados e mediação docente" (MOREIRA, 2011).

** Para ver uma versão inicial da matriz de competências da Atina, acessar: http://bit.ly/2d6Ap8v. Em "conhecimento poderoso", estamos desenvolvendo uma articulação com os eixos cognitivos do Exame Nacional do Ensino Médio (Enem) para modelar nossa estratégia de avaliação externa.

Fonte: Andrade e Senna (2012; 2014).

As experiências escritas segundo a MCA podem ser facilmente reproduzidas, adaptadas e criadas por qualquer professor, para os mais diversos temas de estudo e pesquisa. Com a proposta de experiências estruturadas como sequências didáticas ou projetos, a MCA oferece um modelo de pensamento, por meio da escrita, para que o professor articule sua prática a uma reflexão contextualizada sobre a mesma.

A autoria permite que o professor dialogue e possa ir além dos conteúdos estabelecidos pelos materiais didáticos, ou seja, que desenvolva e crie algo que faça sentido para sua escola e para seus alunos, de forma interdisciplinar. Portanto, a MCA organiza um percurso formativo que permite a prática do professor reflexivo defendido por Schön (1990): refletir na ação, sobre a ação e sobre a reflexão na ação, e viver o intenso desafio de escrevê-la e compartilhar com outros professores.

AUTORIA DOCENTE E FORMAÇÃO CONTINUADA

A MCA procura lidar com um grande desafio nas práticas de formação continuada de professores hoje no Brasil: articular um *continuum* formativo entre a formação inicial, o exercício docente profissional e a formação continuada (ABRUCIO, 2016). Os cursos de formação continuada de professores desenvolvidos por meio da MCA visam

a. Sondar conhecimentos prévios e repertório docente.
b. Permitir que professores troquem e vivam experiências estruturadas e compartilhadas como sequências didáticas baseadas em enfrentamento de situações-problema interdisciplinares e disciplinares.

c. Personalizar e (re)escrever sequências didáticas adaptadas, pensadas a partir do contexto (curricular, territorial e cultural da rede, do bairro, da escola), com questões interdisciplinares que mobilizem o interesse dos alunos e inspirem o trabalho com outros professores e outras áreas do conhecimento.

O trabalho de formação continuada é realizado na perspectiva da homologia de processo (SCHÖN, 1990), isto é, atividades com professores que podem ser exatamente experimentadas e vividas com alunos. Com isso, construímos um repertório de memórias vividas que podem ser refletidas teoricamente durante o curso e, por isso, mais facilmente acionáveis na prática docente em sala de aula. Assim, o curso permite reconstruir competências e saberes docentes sobre a prática de ensino cientificamente embasada à luz de materiais impressos e digitais que tematizam especificamente o contexto e os lugares (paisagens, cidades, municípios, regiões) em que as escolas se situam. A formação de professores é estruturada em quatro momentos (ver Quadro 8.3).

Boas experiências didáticas afirmam-se como aquelas revistas e reescritas a partir das evidências práticas trazidas pelo contexto real da sala de aula (fotos de situações de trabalhos, reflexões, aprendizagens dos alunos, *insights* dos professores). Portanto, o professor não é visto como aquele que professa saberes e transmite informações, mas como um sujeito mais sábio e experiente que os estudantes em um determinado campo do conhecimento. Um sujeito que sabe planejar e gerir ativamente situações de aprendizagem de modo contextualizado e desafiador.

O professor torna-se, portanto, um *designer* de situações-problema bem formuladas, situações de aprendizagem em que ele, professor, é mediador da construção

QUADRO 8.3 Descrição da estrutura da formação	
Módulos da formação	**Descrição das etapas**
1 Experimentar	Vivenciar sequências didáticas estruturadas nos livros do professor para docentes experimentarem e se apropriarem da metodologia.
2 Recriar	Analisar e refletir sobre as sequências didáticas, de modo a adequá-las, adaptá-las e reescrevê-las a cada sala de aula; desenvolver sua própria autoria docente e suas próprias propostas de experimentação científica.
3 Reexperimentar	Aplicar as sequências didáticas adaptadas ou criadas em sala de aula e registrar esse trabalho por meio de fotografias, vídeos e registros processuais de aprendizagem.
4 Elaborar, registrar e compartilhar	Analisar a prática, refletindo sobre a aprendizagem dos alunos; registrar ou reescrever a proposta de autoria docente (sequência didáticas e/ou projeto) e transformá-las em práticas para compartilhar, em formato de publicação rigorosa e cientificamente válida.

de conhecimentos realizada pelo estudante. Nesse sentido, afirma-se como sujeito crítico, reflexivo, que estuda o saber acadêmico, os saberes a ensinar (parâmetros e orientações curriculares, diretrizes de ensino, livros didáticos e paradidáticos) e atua ativamente na construção do "saber ensinado" (o saber escolar efetivamente construído como conhecimento pelo estudante) (JOSHUA; CHEVALLARD apud ANDRADE; SENNA, 2014).

DESCRIÇÃO DE EXPERIÊNCIAS

Para exemplificar experiências construídas com base na MCA, vamos apresentar:

1. Sequências didáticas desenvolvidas pela Atina Educação na reflexão sobre a prática de diversas experiências de cocriação com estudantes e professores.
2. Sequências didáticas de autoria de professores da rede pública de ensino da Secretaria de Educação do Estado da Bahia que atuam como professores formadores do Programa Ciência na Escola.

Graças à sua estrutura metodológica, todas as experiências articulam fortemente contextualização, interdisciplinaridade e metacognição. Em especial, sugerimos analisar os diferentes usos da ferramenta processual de registros autorreflexivos representada pela tabela de hipóteses. Ela permite tanto articular competências cognitivas e socioemocionais na etapa de exploração e registro de conhecimentos prévios, quanto organizar processo de pesquisa e sistematizar avaliação metacognitiva. É possível analisar seus diferentes usos nas experiências 1, 2 e 3 (ver Quadro 8.4) e nas experiências 5, 6 e 8 (Quadro 8.5).

PRÁTICAS PARA COMPARTILHAR: PROGRAMA CIÊNCIA NA ESCOLA (BA)

Na Bahia, a MCA permitiu o desenvolvimento inovador dos livros do estudante e do professor *Bahia, Brasil: espaço, ambiente e cultura* (FURLAN, 2012; ANDRADE; SENNA, 2012, voltados para 6º e 7º anos do ensino fundamental) e *Bahia Brasil: vida, natureza e sociedade* (FURLAN, 2014; ANDRADE; SENNA, 2014, para 8º e 9º anos do ensino fundamental) e de cursos de formação de articuladores regionais e de professores por meio Programa Ciência na Escola (PCE), programa estruturante da Secretaria de Educação do Estado da Bahia. O PCE atende todas as escolas de anos finais do ensino fundamental e de ensino médio da rede estadual baiana. O objetivo dessa iniciativa consiste em promover a educação científica e a "cultura *Maker*" ou "fazedora/mão na massa" por meio da articulação de experiências curriculares inovadoras e projetos em Feiras de Ciências do estado, do país e mesmo internacionais.

QUADRO 8.4 Experiências desenvolvidas pela Atina Educação

Título	Descrição da experiência	QR Code
1. Vamos transformar sonhos em realidade? Tema: Empreendedorismo social e projeto de vida	A experiência aborda o tema "trabalho e projeto de vida" e desenvolve a atitude colaborativa e empreendedora de alunos dos anos finais do ensino fundamental e do ensino médio. Parte-se da identificação de "sonhos" (individuais ou coletivos), que são agrupados em categorias de afinidade, e formam-se grupos para pesquisar e elaborar propostas concretas para colocá-los em prática. A estratégia didática da experiência é uma adaptação da abordagem do *design thinking* – a cocriação e resolução de problemas centrada no usuário, com "entregas" em tempo curto e controlado. Essa experiência está disponível em duas versões: 1) empreendedorismo social (um projeto de pesquisa-ação para/na comunidade); 2) projeto de vida (uma oficina de três a quatro horas a partir de um mapeamento de sonhos/projetos de vida individuais).	1  http://goo.gl/PPnAdQ 2  http://goo.gl/RoQkTI
2. O que vemos quando lemos? Tema: Competência leitora em linguagens verbais e não verbais	A experiência desenvolve estratégias leitoras em linguagens verbais e não verbais, realizando a chamada *leitura de mundo* a partir da leitura de imagens e da própria paisagem da cidade, em uma perspectiva significativa e interacionista: dos conhecimentos prévios do sujeito leitor aos conceitos e estratégias de leitura nos diferentes tipos de linguagem. Discutimos e registramos em tabelas de hipóteses: "o que vemos? O que explica o que vemos? Vemos o que explica?", diante de diferentes suportes e imagens. Para realizar a leitura de paisagens, são trabalhados infográficos e uma miniatividade de campo no entorno escolar.	 http://goo.gl/qAzaDQ

(*Continua*)

(Continuação)

Título	Descrição da experiência	QR Code
3. Água, recurso finito? Tema: Recursos hídricos	Nesta experiência interdisciplinar entre raciocínio espacial, matemático e linguístico, é realizada uma investigação em relação à distribuição e à disponibilidade de água no planeta. É realizada uma sondagem dos conhecimentos prévios e uma investigação por meio de questões orientadoras em tabela de hipóteses dos estudantes, e investigação leitora de gráficos e infográficos. Em seguida, é realizada a quantificação dos volumes de diferentes corpos de água doce do planeta por meio de garrafas PET e copinhos plásticos.	http://goo.gl/IBKrei
4. São os gráficos indicadores gráficos? Do quê? Tema: Gráficos e indicadores sociais	Esta experiência interdisciplinar entre matemática, história, sociologia e geografia trabalha com indicadores sociais por meio do estudo de diferentes tipos de gráficos. Os estudantes serão desafiados a compreender as diferentes formas gráficas como maneiras de representação de dados sobre um determinado assunto e a correlacionar fenômenos sociais à quantificação e representação gráfico-matemática.	http://goo.gl/IV8ORL

Fonte: Andrade e Senna (2012; 2014).

QUADRO 8.5 Experiências desenvolvidas por professores da rede estadual da Bahia

Título	Descrição da experiência	QR Code
5. Vamos conhecer o rio Cachoeira? Tema: Meio ambiente e sociedade	Por meio do preenchimento progressivo e processual de tabela de hipóteses sobre o rio Cachoeira, é realizada uma pesquisa socioambiental em diferentes suportes (livros, vídeos, imagens e atividade de campo) sobre a importância do rio para a sociedade e para o ecossistema. Ao final, é feito um jogo de cartas pedagógico. Experiência diretamente inspirada na sequência didática "Rio São Francisco em imagem: como ler um infográfico?" (ANDRADE; SENNA, 2014).	http://goo.gl/nQX4y2

Título	Descrição da experiência	QR Code
6. O que explica a diversidade da vida? Tema: Meio ambiente e biodiversidade	Desenvolve o raciocínio científico comparando diferentes teorias sobre a origem e diversidade da vida. Por meio de tabela de hipóteses, investiga variações na história da ciência e promove um experimento simples, por meio do uso de alicates e sementes, que discute a hipótese científica da Teoria da Evolução de Darwin aplicada à diferenciação de aves: como os diferentes bicos de aves coevoluíram com os diferentes tipos de frutos e sementes.	http://goo.gl/joAoCS
7. A história local e os Quilombolas da Pedra Tema: Sociedade e cultura	Explora, por meio de pesquisa e entrevistas com moradores do bairro, a temática "história local dos afrodescendentes em Itambé, Bahia". Apresenta uma proposta de prática científica como forma de estabelecer relações entre passado e presente, discutindo mudanças e permanências nas relações sociais locais, além de compreender e valorizar elementos das culturas afrodescendentes.	http://goo.gl/ZYqZIb
8. Geografia da saúde e saberes tradicionais Tema: Saúde	Explora saberes de senso comum e constrói conceitos científicos sobre os conceitos de microrganismos, agentes biológicos, agentes químicos e endemias. Desenvolve uma proposta de pesquisa das diferentes doenças que afetam a população na qual os alunos estão inseridos, bem como dos respectivos agentes que as ocasionam. Destaca plantas medicinais presentes no bioma Caatinga que são utilizadas para tratamentos dessas doenças por meio de saberes tradicionais.	http://goo.gl/bfDQE3

Fonte: Andrade (2015).

A fim de garantir a qualidade das sequências didáticas produzidas na rede, a Atina Educação desenvolveu um sistema de avaliação para engajar professores no desenvolvimento de autoria docente. Seus objetivos:

1. Garantir a qualidade metodológica da produção autoral.
2. Dar visibilidade às experiências contextualizadas desenvolvidas perante os pares e a comunidade escolar.

As principais diretrizes para a avaliação foram: interdisciplinaridade, contextualização, adequação da proposta metodológica de acordo com as quatro etapas da sequência didática, uso de tecnologias em sala de aula e propostas de atividades "mão na massa". Destacamos, no Quadro 8.5, quatro experiências com as temáticas *Meio ambiente, Sociedade e cultura* e *Saúde*.

CONSIDERAÇÕES FINAIS

A MCA permite desenvolver experiências inovadoras de construção do conhecimento por meio da aprendizagem significativa (MOREIRA, 2011) na perspectiva da educação integral. A contextualização permite a construção do "conhecimento poderoso", ancorando socialmente conteúdos, competências cognitivas e socioemocionais a temas e situações pertinentes aos territórios educativos (do bairro, da cidade, do município, da região). A MCA parte da cocriação com professores e gestores de materiais que traduzem esse conhecimento pertinente para um trabalho concreto, "mão na massa", de resolução de problemas e desafios contextualizados para a sala de aula. Neles, os alunos desenvolvem estratégias ativas de construção do conhecimento e são estimulados em sua autonomia e protagonismo. Para tanto, o professor deve se afirmar como autor curricular, *designer* e mediador de situações e percursos de aprendizagem significativa.

A investigação a partir de temas geradores ou de perguntas mobilizadoras que emergem do contexto ancora socialmente a problematização e a solução de problemas e fortalece a percepção do conhecimento pertinente. Com isso, o professor-autor não fragmenta o processo de estudo e estimula o engajamento cognitivo e o enfoque profundo dos estudantes (MOREIRA, 2011). O conhecimento profundo e poderoso torna-se competência quando é utilizado como um "saber fazer", em ações práticas "mão na massa". Assim, desenvolver colaboração, foco/determinação, enfrentamento de situações-problema e desenvolvimento de propostas em equipes são competências valorosas em si mesmas, altamente requeridas para a vida no século XXI, e fundamentais para dar sentido prático ao conhecimento curricular das várias disciplinas e áreas do conhecimento (PERIN, 2011; ANDRADE; SENNA, 2014).

Diversas experiências com as sequências didáticas assim estruturadas têm desencadeado ações de empreendedorismo social. Nesse sentido, quanto mais as experiências de contextualização da aprendizagem forem construídas e apoiadas coletivamente na escola (pelo diretor, coordenador pedagógico e outros professores), mais impacto social e mais alcance pedagógico terão na comunidade escolar, no bairro e no território. Como facilitadora de implementação de política pública em educação integral, a eficácia da MCA aponta para a necessidade de articulação e integração entre programas de formação de professores, currículo e avaliação.

Neste capítulo, descrevemos resumidamente oito exemplos de estratégias de desenvolvimento autoral de professores por meio de experiências estruturadas sob a forma de sequências didáticas (ANDRADE; SENNA, 2012; ANDRADE, 2015).

A escrita dessas experiências pedagógicas consiste em poderoso trabalho de reflexão na ação e sistematização do conhecimento, vinculando a reflexão metodológica às práticas docentes em um sentido orgânico e reflexivo. Nesse sentido, a MCA realiza na prática curricular brasileira a proposta do professor reflexivo de Schön (1990): sujeito e autor curricular em um processo de reflexão na ação, sobre a ação e sobre a reflexão na ação. Trata-se de um trabalho de formação continuada centrado no desenvolvimento de competências docentes de ensino por meio de sua "transposição didática" fundada na contextualização às realidades locais das escolas em que os professores lecionam (PERRENOUD et al., 2002).

Assim, no contexto digital da cultura contemporânea, a MCA estimula percursos criativos com as "tecnologias da inteligência" que integram, na prática, a construção de sentido pela experiência autoral, o ensino do "conhecimento poderoso" com o desenvolvimento de competências (LÉVY, 2010; BONDÍA, 2002; YOUNG, 2007; PERRENOUD, 1998). O professor é estimulado a trabalhar em pares por meio de ferramentas digitais, a pensar interdisciplinarmente e a compreender a lógica metodológica dos momentos de explorar, investigar, resolver problemas e avaliar temas diversos segundo o rigor do pensamento científico proporcionado pela MCA. Em seguida, o professor é desafiado a (re)escrever sua própria experiência didática, a colher evidências dos trabalhos dos alunos, a revisar sua autoria e a compartilhar os resultados de sua prática com toda a rede. Desse modo, o professor é estimulado em sua condição crítica de autor curricular, isto é, de intelectual reflexivo que visa a aprendizagem significativa de seus estudantes.

Se inovar é mudar comportamentos e ações, a metodologia de contextualização da aprendizagem procura, assim, trazer uma contribuição — analógica e digital — às práticas de ensino híbrido que visam uma educação em perspectiva integral para o século XXI (MEIRA, 2015).

 **PARA SABER MAIS**

Entrevista: Marjo Kyllonen

A secretária de Educação de Helsinque fala sobre a importância da educação baseada em fenômenos (ou projetos) para que o aprendizado seja mais significativo e esteja relacionado com a vida dos alunos.

Disponível em: http://porvir.org/mudou-na-educacao-da-finlandia-chegada-de--um-novo-curriculo

Livro: *Educação em quatro dimensões*

O livro é referência para refletir sobre os objetivos da educação no século XXI e a proposta do currículo baseado em competências, a partir de uma perspectiva interdisciplinar.

Disponível em: www.institutoayrtonsenna.org.br/arquivos/Educacao-em-quatro-dimensoes.pdf

Plataforma virtual: Na Prática

Plataforma de formação que apresenta propostas inovadoras de educação integral no Brasil que contém vídeos, *cases* e materiais de fundamentos.

Disponível em: http://educacaointegral.org.br/na-pratica

REFERÊNCIAS

ABRUCIO, L. F. (Org.). *Formação de professores no Brasil:* diagnóstico, agenda de políticas e estratégias para mudança. São Paulo: Moderna, 2016.

ANDRADE, J.P.; FURLAN, S.A.; SENNA, C.M.P.C. *Atlas ambiental*: Programa Mundo, Ambiente, Pertencimento e Ação. 3. ed. São Paulo: Geodinâmica, 2012. Livro do professor.

ANDRADE, J. P.; SENNA, C. M. P. C. *Bahia, Brasil*: espaço, ambiente e cultura. São Paulo: Geodinâmica, 2012. Livro do professor.

ANDRADE, J. P.; SENNA, C. M. P. C. *Bahia, Brasil*: vida, natureza e sociedade. São Paulo: Geodinâmica, 2014. Livro do professor.

AUSUBEL, D. P; NOVAK, J. D.; HANESIAN, H. *Psicologia educacional*. Rio de Janeiro: Interamericana, 1980.

BONDÍA, J. L. Notas sobre a experiência de saber da experiência. *Revista Brasileira de Educação*, n. 9, p.20-19. jan/abr. 2002.

BRANSFORD, J.; BROWN, A.; COCKING, R. *How people learn*: brain, mind, experience, and school: expanded version. Washington: National Academy Press, 2000.

BROWN, T. *Design thinking*: uma metodologia poderosa para decretar o fim das velhas ideias. Rio de Janeiro: Elsevier, 2010.

COSENZA, R. M.; GUERRA, L. B. *Neurociência e educação*: como o cérebro aprende. Porto Alegre: Artmed, 2011.

CRAHAY, M. Dangers, incertitudes et incomplétude de la logique de la compétence en éducation. *Revue Française de Pédagogie*, n. 154, p. 97-110, 2006. Disponível em: <https://rfp.revues.org/143>. Acesso em: 17 ago. 2016.

FURLAN, S. A. (Org.). *Bahia, Brasil*: vida, natureza e sociedade. São Paulo: Geodinâmica, 2014. Livro do estudante.

IZQUIERDO, I. *Questões sobre memória*. São Leopoldo: Unisinos, 2004.

LERNER, D. *Ler e escrever na escola*: o real, o possível e o necessário. Porto Alegre: Artmed, 2002.

LÉVY, P. *As tecnologias da inteligência*: o futuro do pensamento na era da informática. 2. ed. São Paulo: Editora 34, 2010.

MEIRA, S. Inovação e empreendedorismo no Brasil. *Ikewai*. 2015. Disponível em:<http:// www.ikewai.com/WordPress/2015/03/01/empreendedorismo-e-inovao-no-brasil/>. Acesso em: 16 ago. 2016.

MORAN, J. M.; BACICH, L. Aprender e ensinar com foco na educação híbrida. *Revista Pátio*, v. 25, jun. 2015. Disponível em:<http://www.grupoa.com.br/revista-patio/artigo/11551/ aprender-e-ensinar-com-focoma-educacao-hibrida.aspx>. Acesso em: 10 ago. 2016.

MORIN, E. *Os sete saberes necessários à educação do futuro*. São Paulo: Cortez, 2002.

MOREIRA, A.F.B.; CANDAU, V.M. Currículo, conhecimento e cultura. In: BEAUCHAMP, J.; PAGEL, S. D.; NASCIMENTO, A. R. (Org.). *Indagações sobre o currículo*. Brasília: Ministério da Educação, 2007. p. 17-48.

MOREIRA, M. A. *Teorias da aprendizagem*. São Paulo: EPU, 1999.

MOREIRA, M. A. Unidades de enseñanza potencialmente significativas: UEPS. *Aprendizagem significativa em revista*. Porto Alegre, v. 1, n. 2, p. 43-63, 2011.

NÓVOA, A. *Desafios do trabalho do professor no mundo contemporâneo*. [São Paulo: SINPRO], 2007. Disponível em: <http://www.sinprosp.org.br/arquivos/novoa/livreto_ novoa.pdf>. Acesso em: 7 ago. 2016.

OCDE. *Competências para o progresso social*: o poder das competências socioemocionais. São Paulo: Fundação Santilliana, 2015.

PELLEGRINO, J. W. et al. (Ed.). National research council of the national academies (nap). In: *Education for Life and Work*: developing transferable knowledge and skills in the 21st century. Washington: The National Academies Press, 2012.

PERIN, D. Facilitating student learning through contextualization: a review of evidence. *Community College Review*, v. 39, n. 3, July, 2011.

PERRENOUD, P. et al. *As competências para ensinar no século XXI*: a formação de professores e o desafio da avaliação. Porto Alegre: Artmed, 2002.

PERRENOUD, P. *Avaliação*: da excelência à regulação das aprendizagens: entre duas lógicas. Porto Alegre: Artmed, 1999.

PERRENOUD, P. Formação continua e obrigatoriedade de competências na profissão de professor. *Ideias: Sistemas de Avaliação Educacional*, n. 30, p. 205-248, 1998.

RESNICK, M. All I really need to know (about creative thinking) I learned (by studying how children learn) in kindergarten. In: ACM SIGCHI CONFERENCE ON CREATIVITY & COGNITION, 6. 2007. *Proceedings…* 2007.

SCHÖN, D. *Educating the reflective practioner*. San Francisco: Jossey-Bass, 1990.

SOMERVILLE, D. *Information isn't power*. 2014. Disponível em: < https://random-blather. com/2014/04/28/information-isnt-power/>. Acesso em: 17 maio 2017.

UNESCO. *Educação*: um tesouro a descobrir: relatório da Comissão Internacional sobre educação para o século XXI. Brasília: CORTEZ, 1998.

VIGOTSKI, L. *A formação social da mente.* São Paulo: Martins Fontes, 1989.

YOUNG, M. Para que servem as escolas? *Educação & Sociedade,* v. 28, n. 101, p. 1287-1302, 2007.

WALLON, H. *Do ato ao pensamento:* ensaio de psicologia comparada. Porto Alegre: vozes, 2008.

ZABALA, A. *A prática educativa:* como ensinar. Porto Alegre: Artmed, 1998.

LEITURAS RECOMENDADAS

ANDRADE, J. P. (Org.). *Práticas para compartilhar:* Programa Ciência na Escola. São Paulo: Atina Educação, 2015.

MORAN, J. M. *A educação que desejamos:* novos desafios e como chegar lá. 2. ed. Campinas: Papirus, 2007.

NOVAK, J. D. *Uma teoria de educação.* São Paulo: Pioneira, 1981.

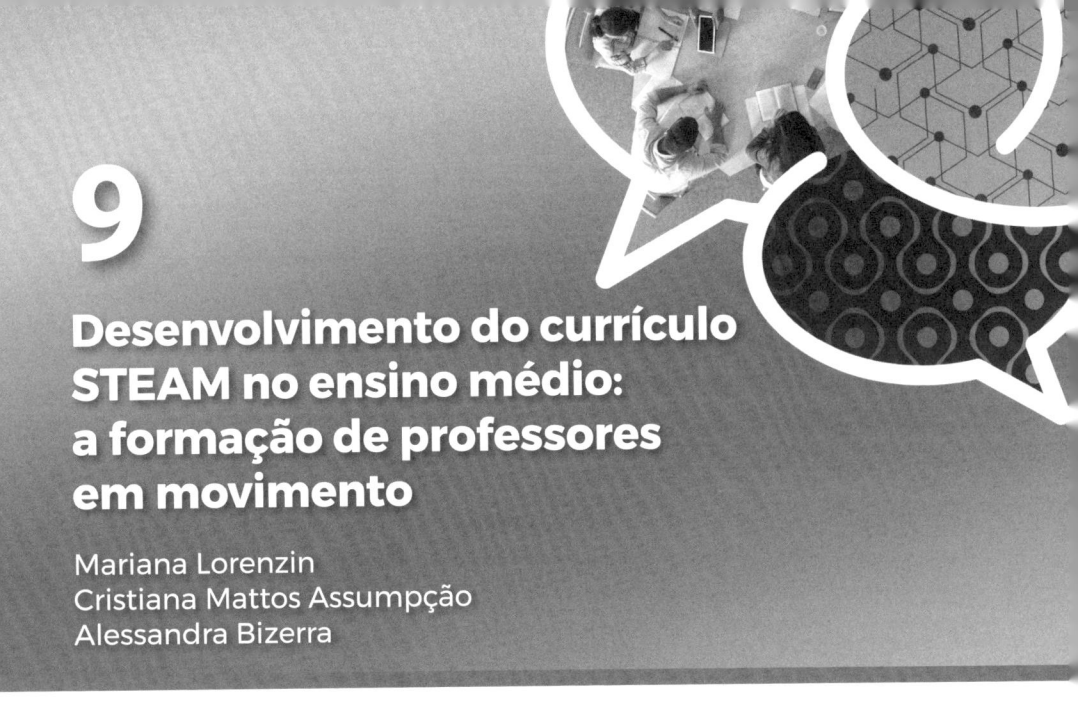

9

Desenvolvimento do currículo STEAM no ensino médio: a formação de professores em movimento

Mariana Lorenzin
Cristiana Mattos Assumpção
Alessandra Bizerra

Tradicionalmente estruturado pela relação entre os processos e a produção científica, o ensino de ciências apresenta uma visão estática, linear e descontextualizada do conhecimento, resultado da compartimentação do saber acumulado ao longo do tempo. Apesar de possibilitar a organização da realidade, a fragmentação do conhecimento não é capaz de explicá-la, mas apenas de descrevê-la em caminhos já estabelecidos. Buscando superar essa situação e compreendendo a produção do conhecimento como um processo intencional, integrador e mediado pelas interações, o currículo escolar pautado na interdisciplinaridade busca possibilitar ao aluno uma experiência de aprendizagem para a promoção do pensamento complexo e a descoberta da sua realidade e suas relações.

Desenvolver um currículo para o ensino de ciências na perspectiva interdisciplinar envolve, entre outros elementos, a seleção de conteúdos e de metodologias para sua concretização. As ações práticas em sala de aula refletem as concepções dos professores sobre os processos de ensino e aprendizagem, a organização dos conteúdos, os métodos selecionados e o papel de professores e alunos, entre outros.

Considerando que somente é possível apropriar-se de uma nova proposta curricular a partir da atribuição de sentido a ela, a formação de professores é fundamental para a compreensão da necessidade de reorganização do currículo e de suas práticas, bem como para promover mudanças nas concepções sobre o ensino – especialmente quando o novo currículo transforma a estruturação tradicional do conhecimento, passando da ordenação em sequências disciplinares rígidas a uma organização interdisciplinar e baseada em projetos de trabalho, ressignificando práticas previamente estabelecidas.

Partindo de discussões teóricas sobre as concepções e percepções a respeito do ensino de ciências, este capítulo apresenta, sob a perspectiva da Teoria da Atividade, caminhos para a superação da organização tradicional dessa área, por meio de relatos da formação de professores no desenvolvimento de uma proposta para o currículo de ciências que integra a disciplina às tecnologias, engenharias, artes e *design* e matemática: o currículo STEAM (do inglês *Science, Technology, Engineering, Arts & Design and Mathematics*), em uma experiência localizada em uma escola da rede privada paulistana.[1]

Ao final, o capítulo aponta elementos sobre a formação profissional do professor e ressalta atributos que indicam a transformação da prática docente, possibilitando sua expansão para diferentes contextos.

A ORGANIZAÇÃO DO ENSINO DE CIÊNCIAS EM UM CONTEXTO DE TRANSFORMAÇÕES

Inserida em um contexto pautado pelas constantes mudanças, incorporação das tecnologias e a rápida velocidade da informação, a educação básica passa por reflexões sobre o seu papel na formação dos estudantes e discute a organização do ensino, uma vez que, nesse cenário complexo, compreender o conhecimento compartimentado e linear significa representar a realidade em fragmentos, sem considerar as inúmeras possibilidades e experiências de aprendizagem.

Em detrimento da informação lógico-sequencial, estruturada e estática, e considerando que, na sociedade da informação e da comunicação, conhecer significa compreender as diferentes dimensões da realidade, captar e expressar sua totalidade de forma ampla e integral (MORAN, 2003), é preciso aprender novas formas de conhecer, comunicar e integrar aspectos humanos, tecnológicos, individuais e sociais (MAURI, 2009). Como espaço que reflete sua própria imagem e permite sua reconstrução constante, a organização do ensino deve permitir a articulação de conceitos para a construção da interpretação pessoal e subjetiva da realidade, proporcionando o desenvolvimento global (ZABALA, 2009).

Apesar desse contexto, a organização atual do ensino de ciências apresenta a área como uma disciplina isolada das demais e com base em um currículo que, pautado em conteúdos sequenciais, desconsidera os processos históricos, criativos e investigativos inerentes à construção do conhecimento científico. Diante dessa situação, o ensino tem sua atuação reduzida à apresentação de conteúdos, termos e conceitos que estão associados a um método científico universal e previamente determinado (CACHAPUZ et al., 2011).

---

[1] O Colégio Bandeirantes é uma escola particular da cidade de São Paulo que oferece os anos finais do ensino fundamental (6º ao 9º ano) e o ensino médio. Conta com cerca de 150 professores e 2 mil alunos. Para mais informações, acesse: www.colband.net.br.

Sem considerar os problemas e as necessidades humanas que estão na origem das ciências e valorizando exclusivamente o conteúdo científico, os currículos escolares mantêm-se embasados pelo viés empirista e descritivo. Com isso, de acordo com Zabala (2009), acabam perdendo a dimensão da evolução dos conhecimentos e reduzindo as múltiplas dimensões presentes nas situações educativas. Embora apresente certa coerência acadêmica para o agrupamento dos conteúdos, tal organização visa à formação de capacidades cognoscitivas para a compreensão de significados de conhecimentos específicos, o que, além de dificultar a aprendizagem e a formação do pensamento teórico, contribui para uma visão ingênua e socialmente aceita das ciências. Quando não compreendidas como produção humana e, portanto, não apropriadas pelos sujeitos, as ciências demonstram ser uma realidade independente da cultura, sem promover a consciência e a transformação social, o que, atualmente, não atende às necessidades de um contexto pautado na lógica das múltiplas dimensões da sociedade. Essa compreensão do ensino afastada das concepções contemporâneas sobre a produção científica, além de dificultar a aprendizagem, para Cachapuz et al. (2011), pode contribuir para a visão ingênua das ciências, que transparece nos currículos escolares.

Para alcançar o nível multidimensional das ciências, é preciso incluir no currículo do ensino de ciências a história das ideias científicas, a natureza destas e o uso da tecnologia como parte da cultura e da vida pessoal e social (BYBEE, 1997 apud CACHAPUZ et al., 2011). Somente a partir de uma abordagem mais completa a aprendizagem em ciências pode ser transformada em uma experiência com significado (SOUSA; PILECKI, 2013), em que o conhecimento deixa de ser fragmentado e assume caráter plural, interdependente e interligado.

Na perspectiva integradora, tal abordagem pode promover conexões que permitam a compreensão da realidade de modo mais complexo e alterar significativamente o formato de organização das escolas, a fim de que, ao refletir as conexões globais, se tornem compatíveis com o momento atual (RILEY, 2012). Sendo interpretado como parte do contexto, o currículo de ciências deve explorar a existência de diferentes pontos de vista na criação de novas ideias, o trabalho experimental e a interdisciplinaridade (YAKMAN, 2008). Distante de uma concepção redutora, essa nova concepção sobre o ensino de ciências, baseada em situações-problema de interesse relevante com aproximações qualitativas e construção de soluções que são colocadas à prova, permite a incorporação e a transformação dos conhecimentos (CACHAPUZ et al., 2011).

Assim, o conhecimento deixa de ser concebido como uma abstração descontextualizada e independente e, nesse processo, um conceito concreto, material e imediato transforma-se em um conceito abstrato, geral e primário, que, por sua vez, atua como elo para deduzir outras abstrações particulares e uni-las a um assunto integral. É pela articulação entre o cotidiano e o teórico que se torna possível subsidiar o conhecimento concreto e complexo, que emerge com elementos significativos para a compreensão dos fenômenos, construído na relação entre o conteúdo e as múltiplas condições da realidade (DAVIDOV, 1988).

Nesse sentido, em busca da construção do conhecimento concreto, a educação em ciências precisa encontrar um caminho para desenvolver nos alunos as habilidades de pensar entre e ao longo de disciplinas. Isso inclui a busca e a explicitação de conexões naturais entre conceitos, para fomentar o pensamento que atravessa as diferentes áreas e tornar a aprendizagem mais próxima da realidade ao atribuir sentido às informações (YAKMAN, 2008).

Para Cachapuz et al. (2011), a renovação do ensino de ciências deve abordar a renovação epistemológica de professores, por meio de uma formação inicial e contínua com base na investigação e na pesquisa do processo de ensino e aprendizagem para a vivência e a experimentação de propostas inovadoras. Somente pela reflexão torna-se possível a renovação didática e metodológica que expresse, por meio do currículo, um novo posicionamento do professor e a coerência entre a concepção manifestada pelo discurso e a ação prática em sala de aula.

Para tanto, é preciso que, ao se reorganizar o currículo, sejam consideradas as dimensões epistemológica, ontológica e axiológica das ciências, para, assim, diminuir o reducionismo e favorecer a aprendizagem no que se refere ao desenvolvimento de atitudes científicas para a tomada de decisões e realização de escolhas diante da realidade e dos valores (BASTOS; MATTOS apud CAMILLO; MATTOS, 2014).

TRAÇANDO CAMINHOS BASEADOS EM PROJETOS INTERDISCIPLINARES PARA A RENOVAÇÃO DO ENSINO DE CIÊNCIAS

Diante da necessidade de transformar o ensino de ciências para que a produção do conhecimento seja percebida como um processo de construção humana situado em um contexto, a proposta de organização interdisciplinar do currículo é apresentada como uma forma de conectar conceitos. Assim, quando a aprendizagem puder ser apropriada como parte da cultura humana, ela estará assumindo um sentido.

Buscando superar a transmissão de conteúdos informativos e considerando que, mesmo individualizadas, as disciplinas incorporam elementos de outras áreas, ao intencionalmente promover conexões entre os conteúdos escolares, a interdisciplinaridade representa um elemento de uma proposta globalizadora para a elaboração de currículos integrados. Além da dimensão conceitual que a perspectiva da interdisciplinaridade atribui ao currículo integrado, sua real construção se dá quando está situada em experiências autênticas e questionadoras, embasada em métodos que contemplem elementos da aprendizagem centrada no aluno. Assim, a partir do vínculo entre a teoria e a prática, com o objetivo de integrar o conhecimento sob a perspectiva global em um contexto pautado pela comunicação, a organização do currículo por projetos de trabalho é apresentada por Hernandez e Ventura (1998) como uma alternativa para a compreensão da informação e para a construção de conceitos.

Nessa perspectiva, ancorada nos princípios da construção ativa e nos conceitos da aprendizagem situada e considerando a importância da interação social e do uso de ferramentas cognitivas, a aprendizagem baseada em projetos (*project-based learning* – PBL) defende a construção do conhecimento a partir do engajamento dos alunos na solução de problemas reais e complexos.

Contemplando a descontinuidade e a sobreposição de conceitos, é possível selecionar os conteúdos e as propostas metodológicas, alterando o foco conteudista de uma educação pautada na concepção tradicional de transmissão do conhecimento. Assim, por meio de uma participação ativa dos sujeitos envolvidos na aprendizagem, o foco se torna a formação integral e integrada à realidade. Apesar da compreensão sobre a importância dessa metodologia, as diferentes interpretações sobre a integração de conceitos e a aprendizagem por projetos, no contexto da educação, representam uma das razões pelas quais essa prática não ocorre com maior prevalência na escola.

Conhecer a origem dos conhecimentos e sua produção como atividade humana permite aos professores compreender melhor a ciência que ensinam, elaborar e ressignificar as propostas para a sala de aula (CACHAPUZ et al., 2011). Assim, ao se tratar de apropriações complexas, imersas em uma cultura em transformação, o questionamento, a discussão e a reflexão sobre a organização do currículo e as práticas relacionadas são necessárias para a elaboração do modo como os professores percebem o ensino e as suas opções educacionais. Nesse sentido, a formação de professores que permite a reflexão sobre o currículo e a prática docente em sala de aula é fundamental para a construção de um ambiente que, ao ressiginificar o papel de alunos e professores, abra espaço ao diálogo e à troca de experiências.

De modo contínuo, a renovação didática metodológica e epistemológica como parte na investigação e na pesquisa dos processos de ensino e aprendizagem é elemento básico para a reorganização do ensino de ciências (CACHAPUZ et al., 2011). Somente com a reflexão sobre a teoria e a prática é que um novo posicionamento do professor, coerente com a concepção manifestada pelo discurso e com as ações em sala de aula, pode refletir-se em propostas curriculares inovadoras, que, pela seleção de conceitos e propostas metodológicas, permitem romper com modelos autoritários para uma aprendizagem com diferentes sentidos.

STEAM: INTEGRANDO TECNOLOGIA, ENGENHARIA, ARTES E *DESIGN* E MATEMÁTICA ÀS CIÊNCIAS EM UM CURRÍCULO GLOBALIZADOR

Inspirada pelo movimento *Maker*, ancorado na dimensão prática das ciências e da engenharia e em resposta à necessidade de melhorias no ensino, a National Academy of Sciences dos Estados Unidos apresentou o STEM, sigla para ciências, tecnologia, engenharia e matemática (do inglês *Science, Technology, Engineering and*

Mathematics), como forma de instigar e aumentar o interesse dos alunos em carreiras científicas e tecnológicas.

Em uma proposta de currículo integrado e do ensino baseado em projetos, que visa a articular e aplicar os conhecimentos das disciplinas escolares, o STEM, embora não apresente uma definição única, busca compreender a realidade de forma ampla e resolver alguns de seus problemas com o uso e a aplicação dos conhecimentos de ciências, tecnologia, engenharia e matemática. Alinhadas às habilidades de interpretação, comunicação, análise e síntese, as quatro áreas do STEM possibilitam a aplicação de conceitos para a produção de novos conhecimentos e tecnologias. Além disso, permitem desenvolver a observação, o questionamento e a resolução de problemas no processo de ensino e aprendizagem.

No entanto, embora o STEM proporcione a exploração de modo integrado de quatro áreas do conhecimento com oportunidades de ensino experimental, para autores como Sousa e Pilecki (2013) e Riley (2012), processos de inovação e criatividade, características e habilidades essenciais no século XXI nem sempre são contemplados nessa proposta. Dessa forma, apesar dos investimentos para a implementação do STEM na escola básica e da interdisciplinaridade proposta, ao reproduzir experimentos orientados em protocolos, referentes a problemas conhecidos e já solucionados pela sociedade, as dinâmicas STEM pouco representam características do trabalho de profissionais das áreas de ciências, tecnologia, engenharia e matemática. Em vista disso, de acordo com dados do Programa Nacional de Avaliação do Progresso em Educação dos Estados Unidos divulgados em 2012, poucos foram os avanços percebidos no desenvolvimento dos alunos em relação à resolução de problemas, ao pensamento crítico e à utilização de simulações e modelos experimentais em laboratório, assim como nas oportunidades de planejamento criativo dos professores (INSTITUTE OF EDUCATION SCIENCES, 2012).

Nesse contexto, embasada por argumentos da neurociência sobre cognição e aspectos sociais, a integração das artes às práticas STEM emerge como uma possibilidade de integrar a sensibilidade dessa área às explicações das ciências. Apesar de sua importância na expressão da experiência humana, as artes foram, historicamente, consideradas um objeto secundário do ensino, que poderia ser reduzido ou eliminado do currículo escolar a fim de privilegiar as áreas científicas (SOUSA; PILECKI, 2013).

A incorporação das artes ao STEM contribui para um maior engajamento de alunos e professores, estimulando a criatividade e intensificando o desenvolvimento cognitivo, emocional e psicomotor, além de ampliar a visão para a compreensão do mundo. Assim, ao reconhecer a importância das artes e do *design* e incorporar a sensibilidade inerente a essa área na organização das práticas de ensino, a proposta STEM recebe o "A" e passa a ser reconhecida como STEAM (*Science, Technology, Engineering, Arts & Design and Mathematics*).

Em um currículo com visão interdisciplinar das ciências, vivenciado em situações autênticas de aprendizagem e organizado a partir dos pressupostos da aprendizagem baseada em projetos, que parte de problemas reais, a proposta STEAM, ao incorporar a investigação e as interações com o mundo, possibilita o desenvolvimento de conceitos, testes de ideias, proposição de hipóteses e explicações, além da criação de produtos e soluções relacionados aos desafios inicialmente propostos (KRAJCIK; BLUMENFELD, 2006).

Dessa forma, no currículo STEAM, a identificação de um problema, localizado e com significado em um contexto, é colocada como elemento motivador da proposta. Ao gerar a necessidade do conhecimento científico para a sua resolução, o motivo passa a mover o planejamento e o desenvolvimento do projeto em todas as suas etapas.

Buscando uma estrutura que permita aos alunos estabelecer e compreender a importância das relações entre as áreas do conhecimento e, simultaneamente, uma forma de organizar o ensino a partir da reflexão e da interconexão entre os campos de estudo, Yakman (2008) apresenta o STEAM como um modelo de desenvolvimento educacional em que as tradicionais disciplinas acadêmicas são estruturadas em um currículo globalizador. Nesse modelo, as matérias são intencionalmente integradas, possibilitando explorar a informação em novos caminhos de criação e descoberta.

Considerando que, mesmo separadas, as disciplinas apresentam elementos que naturalmente atravessam seus currículos e, por isso, podem ser ensinadas em grupos afins, no STEAM, as ciências e a tecnologia são interpretadas por meio da engenharia e das artes, baseadas na linguagem da matemática (YAKMAN, 2008). Assim, o diagrama com a estrutura do STEAM é apresentado para representar as ideias centrais dessa proposta, buscando a integração entre as áreas para a formação holística do aluno (ver Fig. 9.1).

Com o suporte da tecnologia e da engenharia para a compreensão das ciências naturais e a importância das artes e da matemática como linguagens que integram conceitos, o STEAM se configura em uma proposta de aprendizagem por projetos com integração intencional e complementar entre objetivos, práticas e avaliação de áreas diferentes, para a construção de relações sociais e emocionais entre elas com base no questionamento e colaboração (RILEY, 2014).

Apesar do cunho tecnológico, desenvolver o currículo STEAM requer mais do que equipamentos. A simples incorporação de elementos da tecnologia em uma atividade de ensino não caracteriza e nem a transforma em uma proposta STEAM. É preciso um profundo desenvolvimento profissional dos professores para a compreensão e a construção de conexões entre conteúdos de áreas relacionadas. Isso não se refere apenas à escolha de estratégias e materiais, mas também à organização curricular e ao planejamento colaborativo que incorpore as contribuições de cada área, para que, assim, possam ser aplicadas e avaliadas no processo de aprendizagem (RILEY, 2012).

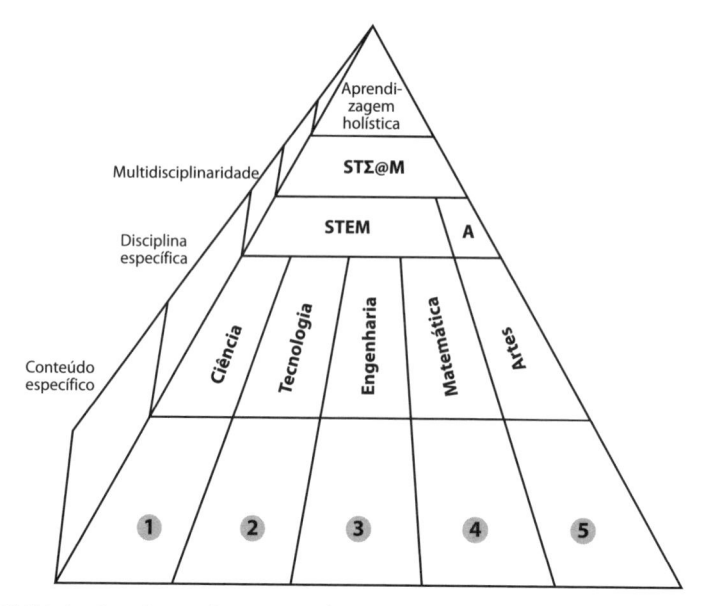

① História da origem dos conceitos, processos de investigação, física, biologia, química, ciências espaciais, geociências, bioquímica

② História das tecnologias, tecnologia e sociedade, *design*, habilidades, projetos para o mundo, agricultura, biomedicina, biotecnologia, informática, comunicação, construção, indústrias, transporte, energia

③ Aeroespacial, fluidos, arquitetura, agronomia, civil, computacional, de minas, acústica, química, elétrica, ambiental, industrial, de materiais, mecânica, dos oceanos, naval

④ Operações, álgebra, geometria, medições, análise de dados, probabilidade, resolução de problemas, comunicação, cálculos, trigonometria, causas e efeitos

⑤ Humanidades (finas, visuais performáticas): música, teatro, fisiologia (artes manuais, corporais e psicologia), antropologia, relações internacionais, filosofia

Figura 9.1 Diagrama do STEAM.
Fonte: Adaptada de Yakman (2008, p. 347).[2]

A partir da definição apresentada sobre o STEAM, é fundamental para o seu desenvolvimento e implementação na educação básica considerar a construção de seu sentido e de sua aplicação na prática, compreendendo o significado da proposta e a mudança de cultura educacional.

UM NOVO CURRÍCULO PARA O ENSINO DE CIÊNCIAS E A REINVENÇÃO DA ESCOLA

No cenário norte-americano, a aplicação do STEAM em sala de aula foi, em sua maioria, organizada e realizada na forma de programas extracurriculares de tecnologia

---

2 Diagrama original do STEAM, proposto por Yakman (2008).

educacional, geralmente voltados para as séries iniciais da educação básica. Apesar disso, a integração dessa proposta ao currículo escolar apresenta-se como uma possibilidade de mudança para o ensino de ciências, rumo a práticas mais ativas.

Transformar o currículo de ciências, originalmente organizado nas disciplinas de física, química e biologia, em uma proposta com base no trabalho por projetos interdisciplinares pautado no STEAM representa um grande desafio para a escola, uma vez que as transformações necessárias envolvem a compreensão sobre o ensino e sua organização. Optar por uma mudança curricular requer pesquisa, investimentos e, principalmente, reflexões e transformações nas concepções sobre os processos de ensino e aprendizagem.

As mudanças significativas que estão em curso no contexto atual exigem novas práticas educacionais. Além disso, busca-se associar a formação acadêmica à formação pessoal, por meio do desenvolvimento intelectual e moral, em um ambiente em que a escola é entendida como espaço de construção do conhecimento e de efervescência cultural. Diante disso, uma nova organização da matriz curricular do ensino médio, que inclui o STEAM, é proposta como alternativa à organização tradicional do ensino em que as aulas práticas permanecem fragmentadas nas disciplinas de física, química e biologia. Com base no trabalho por projetos interdisciplinares e, agora, integrando as artes às ciências e à matemática, o STEAM foi planejado para ser implementado em laboratórios multidisciplinares, na forma de oficinas temáticas, cujo conteúdo está em diálogo com os conceitos abordados nas aulas teóricas.

A partir de sólidas convicções sobre a necessidade de mudança e sobre as contribuições dessa proposta e rumo à integração curricular nas aulas práticas de ciências no ensino médio, o percurso da escola no desenvolvimento do STEAM (ver Fig. 9.2) envolveu uma equipe multidisciplinar. O processo incluiu a formação de professores, a experiência da realização de projetos interdisciplinares em formato extracurricular, visitas a espaços *Maker*, estabelecimento de parcerias com profissionais, instituições da área e universidades, reforma e readequação de espaços para ampliação da mobilidade.

Na prática, contando com uma equipe formada por professores de diferentes áreas do conhecimento, coordenadores, consultores externos e diretores da instituição, o desenvolvimento do currículo STEAM ocorreu de forma gradual.

Discutida no processo de reorganização da matriz curricular do ensino médio, a estruturação do currículo das aulas práticas em laboratórios de física, química e biologia foi alvo de reflexões que culminaram na escolha da proposta STEAM pelos coordenadores, dois anos antes do início de sua aplicação. Com a definição sobre os novos caminhos do currículo e de sua organização, as sequências didáticas, ações e propostas de projetos foram planejadas pelo grupo de professores e coordenadores, durante o ano que antecedeu a sua aplicação, em cada uma das séries do ensino médio. No ano seguinte, juntamente com a aplicação das atividades propostas, a continuidade do desenvolvimento do currículo STEAM esteve voltada para as

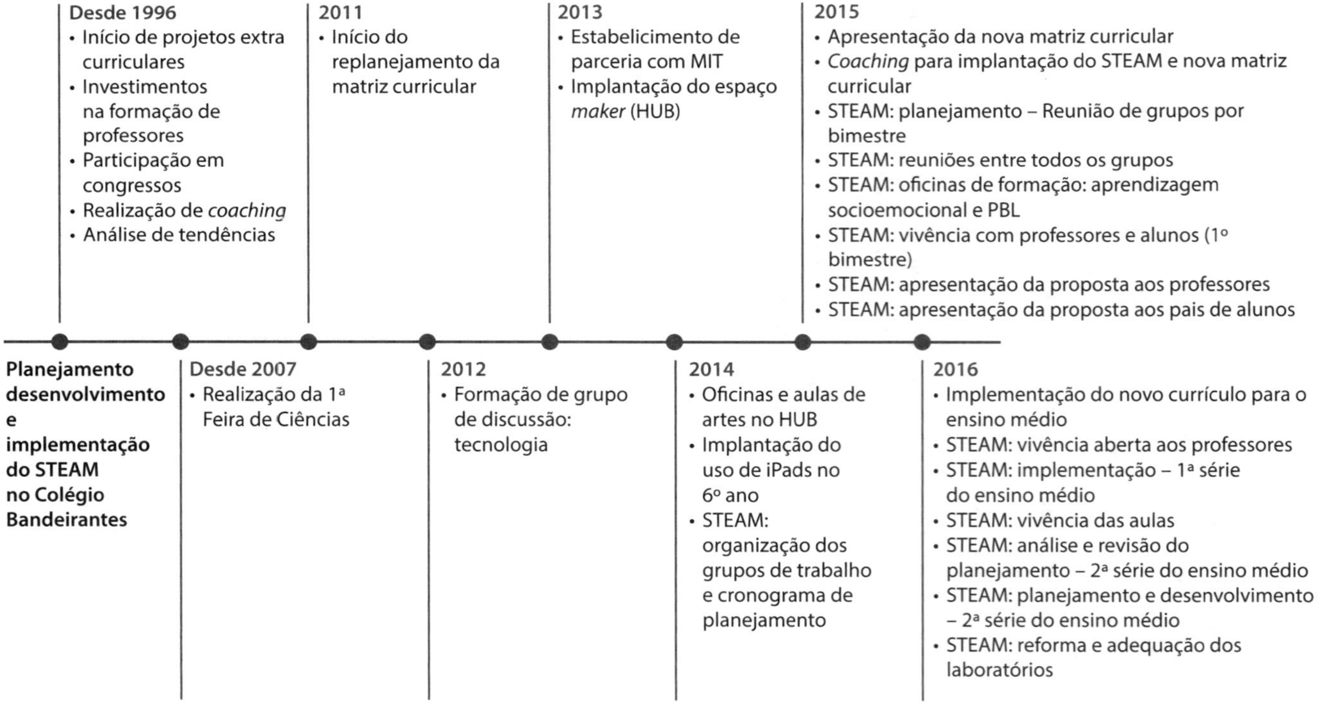

Desde 1996
- Início de projetos extra curriculares
- Investimentos na formação de professores
- Participação em congressos
- Realização de *coaching*
- Análise de tendências

2011
- Início do replanejamento da matriz curricular

2013
- Estabelecimento de parceria com MIT
- Implantação do espaço *maker* (HUB)

2015
- Apresentação da nova matriz curricular
- *Coaching* para implantação do STEAM e nova matriz curricular
- STEAM: planejamento – Reunião de grupos por bimestre
- STEAM: reuniões entre todos os grupos
- STEAM: oficinas de formação: aprendizagem socioemocional e PBL
- STEAM: vivência com professores e alunos (1º bimestre)
- STEAM: apresentação da proposta aos professores
- STEAM: apresentação da proposta aos pais de alunos

Planejamento desenvolvimento e implementação do STEAM no Colégio Bandeirantes

Desde 2007
- Realização da 1ª Feira de Ciências

2012
- Formação de grupo de discussão: tecnologia

2014
- Oficinas e aulas de artes no HUB
- Implantação do uso de iPads no 6º ano
- STEAM: organização dos grupos de trabalho e cronograma de planejamento

2016
- Implementação do novo currículo para o ensino médio
- STEAM: vivência aberta aos professores
- STEAM: implementação – 1ª série do ensino médio
- STEAM: vivência das aulas
- STEAM: análise e revisão do planejamento – 2ª série do ensino médio
- STEAM: planejamento e desenvolvimento – 2ª série do ensino médio
- STEAM: reforma e adequação dos laboratórios

Figura 9.2 Planejamento e desenvolvimento do STEAM.

reflexões sobre as ações realizadas na 1ª série do ensino médio e o planejamento da proposta para as séries seguintes dessa etapa de ensino.

No nível macro do planejamento, para a 1ª série, o STEAM é realizado em sequências guiadas e espaços abertos para a realização de projetos, e tem como objetivos principais a aproximação e a instrumentação dos alunos em relação à cultura *Maker*. Esperando um aumento na autonomia no processo de aprendizagem, na 2ª série, com a diminuição das sequências guiadas, abre-se espaço para o desenvolvimento de projetos maiores. A 3ª série do ensino médio, incorporando aspectos do empreendedorismo, tem como objetivo desenvolver projetos mais complexos, baseados nos conteúdos das áreas e nos interesses dos alunos, promovendo a aplicação do método proposto e a análise dos resultados.

Para a etapa de desenvolvimento das sequências didáticas o grupo de professores foi dividido em quatro equipes, contendo, ao menos, um professor das áreas de física, química, biologia e artes. Esses professores reuniam-se semanalmente, por um período de 2h30min. Cada uma das equipes ficou responsável por desenvolver o planejamento de um bimestre do ano escolar.

A definição dos temas bimestrais foi realizada por meio da aplicação da metodologia do *design thinking*,[3] considerando os interesses dos professores e a relevância dos conteúdos das diferentes áreas do conhecimento na formação conceitual e de habilidades dos alunos (ver Fig. 9.3). Diante dos temas definidos e de documentos

Figura 9.3 Resultado de uma das etapas do *design thinking* no planejamento do currículo STEAM.

---

3 Popularizado pela empresa norte-americana de *design* e inovação IDEO, da Califórnia, Estados Unidos, o *design thinking* é apresentado como uma abordagem que se caracteriza por um *design* centrado nas pessoas. Composto pelas etapas de descoberta, ideação, evolução, interpretação e experimentação, o *design thinking* propõe uma nova forma de pensar e abordar problemas (PINHEIRO; ALT, 2012). Veja mais informações sobre a proposta de *design thinking* no Capítulo 7 deste livro.

nacionais (Lei de Diretrizes e Bases da Educação, Parâmetros Curriculares Nacionais e Base Nacional Comum Curricular), foram mapeados os conteúdos conceituais e as habilidades a serem exploradas durante as sequências didáticas planejadas.

Com as primeiras propostas em construção, foram realizadas vivências das aulas planejadas entre os professores e alguns alunos da 3ª série do ensino médio, não participantes do STEAM. A partir dos diferentes olhares, as propostas testadas foram discutidas, o que provocou mudanças e reelaborações nas ideias iniciais antes de sua aplicação na sala de aula.

Além das reuniões semanais nos pequenos grupos de professores e coordenadores, para manter a unidade e a integração da proposta, foram também realizadas reuniões, oficinas e cursos de formação com todos os envolvidos. Ao final da etapa de planejamento, as aulas STEAM foram implantadas, sendo realizadas em dois encontros semanais com 100 minutos de duração para cada uma das turmas das séries envolvidas. Cada uma das turmas tem cerca de 40 alunos. No entanto, nas aulas STEAM, as turmas foram divididas em duas partes. Assim, com cerca de 20 alunos, as aulas contam com quatro professores de física, química, biologia e artes, que atuam conjuntamente.

Organizado nos temas *Movimento, Cor e imagem, Qualidade da água* e *Energia e suas transformações*, bimestralmente, o planejamento STEAM para a 1ª série[4] envolveu os conteúdos das diferentes áreas em sequências didáticas interdisciplinares e em atividades para a realização dos projetos em grupo. A proposta para a 2ª série envolve desafios relacionados à possibilidade, às condições e as necessidades para a vida em Marte. Na 3ª série, considerando a escolha da carreira dos alunos, o planejamento e o desenvolvimento do projeto são realizados de forma autônoma.

Inspirada pela parceria constituída entre a escola e o Media Lab, laboratório do Departamento de Pesquisa da Escola de Arquitetura e Urbanismo do Massachusetts Institute of Technology (MIT), assim como no laboratório parceiro, a etapa de elaboração e realização dos projetos foi chamada de Open Studio.

As sequências didáticas partem de questões centrais, que norteiam as dinâmicas, construídas a partir dos conteúdos conceituais e das habilidades selecionadas. Os conceitos e as habilidades desenvolvidos nas sequências presentes nas aulas STEAM visam a instrumentar os alunos para a construção de seus projetos. Assim, organizados em grupos, os alunos desenvolvem seus projetos de trabalho no Open Studio, com base no tema bimestral e atendendo aos requisitos colocados pelos professores. A avaliação da aprendizagem enfatiza o processo e contempla a análise de conteúdos e habilidades, incluindo as socioemocionais.

---

4 Ao final do capítulo, as autoras apresentam elementos da organização do STEAM para a 1ª série do ensino médio, como o modelo para a elaboração das sequências guiadas, propostas para o Open Studio e estratégias de avaliação.

O DESENVOLVIMENTO DO CURRÍCULO STEAM COMO ESPAÇO PARA A (TRANS)FORMAÇÃO DE PROFESSORES

Entendendo a formação de professores como um processo de devir constante, que pode se constituir em uma atividade de aprendizagem docente, e diante dos desafios vivenciados pela escola, a Teoria da Atividade apresenta-se como referencial teórico robusto para a análise das transformações dos sujeitos envolvidos no processo de reorganização curricular e no movimento que a constitui. Para compreender o desenvolvimento do currículo STEAM sob a perspectiva dessa teoria, é preciso alinhar alguns conceitos nos quais a Teoria da Atividade se baseia.

Fundamentada na escola de psicologia russa que remete às dimensões social, histórica e cultural da formação dos indivíduos e de suas relações com o outro e com o mundo, a Teoria da Atividade é um referencial que permite leitura complexa dos fenômenos sob a perspectiva materialista dialética. Com foco de análise no desenvolvimento dos sujeitos em suas atividades, sua sistematização nos permite localizar contradições e tensões, entendidas como elementos fundamentais para o surgimento de ciclos expansivos de aprendizagem e de novas atividades.

Com base nas produções de Vygotsky e interpretando o trabalho e a produção de valores sob a perspectiva marxista para explicar o desenvolvimento do indivíduo e as práticas culturais situadas no contexto, as atividades são consideradas "[...] processos psicologicamente caracterizados por aquilo a que o processo, como um todo, se dirige (seu objeto), coincidindo sempre como o objetivo que estimula o sujeito a executar esta atividade, isto é, o motivo" (LEONTIEV, 1988, p. 68).

A partir desse conceito, a atividade, como fenômeno coletivo e localizado em ciclos históricos, é estimulada por uma necessidade e orientada a um motivo que busca concretizar-se em um objeto (ver Fig. 9.4). É realizada por ações conscientes e operações automáticas, diante da mediação por instrumentos e signos compartilhados.

Na busca por satisfazer as necessidades estabelecidas, por meio da atividade o sujeito produz uma nova realidade e a si mesmo, constituindo-se na relação entre a atividade prática, material e transformadora e a atividade teórica e conceitual (MORETTI; MOURA, 2011). Ao criar novas necessidades, novas atividades são geradas por novos motivos e, por meio da reinterpretação das ações anteriores, promovem mudanças no sentido da ação e da própria atividade ao sujeito (LEONTIEV, 2006).

Como unidade básica da existência e da produção da cultura, é a coincidência entre o motivo e o objeto que confere sentido pessoal à atividade. Ao inserir o sujeito que busca alcançar uma meta, a atividade se constitui e promove a consciência e o desenvolvimento humano, permitindo ao indivíduo apropriar-se e colocar-se no interior da história e das práticas sociais.

Aplicada em pesquisas sobre a aquisição da linguagem, a partir de novas contribuições e contemplando a coexistência de múltiplas vozes, a teoria foi expandida, nos anos

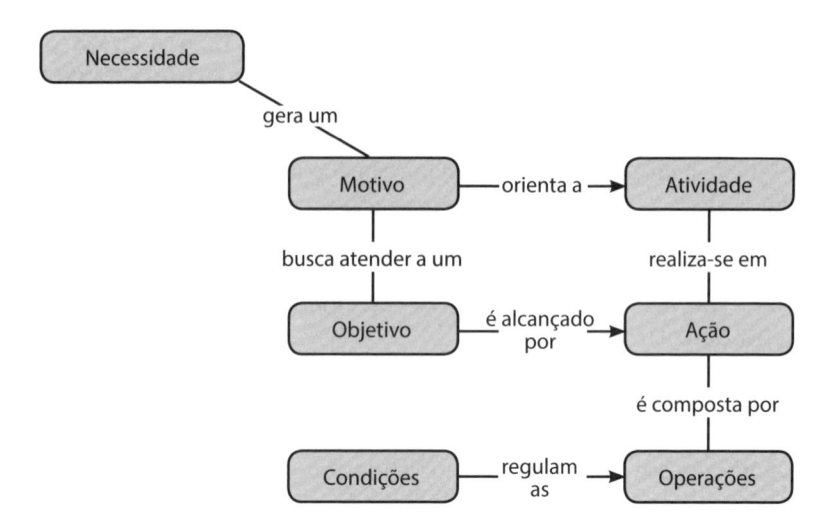

Figura 9.4 Níveis estruturais da atividade humana.
Fonte: Adaptada de Leontiev (1988).

de 1980 e 1990, para os contextos do trabalho e do uso das tecnologias em sala de aula. Mantendo a estrutura dos conceitos como um desdobramento da construção histórica, mediada por instrumentos da relação entre homem e mundo, a atividade foi reestruturada por Engeström (1987) e passou a ser analisada como subunidade de um sistema.

Nessa estrutura, a atividade é constituída por sujeitos que, pela mediação de instrumentos, orientam-se a um objeto e encontram suporte nas regras que a regulam no contexto de uma comunidade que, compartilhando o mesmo objeto, está organizada na divisão de trabalho entre seus membros (ENGESTRÖM, 2002). Nesse contexto, considerando que as atividades dos indivíduos localizam-se em um complexo de atividades que permite, pela multiplicidade de vozes e olhares, atribuir-lhes um caráter coletivo, a análise do desenvolvimento do currículo STEAM por esse referencial possibilita compreender as necessidades, os motivos, as ações e as transformações dos sujeitos envolvidos em sua realização, constituindo-se como espaço para a formação docente.

Além da transformação da organização do ensino de ciências, orientada pela interdisciplinaridade e pela aprendizagem baseada em projetos, a reorganização curricular resultou também na aprendizagem docente. As reflexões sobre a prática, o papel dos alunos e dos professores, durante do desenvolvimento do novo currículo, promoveram modificações nas concepções docentes sobre o ensino e a aprendizagem com reflexos nas práticas, expressos por meio de metodologias ativas e inovadoras.

No início da construção do currículo, o STEAM era compreendido pelos professores como uma proposta de ensino que busca integrar as áreas de física, química, biologia e matemática. Eles entendiam que a condução das propostas a partir das artes representa uma forma de ampliar a percepção do aluno sobre o conhecimento, o que inclui as tecnologias e as engenharias. Ao propor o rompimento da fragmentação das barreiras impostas aos professores pela organização das disciplinas, característica da concepção tradicional do ensino, o STEAM busca transformar o ensino em um processo mais dinâmico e próximo à realidade extraescolar.

Apesar dessas percepções, no início do desenvolvimento do currículo com base nessa proposta, o foco da compreensão dos professores sobre a organização curricular privilegiava a formação acadêmica e conceitual dos alunos. Com as ações de formação e as reflexões realizadas no coletivo, a formação integral do aluno (considerando, além da formação acadêmica, os aspectos relacionais e o desenvolvimento de habilidades) passou a ser objetivada e entendida como a meta dessa proposta, demonstrando a transformação da atividade. A transformação nas concepções dos professores pode ser vista nas nuvens de palavras elaboradas a partir de relatos escritos em dois momentos distintos do desenvolvimento curricular (ver Fig. 9.5). Na primeira representação, elaborada no início do planejamento do currículo, destacam-se as palavras "conhecimento" e "STEAM", o que condiz com o foco inicial na formação conceitual do aluno. Ao destacar os termos "aluno", "conhecimento" e "habilidades", a segunda representação, construída após um ano do desenvolvimento da proposta, aponta indícios da mudança de percepção sobre o STEAM rumo à formação integral do aluno.

Embora a visão de aluno protagonista já estivesse presente, de forma menos destacada, na etapa inicial da implantação da proposta, esta não havia sido fortemente explicitada pela ferramenta de nuvem de palavras, como ocorreu no segundo momento da pesquisa. Além da emergência de novos termos em destaque no segundo diagrama, palavras como "disciplinas", "conteúdo", "específico", "STEAM" e "tecnologia", ressaltadas na primeira representação, tiveram seu tamanho reduzido, o que pode indicar uma nova forma de compreensão da proposta, mais coerente com a definição sugerida por diversos autores.

Figura 9.5 Representações das concepções dos professores sobre o STEAM em nuvens de palavras.

Mantendo ainda o apoio na interdisciplinaridade e na organização do ensino por projetos de trabalho, após a experiência de desenvolver o currículo STEAM ele passou a ser compreendido como uma mudança de concepção do ensino em relação à filosofia tradicional. Ao objetivar a formação do aluno, o desenvolvimento do STEAM coloca os professores em atividade ao apresentar a coincidência entre o motivo e o objeto da reorganização do ensino de ciências, caracterizando a atividade de ensino típica da profissão docente (ver Fig. 9.6).

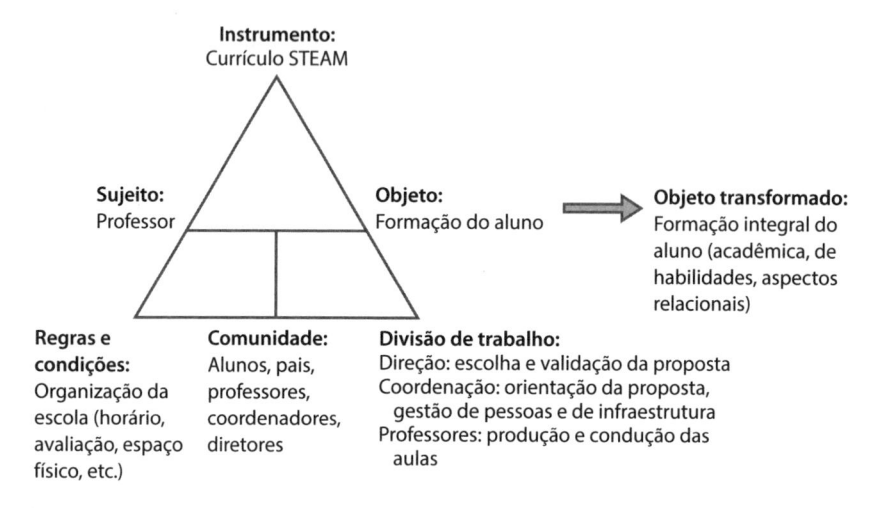

Figura 9.6 Atividade de ensino do professor no desenvolvimento do currículo STEAM.

Figura 9.7 Atividade de aprendizagem do professor no desenvolvimento do currículo STEAM.

No entanto, entendendo a necessidade de transformar a prática mais tradicional para metodologias ativas que possibilitam alcançar a meta da atividade de ensino do professor, a formação profissional docente emerge como um novo motivo que passa a objetivar a aprendizagem do professor e constitui uma nova atividade (ver Fig. 9.7).

No diálogo entre as atividades de ensino e de aprendizagem (ver Quadro 9.1), o sistema de atividades dos professores no STEAM constitui-se como um complexo dinâmico que busca a superação do paradigma tradicional do ensino e a construção do conhecimento da área de ciências de modo mais amplo e significativo.

Nessa relação entre as atividades do professor, o trabalho realizado também atende às demandas da reorganização curricular colocadas pela instituição. Diante da demanda externa, a necessidade de mudança curricular pode ser, para o professor, ao mesmo tempo, uma ação ou uma atividade em si. No primeiro caso, com um olhar mais individual, sendo o motivo do professor atender à instituição, fazer parte do desenvolvimento do currículo STEAM é uma ação, inserida na atividade do trabalho. Porém, se a mudança curricular confere sentido ao seu trabalho e move-o em um nível hierárquico mais amplo e sob um olhar mais coletivo, o planejamento das aulas STEAM constitui-se em uma nova atividade (ver Fig. 9.8).

No movimento entre as concepções individuais e as reflexões coletivas e na relação entre as atividades que objetivam a formação docente para novas práticas e a formação integral do aluno, os motivos se transformaram, as novas concepções sobre o ensino de ciências, o currículo e a compreensão sobre o STEAM foram construídas e carregam as marcas do trabalho colaborativo.

Partindo do pressuposto de que somente ao se apropriar e compreender a realidade é possível humanizá-la, o movimento entre o indivíduo e o grupo, pautado na reflexão, deve ser compreendido como o desencadeador de novos sentidos na apropriação do objeto da atividade, impregnando-o de significados mais humanos (MORETTI; MOURA, 2001).

QUADRO 9.1 Atividades dos professores no STEAM

	Atividade de aprendizagem	Atividade de ensino
Sujeito	Professor	Professor
Motivo	Formação profissional docente	Formação integral dos alunos
Objetivo	Aprender na perspectiva interdisciplinar	Ensinar conceitos acadêmicos, habilidades e aspectos humanistas
Ações	Resolução dos problemas de aprendizagem	Reorganização do currículo Definição de como trabalhar os conceitos teóricos e o desenvolvimento moral e de habilidades
Operações	Utilização dos recursos para a aprendizagem	Utilização dos recursos metodológicos que auxiliarão o ensino

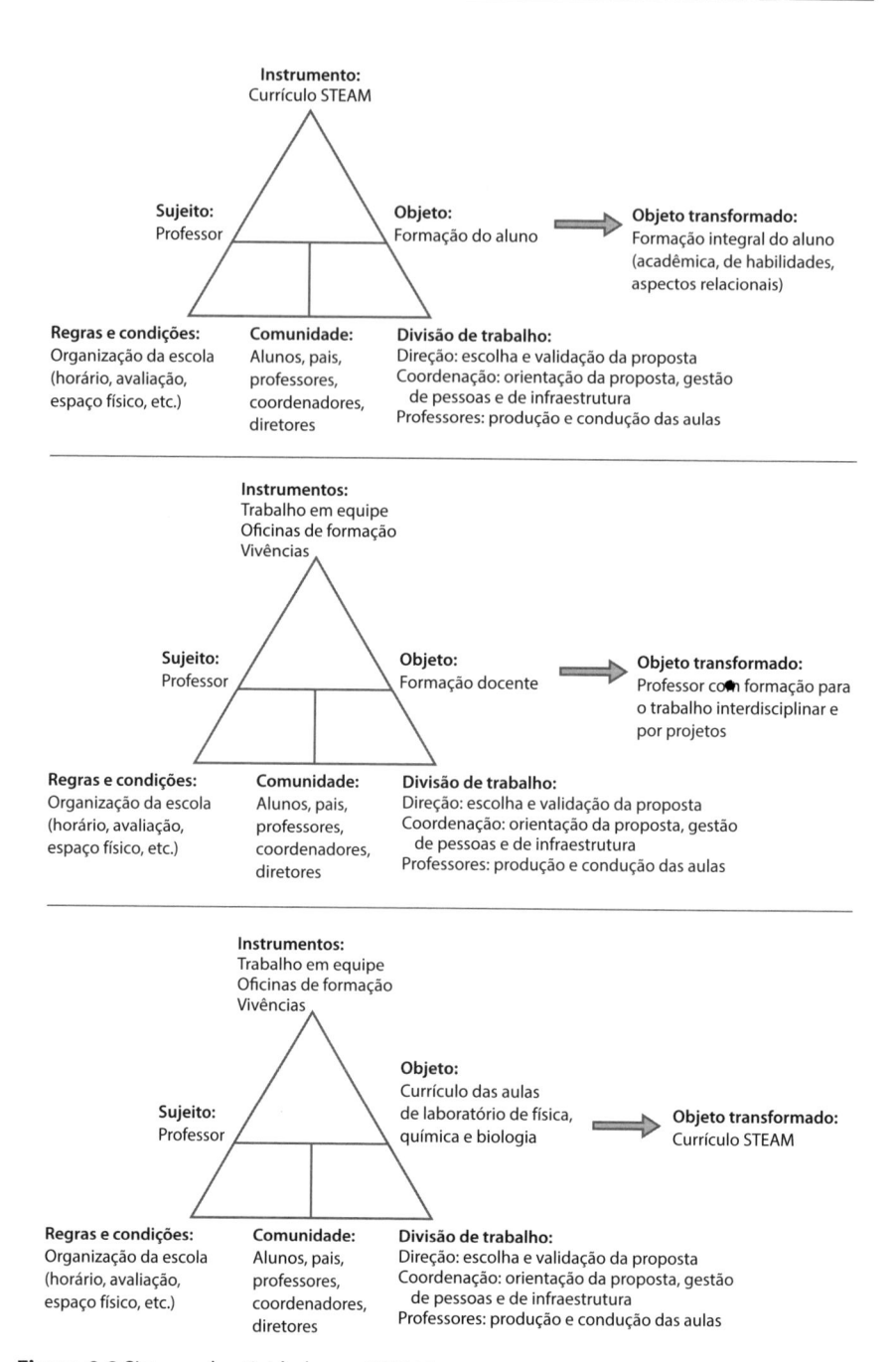

Figura 9.8 Sistema de atividades no STEAM.

Entendidos como propulsores de transformações nas atividades, os conflitos sobre as concepções do STEAM, as tensões em relação à mudança do papel do professor diante de um trabalho interdisciplinar, a ampliação no foco do ensino com maior valorização do processo de aprendizagem, a escolha de conteúdos sob uma visão mais ampla e contextualizada em detrimento de uma abordagem específica e mais profunda, entre outros, exigem negociações. A superação das tensões revelam elementos das transformações dos sujeitos no que diz respeito à elaboração de novos conceitos com apropriação consciente de seus significados.

Práticas dialogadas, inovadoras e ativas, resultantes da atividade de aprendizagem do professor, emergem como ações conscientes e intencionais que concretizam a sua atividade de ensino. Nesse sentido, os professores relatam que o desenvolvimento do STEAM, ao transformar as concepções sobre o ensino de ciências, e também a experiência em sala de aula levaram a mudanças em sua prática docente. Entre elas, a abertura para o protagonismo dos alunos em aulas menos dirigidas e com novas formas de interação e intervenção do professor, o cuidado com a contextualização do conhecimento e a preocupação em aproximar o conteúdo da realidade como forma de motivação para a aprendizagem. A elaboração de novas estratégias e a ampliação da percepção sobre o conhecimento, propostas de mudanças para os currículos de disciplinas isoladas, integração de dinâmicas realizadas no STEAM em outras disciplinas e o maior compartilhamento de experiências entre os pares foram outras transformações percebidas pelos sujeitos da atividade.

Assim, a experiência do desenvolvimento do currículo STEAM e a apropriação desta pelos sujeitos, em um espaço de reflexão e estabelecimento de significados, configuraram-se em um local de desenvolvimento do indivíduo e de sua consciência sobre o processo de ensino e de aprendizagem, impregnando a prática de suas transformações.

AS MARCAS DA EXPERIÊNCIA DO STEAM PARA OS PROFESSORES, NOVAS CONCEPÇÕES E PRÁTICAS MAIS ATIVAS

O STEAM é uma forma de organização do ensino com base na aprendizagem por projetos e apresenta elementos característicos dessa metodologia, como a integração de conteúdos contextualizados e de diferentes áreas, o foco na aprendizagem e no protagonismo dos alunos. O modelo busca a formação integral dos alunos considerando aspectos acadêmicos, de habilidades e relacionais, pautado na colaboração, autonomia e criatividade.

Durante o desenvolvimento dessa proposta de reorganização curricular das aulas práticas das disciplinas de física, química e biologia, elementos do STEAM foram apropriados pelos professores, transformando suas concepções sobre a organização do ensino de ciências. O ensino dessa área, que era voltado à formação acadêmica e estruturado em conteúdos específicos e fragmentados, na perspectiva do STEAM, passou a considerar e a compreender a integração entre as disciplinas, para que, por meio de práticas mais ativas, a atividade de ensino do professor seja objetivada na formação integral de um aluno apto a viver e a conviver em um contexto que, assim como os sujeitos, se transforma constantemente.

O movimento de formação entre as atividades de ensino e de aprendizagem do professor e a reflexão sobre a prática, pautada no movimento dialético e no diálogo entre os sujeitos, possibilita superar as tensões e os desafios apresentados, rumo à construção de um currículo do ensino de ciências condizente com a sociedade atual.

O percurso realizado para o desenvolvimento do currículo STEAM e os primeiros resultados observados desde a sua implantação demonstram a viabilidade e a potencialidade do processo coletivo de reorganização curricular para ressignificar o ensino de ciências e promover a formação de alunos e professores capazes de intervir crítica e ativamente em sua realidade.

 **PARA SABER MAIS**

Site: Buck Institute of Education

Dirigido a professores e gestores, o *site* do Buck Institute of Education reúne experiências, recursos e práticas relacionadas à aprendizagem por projetos sob a forma de leituras, vídeos, comunicações e ferramentas interativas.

Disponível, em inglês, em: www.bie.org

Site: High Tech High

Em seu *site* oficial, a High Tech High, escola pública localizada na Califórnia, Estados Unidos, apresenta os princípios que embasam as suas práticas nos ensinos fundamental e médio, bem como os projetos desenvolvidos pelos estudantes.

Disponível, em inglês, em: www.hightechhigh.org

Sites: STEAM

Reunindo conceitos, notícias e iniciativas pautadas pela abordagem STEAM, os *sites* indicados a seguir são ferramentas para aqueles que querem conhecer mais sobre essa forma de compreender a aprendizagem e suas práticas.

Disponível, em inglês, em:

http://steamwith.us

http://steamedu.com

http://stemtosteam.org

REFERÊNCIAS

CACHAPUZ, A. et al. *A necessária renovação do ensino das ciências*. 3. ed. São Paulo: Cortez, 2011.

CAMILLO, J.; MATTOS, C. Educação em ciências e a teoria da atividade cultural-histórica: contribuições para reflexões sobre tensões na prática educativa. *Revista Ensaio*, n. 1, v. 16, p. 211-230, 2014.

DAVIDOV, V. *La enseñanza escolar y el desarollo psíquico*: investigación psicológica teórica y experimental. Moscú: Progreso, 1988.

ENGESTRÖM, Y. *Learning by expanding*: an activity theoretical approach to developmental research. Helsinki: Orienta-Kosultit, 1987.

ENGESTRÖM, Y. Non scolae sed vitae disimus: como superar e encapsulação da aprendizagem escolar. In: HARRY, D. (Org). *Uma introdução a Vygotsky*. São Paulo: Edições Loyola, 2002.

HERNANDEZ, F.; VENTURA, M. *A organização do currículo por projetos de trabalho: o conhecimento é um caleidoscópio*. Porto Alegre: Artmed, 1998.

INSTITUTE OF EDUCATION SCIENCES. *The nation's report card*: science 2011. National Assessment of Educational Progress, 2012. Disponível em: <https://nces.ed.gov/nationsreportcard/pdf/main2011/2012465.pdf>. Acesso em: 17 maio 2017.

LEONTIEV, A. N. Uma contribuição à teoria de desenvolvimento da psique infantil. In: VIGOTSKI, L. S.; LURIA, A. R.; LEONTIEV, A. N. *Linguagem, desenvolvimento e aprendizagem*. São Paulo: Ícone, 1988.

LEONTIEV, A. N. Uma contribuição à teoria de desenvolvimento da psique infantil. In: VIGOTSKI, L.S.; LURIA, A. R.; LEONTIEV, A.N. *Linguagem, desenvolvimento e aprendizagem*. 10. ed. São Paulo: Ícone, 2006.

KRAJCIK, J. S.; BLUMENFELD, P. C. Project-based learning. In: SAWYER, R. K. (Ed.). *The Cambridge handbook of the learning sciences*. Cambridge: Cambridge University Press, 2006. chap. 19.

MAURI, T. O que faz com que o aluno e a aluna aprendam os conteúdos escolares? In: COLL, C. et al. *O construtivismo na sala de aula*. 6. ed. São Paulo: Ática, 2009.

MORAN, J. M. Ensino e aprendizagem inovadores com tecnologias audiovisuais e telemáticas. In: MORAN, J. M.; MASETTO, M. T.; BEHRENS, M. A. *Novas tecnologias e mediação pedagógica*. Campinas: Papirus, 2003.

MORETTI, V.; MOURA, M. O. Professores de matemática em atividade de ensino: contribuições da perspectiva histórico-cultural para a formação docente. *Ciência e Educação*, v. 17, n. 2, p. 435-450, 2011.

PINHEIRO, T.; ALT, L. *Design thinking Brasil*. 2012. Disponível em: <http://www.dtparaeducadores.org.br/site/o-que-e-design-thinking/>. Acesso em: 08 ago. 2016.

RILEY, S. M. *STEAM Point*. Westminster: Education Closet, 2012.

RILEY, S. M. *No permission required*. Westminster: Visionyst Press, 2014.

SOUSA, D. A.; PILECKI, T. *From STEM to STEAM*: using brain-compatible strategies to integrate the arts. California: Corwin, 2013.

YAKMAN, G. *STEAM Education*: an overview of creating a model of integrative education. 2008. Disponível em: <https://www.iteea.org/File.aspx?id=86752&v=75ab076a>. Acesso em: 15 jul. 2015.

ZABALA, A. Os enfoques didáticos. In: COLL, C. et al. *O construtivismo na sala de aula*. 6. ed. São Paulo: Ática, 2009.

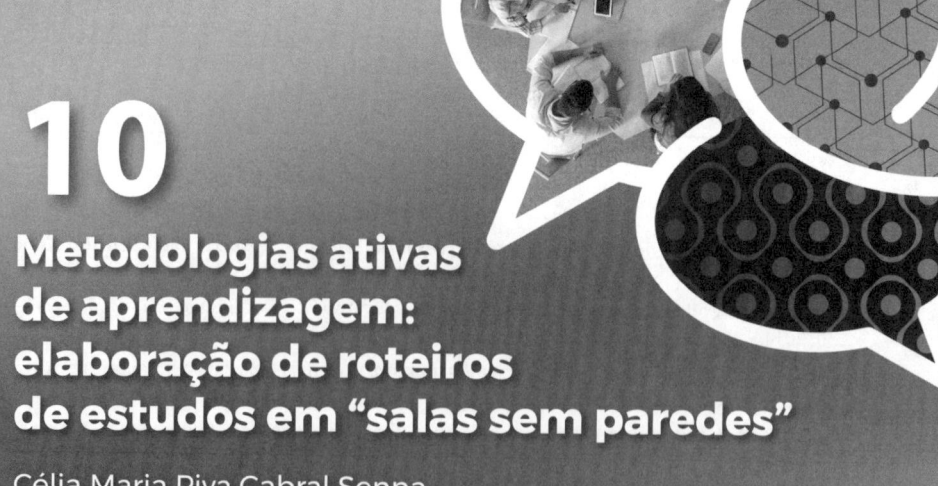

10

Metodologias ativas de aprendizagem: elaboração de roteiros de estudos em "salas sem paredes"

Célia Maria Piva Cabral Senna
Sarah Papa de Morais
Daniela Zaneratto Rosa
Amélia Arrabal Fernandez

Diferentemente da educação do passado, a escola de hoje precisa articular diversos saberes e práticas metodológicas de ensino para garantir a aprendizagem de seus estudantes. Além de expandir o potencial criativo de crianças e jovens, as instituições de ensino do século XXI têm a tarefa de abrir suas portas e estabelecer parcerias e vínculos com as famílias e comunidades onde estão inseridas. Ou seja, a criança que entra na escola hoje não pode encontrar a mesma estrutura pedagógica de quando estudaram seus avós.

Nesse contexto, surgem escolas centradas no estudante. As escolas tradicionais têm buscado incluir novas propostas metodológicas e o uso da tecnologia, mas normalmente acabam focando na preparação para provas. Além disso, o conceito de liberdade proporcionado ao estudante é limitado, e as aulas acabam repetindo o antigo modelo pouco motivador que "entra por um ouvido e sai pelo outro".

As escolas que optam por proporcionar real autonomia ao estudante reinventam a arquitetura do ensino com o uso de ferramentas, estruturas e conceitos contemporâneos para construir uma experiência totalmente nova. Em um mundo cada vez mais globalizado, fica clara a necessidade de preparar os estudantes para os desafios que eles encontrarão. O professor (que preferimos chamar de educador) não deve ser entendido como o dono do conhecimento, nem os estudantes tratados como simples ouvintes. Ao saírem das escolas, os jovens encontram desafios maiores a cada dia e, se eles não tiverem contato com competências que os tornem mais preparados, a inserção na vida e nos desafios que ela representa será mais difícil. Para que isso aconteça, os educadores devem entender não somente os aspectos pedagógicos da infância e da adolescência, mas também fazer um esforço de compreender os assuntos que são relevantes para os estudantes no século XXI.

Vivemos a era da informação, na qual a sociedade é impactada pelo ritmo acelerado das novidades tecnológicas, resultado evidente do acúmulo e evolução do conhecimento científico. O número de informações disponibilizada é imensa e aumenta em grande velocidade, sendo que a internet gera infinitos caminhos para investigação de cada tópico levantado. Estamos no auge da era da informação, mas não vivemos na era do conhecimento. O estudante tem acesso a muita informação, mas o conhecimento tem que ser construído. O que eu falo é meu conhecimento, para quem ouve, é informação. Se o indivíduo que ouve aceita e usa a informação na vida prática, vira conhecimento para ele. Conhecimento é a informação em ação prática. Mas como construir este conhecimento? Para responder a esta questão, é preciso refletir sobre como os estudantes aprendem.

Os estudantes aprendem o que vivenciam. Se os estudantes convivem com as consequências de seus atos – são responsáveis, corresponsáveis pelo seu processo de aprendizagem – aprendem a se tornar responsáveis. Se convivem com expectativas positivas, aprendem a construir um mundo melhor. Se convivem com o respeito no trabalho em grupo e nos salões compartilhados, aprendem a ter consideração pelos outros. Se convivem com o apoio de educadores e de outros estudantes, aprendem a apoiar e a se aceitar melhor. Se convivem com a responsabilidade, aprendem a ser autossuficientes.

Para que os estudantes aprendam, não basta apresentar-lhes o conteúdo. Segundo Zabala (1998, p. 37),

> [...] é necessário que, diante destes, possam atualizar seus esquemas de conhecimento, compará-los com o que é novo, identificar semelhanças e diferenças e integrá-las em seus esquemas, comprovar que o resultado tem certa coerência.

Quando isso acontece, o estudante se depara com uma aprendizagem significativa. Entretanto, a aprendizagem mecânica, normalmente realizada pelas escolas de cunho mais tradicional, é caracterizada pelo escasso número de relações que podem ser estabelecidas com os esquemas de conhecimento presentes na estrutura cognitiva e, portanto, facilmente submetida ao esquecimento.

O educador, ao preparar sua aula, organiza uma série de conteúdos cujo objetivo é expor com clareza os temas aos estudantes. Ele coleta essas informações nos livros didáticos, por meio eletrônico ou outros meios. Esses conteúdos, ainda que muito bem organizados e sistematizados, nada mais são do que um conjunto de informações. Essas informações são potencialmente significativas para os estudantes, ou seja, carregam consigo o potencial de se tornarem conhecimento para os estudantes, mas ainda não o são. Para que se tornem conhecimentos efetivos, precisarão se relacionar com o conhecimento já existente na estrutura cognitiva do estudante.

Aprendizagem significativa é o processo por meio do qual uma nova informação (um novo conhecimento) se relaciona de maneira não arbitrária à estrutura cognitiva do estudante. É no curso da aprendizagem significativa que o significado lógico do material de aprendizagem se transforma em significado psicológico para o sujeito. Para Ausubel (1963, p. 58), "a aprendizagem significativa é o mecanismo humano, por excelência, para adquirir e armazenar a vasta quantidade de ideias e informações representadas em qualquer campo de conhecimento". Para que o mecanismo seja acionado, é preciso que o aprendiz já possua algum conhecimento prévio, ou seja, já deve existir uma estrutura cognitiva em funcionamento.

Para falar em aprendizagem significativa, pensemos primeiro na relação entre a informação que se pretende transmitir e a assimilação desta informação pelo estudante. Cotidianamente, todos somos expostos a uma quantidade enorme de ideias e informações. Entretanto, os novos dados recebidos e armazenados só farão parte de nossa bagagem de conhecimento quando forem relacionados e somados a outras informações de nosso universo de conhecimentos, tornando-se de fato "conhecimento assimilado" – aquele capaz de mudar em algum aspecto a nossa compreensão das coisas ou visão de mundo.

Nesse contexto, surgem os *roteiros de estudo*, uma proposta pedagógica da Escola Municipal de Ensino Fundamental (EMEF) Presidente Campos Salles, localizada no bairro de Heliópolis, em São Paulo (SP). Dentro dessa proposta, os educadores podem manter sua paixão, estar seguros que a informação transmitida possa ser capaz de gerar conhecimento e continuar a desenvolver sua capacidade de liderar a aprendizagem dentro e fora da escola, contribuindo significativamente para a construção da autonomia de cada estudante. Claramente, o formato de "linha de produção" do século XIX, que empurra massas de crianças no sistema educacional, não é mais praticável nem desejável.

A proposta pedagógica da EMEF Presidente Campos Salles vai no sentido contrário ao modelo tradicional do currículo universal e seus testes padronizados, que cria um resultado comum a partir de uma massa diversa de aprendizes. Como a maioria das escolas é medida de acordo com esses padrões comuns, elas são então obrigadas a entrar em um tipo de dança na qual se pede aos estudantes que aprendam um material que cairá na prova e eles nele se concentram, o que garante que os estudantes revejam de antemão exatamente o que será pedido nessa prova. De certa forma, essa abordagem é enganosa, pois testa somente uma etapa mínima do conhecimento em qualquer assunto – e efetivamente só ensina os estudantes a fazer provas e memorizar conteúdos de forma mecânica, levando a pouca retenção de conhecimento.

A proposta metodológica dos roteiros de estudo é possível, tangível e acessível, tanto para os educadores quanto para os estudantes, os verdadeiros atores do processo. Trata-se de uma proposta de educação adaptativa, ou seja, adaptável à realidade local da escola e multiplicável pelo educador.

É realmente transformador entender a metodologia por roteiro de estudo com uso qualificado de tecnologia como uma forma de tornar a aprendizagem significativa possível. Segundo Castells (1999), o que caracteriza a atual revolução tecnológica não é a centralidade de conhecimentos e informação, mas a aplicação desses conhecimentos e dessa informação para a geração de conhecimentos e de dispositivos de processamento/comunicação da informação, em um ciclo de realimentação cumulativo entre a inovação e seu uso.

As tecnologias educacionais vieram para ficar. No entanto, elas só ajudam realmente quando a adoção parte de um problema encontrado pelo educador que elas ajudam a resolver. Ou seja, primeiro o educador precisa ter um objetivo pedagógico, e, a partir daí, escolhe uma tecnologia que seja mais eficaz para atingir o objetivo do que seria possível para o educador sem a tecnologia. Em geral, os estudantes ficam muito motivados quando aprendem com tecnologias, os problemas de comportamento são reduzidos, a atenção e a aprendizagem aumentam. Se o planejamento da atividade com tecnologia for feito junto com os estudantes, eles ficam ainda mais comprometidos e, inclusive, podem ajudar a contornar eventuais dificuldades de implementação.

A personalização é um objetivo importante da integração de tecnologia na aprendizagem, para que cada estudante possa aprender no ritmo e do jeito mais adequado. A tecnologia de hoje pode ser uma grande aliada no processo de ensino e aprendizagem nas escolas, mas ela precisa ser empregada de forma contextualizada, de modo que a proposta pedagógica venha sempre antes da tecnologia, e esta tenha seu uso regulado por aquela e nunca ao contrário. É preciso entender o uso da tecnologia de forma natural e criativa no processo de aprendizagem, como o lápis e o papel já foram um dia; tecnologia como meio e instrumento que deve empoderar o sujeito e ampliar as possibilidades de transformação e sentido que o processo de aprendizagem deve trazer, tanto para estudantes quanto para educadores. Assim, estudantes e educadores tornam-se autores, coautores do material e do processo de ensino e aprendizagem, pensando em formas novas e inovadoras de compreender e promover o acesso à informação de forma mais abrangente e igualitária.

Para desenvolver uma metodologia ativa em sala de aula, é necessário transformar objetivos de ensino do educador em expectativas de aprendizagem para os estudantes. As metodologias ativas de aprendizagem devem propiciar aos educadores recursos e práticas didáticas que permitam o "ensinar" diante de cenários, ambientes e clientela – estudantes e comunidades – com necessidades diversificadas e o "educar" para a compreensão do mundo em que vivemos.

A metodologia de ensino por roteiros de estudo contribui de forma especial para o aprendizado significativo que leva ao conhecimento, pois trata justamente de como colocar em prática o ensino de forma contextualizada e lógica, de modo a promover a articulação dos saberes e instrumentalizar o educador a ter clara percepção sobre o aprendizado dos estudantes (Fig. 10.1). O desafio é tornar claro o que estes já sabem sobre um tema (conhecimentos prévios e senso comum) e desenvolver mediações/interações pedagógicas em sequência e controladas (pela ação do educador) para que os estudantes relacionem as informações (lidas, pesquisadas, observadas) e construam a aprendizagem significativa – construam conhecimento (apropriado como novo conhecimento dos estudantes sobre o tema).

Os roteiros de estudo também são fundamentais na construção da autonomia do estudante. Partindo-se do fato de que o ser humano não é um ser isolado, e sim, como conceitua Pinto (1988, p. 17), "[...] intrinsecamente, um ser de relação, a autonomia acontece quando a gestão das relações que tecem a nossa existência permite a afirmação do sujeito, nomeadamente na concretização de projetos". Garrison (1992) entende que a autonomia na aprendizagem acentua a importância da inter-relação com os outros de forma que o estudante possa assumir maior controle da sua aprendizagem: o estudante autônomo não é independente ou dependente, mas sim interdependente. A autonomia é "a capacidade de se conduzir e de tomar decisões por si próprio, levando em conta regras, valores, a perspectiva pessoal, bem como a perspectiva do outro" (GARRISON, 1992, p. 144). Pensar e fazer por si mesmo criticamente e em vista do outro. Mais do que autocuidado – saber vestir-se, alimentar-se, escovar os dentes ou calçar os sapatos –, ter autonomia significa ter vontade própria e ser competente para atuar no mundo em que se vive.

A aprendizagem significativa é um exercício de autonomia; sem a construção da autonomia, esse tipo de aprendizagem não pode existir. Na perspectiva pessoal, um indivíduo autônomo consegue identificar seus interesses e valorizá-los – criar sua própria identidade e também perceber como se aprende –, com planejamento, foco, objetivos/metas e avaliação (identificação de eventuais dificuldades), aumentando sua capacidade de se estruturar. Porém, na construção da

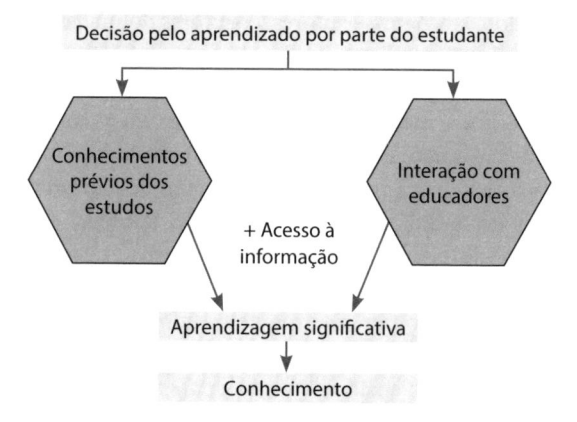

Figura 10.1 Processo de construção do conhecimento.

verdadeira autonomia, a perspectiva do outro é essencial, no que tange à negociação no momento do planejamento, ao encontro de espaço para o interesse pessoal dentro dos interesses do grupo, às rodas de conversa e ao entender os diferentes tipos de estudantes e educadores.

Os roteiros de estudo auxiliam na construção da autonomia dos estudantes, pois escolher significa compreender o que é a liberdade de escolha e decisão, significa aprender a levantar alternativas diante de uma escolha ou decisão, aprender a analisar e avaliar as alternativas, escolher entre elas, decidir e, principalmente, avaliar as escolhas e decisões feitas e ser responsável por elas. Desenvolvem a autonomia emocional, destacando a atitude positiva em relação a si mesmo e à vida, mantendo a autoestima elevada e reconhecendo os limites pessoais, recorrendo, em caso de necessidade, à ajuda externa. "Ninguém é autônomo primeiro para depois decidir. A autonomia vai se constituindo na experiência de várias, inúmeras decisões que vão sendo tomadas" (FREIRE, 2005, p. 120). Ainda segundo o autor, ao referir-se à autonomia,

> enquanto amadurecimento do ser para si, é processo, é vir e ser. É nesse sentido que uma pedagogia da autonomia tem de estar centrada em experiências estimuladoras da decisão e da responsabilidade, vale dizer, em experiências respeitosas da liberdade. (FREIRE, 2005, p. 121).

O CONTEXTO EM QUE ESTÃO INSERIDOS OS ROTEIROS DE ESTUDO NA EMEF PRESIDENTE CAMPOS SALLES

A grande questão que aparece é de que forma surgem os roteiros de estudo no contexto da escola. O projeto político-pedagógico (PPP) da EMEF Presidente Campos Salles vem sendo construído a partir de um efetivo trabalho de integração com a comunidade. A concepção dessa integração parte do princípio de que escola e comunidade formam um mesmo corpo. Os problemas da escola são da comunidade, e os problemas da comunidade são da escola. Assim, a escola e a comunidade são parceiras na luta pela efetivação dos direitos da população de Heliópolis, pela construção de uma cultura de paz e a transformação de Heliópolis em um bairro educador, com o objetivo de transformar a sociedade.

O processo de transformação e mudança da instituição começa em 1995, quando Braz Rodrigues Nogueira, ingressando como diretor efetivo, trouxe consigo duas ideias norteadoras do PPP. A primeira é que "tudo passa pela educação", e a segunda é que a escola deve ser "um centro de liderança na comunidade em que atua". Tanto a comunidade escolar quanto as lideranças propositivas da comunidade local passaram a comungar dessas ideias, tornando-as norteadoras do PPP da escola e também dos projetos educativos da comunidade de Heliópolis, criados a partir de então. Essa parceria foi capaz de desconstruir o muro simbólico entre escola e comunidade, entre educação, cultura, esporte e lazer.

Quase dez anos após o início do processo de transformação da instituição, apesar da integração da escola com a comunidade para a construção de um bairro educador e da tentativa de um trabalho pedagógico em equipe por parte dos educadores, a fragmentação do conhecimento continuava a ser uma realidade que impedia o avanço do processo de ensino e aprendizagem.

Em 2004, alguns educadores propuseram ao diretor uma mudança na metodologia de ensino, inspirada na Escola da Ponte, de Portugal, e na EMEF Desembargador Amorim Lima, de São Paulo. A partir dessa proposta, o diretor buscou conhecimentos e embasamento teórico que passaram a influenciar a construção da mudança do PPP da EMEF Presidente Campos Salles.

Em 2005, os três princípios norteadores da Escola da Ponte, *autonomia, responsabilidade* e *solidariedade*, foram integrados aos dois que já existiam, e a escola passou a ter cinco princípios: *tudo passa pela educação, a escola como centro de liderança na comunidade em que atua, autonomia, responsabilidade* e *solidariedade*.

Em 2006, os estudantes passaram a trabalhar em equipe, e houve uma tentativa de integração das áreas de conhecimento, com o objetivo de "quebrar as paredes" entre as disciplinas, tendo como foco o estudante, em uma concepção que o vê como ser integral, completo, capaz de tomar decisões, portador de saberes e capaz de organizar-se individual e coletivamente para aprender.

No final de 2007, as paredes entre as salas de aula foram derrubadas e estas transformaram-se em quatro grandes salões de estudo, onde se agruparam estudantes do mesmo ano. Nessa reorganização de tempos e espaços, os educadores passaram a elaborar roteiros de estudo para os estudantes, visando a uma integração maior entre as áreas do conhecimento por meio do planejamento coletivo e do trabalho em equipe.

Nesse mesmo ano, nasceu a proposta de apropriação do espaço público localizado no entorno da escola, com o objetivo de valorizar as culturas locais, propiciar espaços de convivência, lazer e cultura para a comunidade de Heliópolis celebrar as diferenças e socializar o saber. A partir desse sonho, foi realizada mais uma conquista da comunidade organizada junto com a escola, a construção do Centro de Convivência Educativa e Cultural de Heliópolis (CCEC-Heliópolis), hoje denominado CEU Heliópolis Professora Arlete Persoli.

O currículo da EMEF Presidente Campos Salles é bastante diverso e rico. Ele busca o desenvolvimento integral de cada indivíduo – considerando os aspectos cognitivos, emocionais, sociais e biológicos –, atuando na construção do conhecimento dos estudantes, competências para pesquisa, autonomia para aprender, se organizar e estudar, construção do sujeito na relação com o outro, desenvolvimento da competência e expressão oral para o debate e argumentação, competências para expressão artística e para leitura crítica do mundo.

Para que os princípios norteadores do PPP sejam vivenciados na escola, foram criados dispositivos pedagógicos que organizam o trabalho de estudantes e educadores, assim como os tempos e espaços de aprendizagem. Em cada salão, agrupam--se três turmas de um mesmo ano, somando aproximadamente cem estudantes por salão. Os estudantes se agrupam em grupos de quatro e, no mínimo, três educadores os acompanham. Por meio de assembleias, os estudantes de cada salão votam de forma coletiva e democrática os temas de preferência para estudarem por meio dos roteiros, que são elaborados pelos educadores de forma correlacionada com o Plano Anual de Ensino que desenvolvem em consonância com os Parâmetros Curriculares Nacionais (PCNs) e as Expectativas e Direitos de Aprendizagem propostos pela Secretaria Municipal de Educação de São Paulo (SME/SP). Ao longo dos bimestres, os educadores buscam contemplar os temas votados pelos estudantes de forma que os roteiros de estudo desenvolvam os objetivos, competências, expectativas e direitos de aprendizagem esperados.

No salão de estudo, os educadores exercem o papel de orientadores, não havendo aulas expositivas, de forma que os educadores extrapolam suas disciplinas. Quando os estudantes têm alguma dúvida, recorrem primeiro aos colegas de grupo, um pilar importante da metodologia da escola que é a de aprendizagem também pelos pares. Não obtendo a ajuda necessária, solicitam a orientação de um educador. Os grupos vivenciam a responsabilidade em relação à execução de todos os roteiros de estudo. Ou seja, o grupo de quatro estudantes só recebe um novo roteiro quando todos finalizarem. A solidariedade também é um exercício constante, uma vez que o estudante aprende tanto com seus pares quanto os ajuda a aprender.

Além dos salões, outros espaços educativos da escola são as salas de orientação, onde os estudantes trabalham em grupos menores e são realizadas oficinas. Para o Ciclo de Alfabetização (1º, 2º e 3º anos), são realizadas oficinas para alfabetização da língua portuguesa e estrangeira, alfabetização matemática e oficina de arte. Para os ciclos Interdisciplinar (4º, 5º e 6º anos) e Autoral (7º, 8º e 9º anos), a sala de orientação é utilizada para oficinas de inglês, produção de texto, matemática e artes. As conceituações ciclos Autoral e Interdisciplinar são normativas da SME/SP.

Além dos roteiros e oficinas, outros dispositivos propiciam a vivência da autonomia, da responsabilidade e da solidariedade: assembleias, comissões e a república. As assembleias acontecem para a construção de regras e combinados que garantam os direitos e deveres de todos, por exemplo, a escolha dos integrantes das comissões mediadoras dos salões ou outros assuntos que envolvam tomada de decisão. Além disso, geralmente no início dos semestres, são realizadas assembleias para decisão de temas de estudo: os estudantes e educadores elencam diversos temas que gostariam de estudar e, depois que todos expuseram suas ideias e sugestões, os temas são votados e aqueles que recebem o maior número de votos são elencados, e, a partir deles, são elaborados os roteiros de estudo. As assembleias são compostas por todos os integrantes de um salão, educadores e estudantes. São normalmente realizadas em espaços externos, no pátio da escola ou em algum espaço amplo do Centro Unificado de Formação, onde seja possível que todos sentem-se em círculo para que possam se enxergar e ouvir mutuamente. Os educadores ou a equipe gestora são responsáveis por fazer a mediação nesses momentos.

A periodicidade das assembleias depende das demandas de cada salão. Elas podem acontecer sempre que surgir a necessidade da resolução de problemas. Em cada assembleia, se discute e são tomadas decisões referentes a um único assunto: votação de temas para estudo, eleição de membros das comissões mediadoras ou construção de regras sobre o uso de celulares nos salões, por exemplo, para que todos possam se expressar em torno da discussão e para serem ouvidos por todos. As discussões e os encaminhamentos das assembleias são registrados por algum dos estudantes em livros atas próprios de cada salão.

Cada salão de estudos tem uma comissão mediadora de conflitos, composta por aproximadamente dez estudantes. O seu principal instrumento de trabalho é o permanente diálogo com todos os segmentos da comunidade escolar. Seu principal objetivo é ser ponte. Ponte entre estudante e estudante, estudantes e educadores, estudantes e pais, estudantes e direção/coordenação pedagógica e estudantes e a comunidade.

Os estudantes também vivenciam o protagonismo por meio da República de Estudantes, entendida como forma de gestão do espaço escolar que objetiva promover a aprendizagem democrática na própria prática da democracia. A República decide encaminhamentos que impactam toda a escola, muitas vezes a partir dos resultados de votação das assembleias dos salões. A República de Estudantes é composta por prefeito, vice-prefeito, secretários (da comunicação, da convivência e diversidade, da cultura e do esporte e da saúde e ambiente), vereadores e comissão de ética. As chapas podem ser constituídas por estudantes de diferentes salões, que se candidatam anualmente às eleições.

O PROCESSO DE AVALIAÇÃO

A avaliação é concebida como processo, avaliação *para a* aprendizagem, e não avaliação *da* aprendizagem. Diante disso, são realizadas diariamente pelos educadores intervenções e mediações referentes à construção do conhecimento no momento em que os estudantes realizam os roteiros de estudo, seguidas de registros para que os demais educadores dos salões possam também acompanhar esse processo. É fundamental que o educador perceba se os estudantes estão fazendo uma conexão entre as várias atividades dos componentes curriculares, que se completam para o conhecimento de um conteúdo ou tema. Caso isso não aconteça, o educador deve lançar boas perguntas até que perceba que a conexão está fazendo sentido.

Ao final de cada roteiro de estudo, os estudantes realizam a avaliação do roteiro e a autoavaliação, parte importante do processo de aprendizagem, em que avaliam seus conhecimentos acerca do tema estudado e como os princípios da escola (autonomia, responsabilidade e solidariedade) foram vividos durante o processo.

A fim de concluir o processo e atribuir um conceito final (conforme determinação da SME/SP), ao final de cada bimestre ocorrem os encontros de conselho de classe entre os educadores juntamente com a equipe gestora e comissões mediadoras (a partir do 4º ano). Todos se reúnem para analisar o processo de desempenho global de cada estudante, suas conquistas e próximos desafios, e para atribuir o conceito final para cada estudante.

Além disso, os estudantes também participam de avaliações externas obrigatórias para as escolas da rede municipal de educação de São Paulo. Na instância municipal, participam da Prova Mais Educação São Paulo (para estudantes do 3º ao 9º ano do ensino fundamental). Essa avaliação não tem como meta elaborar *rankings* ou fazer premiações, mas sim contribuir com o processo de aprendizagem e avaliação das unidades escolares e direcionamento de políticas públicas da SME/SP. Na instância federal, participam da Provinha Brasil e da Prova ANA (para o ciclo de alfabetização) e da Prova Brasil (para estudantes do 5º e 9º anos do ensino fundamental).

Os resultados alcançados nessas avaliações pelos estudantes da EMEF Presidente Campos Salles mostram razoável desempenho pedagógico. Deve-se salientar que a proposta inovadora que vem sendo desenvolvida pela escola nem sempre é adequada às avaliações mais conservadoras. Dessa forma, é necessário um olhar cuidadoso na análise desses resultados. No IDEB (Índice de Desenvolvimento da Educação Básica), índice elaborado a partir dos resultados da Prova Brasil, a escola manteve a média acima da meta projetada para a unidade desde o ano de 2007 (após implementação do PPP), com exceção de 2011 para o 5º ano e 2013 para o 9º ano. Em 2015, os estudantes do 5º e do 9º ano atingiram a meta projetada.

OS TIPOS DE ROTEIROS DE ESTUDO

É comum que os educadores associem a ideia de roteiros de estudo com as sequências didáticas. Na verdade, são propostas metodológicas bem distintas. As sequências didáticas são um conjunto de atividades ligadas entre si, planejadas para ensinar um determinado conteúdo, etapa por etapa. São atividades organizadas de acordo com os objetivos que o educador quer alcançar para a aprendizagem de seus estudantes. Em ambos os dispositivos pedagógicos, os educadores escolhem quais conteúdos abordar e de que maneira colocá-los à disposição dos estudantes. O grande diferencial é que nos roteiros de estudo esses conteúdos são pré-selecionados pelos estudantes, pertencem ao contexto da realidade deles e são sempre cocriados por diferentes educadores.

As sequências didáticas podem ter duração variável e uma quantidade também diversa de etapas e atividades. Trata-se de situações didáticas articuladas, nas quais há uma progressão de desafios a serem enfrentados pelos estudantes para que construam determinado conhecimento. Funcionam de forma parecida com os projetos didáticos e podem integrá-los, mas o produto final é apenas uma atividade de sistematização e/ou fechamento. As sequências didáticas, em geral, seguem o ritmo do educador, que as realiza durante as aulas, enquanto os roteiros são realizados no tempo próprio do estudante. A primeira pode ocorrer em duplas ou grupos, os roteiros sempre são desenvolvidos em grupos. Na verdade, os roteiros de estudo seriam um aprimoramento pedagógico das sequências didáticas.

Na EMEF Presidente Campos Salles, o dispositivo pedagógico mais importante refere-se aos roteiros de estudo, que são realizados pelos estudantes em grupos de quatro indivíduos.

É importante ressaltar que na EMEF Presidente Campos Salles o ritmo dos estudantes é respeitado: não é necessário que todos os estudantes do salão finalizem um roteiro para que um novo roteiro seja apresentado. Nem todos os grupos do salão realizam os mesmos roteiros ao mesmo tempo, pois os diferentes ritmos de aprendizagem são respeitados. Cada estudante faz o seu roteiro no seu próprio ritmo, mas sempre em interação com seu grupo. Cada grupo, e não cada indivíduo, tem autonomia para decidir as atividades que serão realizadas a partir do planejamento diário. Quando um agrupamento conclui os estudos de um tema, o roteiro é avaliado e finalizado, o que é realizado pelo educador em conversa com os estudantes, e, então, são iniciados os estudos de um novo roteiro. Na Figura 10.2 está apresentada a jornada do roteiro, para melhor compreensão dessa dinâmica.

Para que sejam contemplados as habilidades, competências e objetivos a serem trabalhados em cada ano do processo de escolarização e as especificidades de cada estudante, a escola dispõe de quatro tipos de roteiros de estudo: integrados, integrados intermediários, integrados de avanço e temáticos.

Os roteiros integrados exploram os temas propostos por estudantes ou educadores à luz das áreas do conhecimento (língua portuguesa, língua estrangeira, ciências humanas, ciências da natureza, matemática, educação física) a partir de uma concepção interdisciplinar. Neles, são propostas atividades, pesquisas e reflexões que propiciam aos estudantes o aprofundamento dos conhecimentos a partir do tema estudado e a apropriação do conhecimento construído e acumulado pela

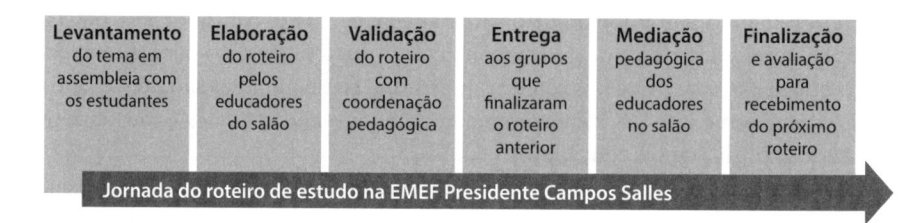

Figura 10.2 Jornada do roteiro de estudo.

humanidade. A ideia é que os estudantes realizem esses roteiros em um período de aproximadamente 15 dias, lembrando que o ritmo dos estudantes é sempre respeitado. Durante o ano são realizados, em cada salão, de 15 a 20 roteiros integrados.

Os roteiros integrados intermediários e de avanço apresentam os mesmos temas dos integrados e são produzidos a partir destes para estudantes que estão no início do processo de alfabetização. Neles, é utilizada letra maiúscula para facilitar a leitura e entendimento, além dos textos serem resumidos para que estes estudantes possam ler e realizar os estudos com autonomia (no intermediário) e que os estudantes avancem nas fases de construção da escrita e na compreensão da base alfabética (avanço).

Os roteiros integrados intermediários e de avanço foram criados a partir da necessidade de respeitar as peculiaridades, ritmos e processos educativos de cada estudante, propiciando que todos tenham condições de avançar no processo de aprendizagem e conhecimento.

Já o roteiro temático pode surgir do desejo dos estudantes, dos educadores ou a partir de algum acontecimento, seja na comunidade, na cidade, no Brasil ou no mundo, de questões sociais, datas importantes, questões políticas ou econômicas que sejam de interesse de todos os integrantes da comunidade escolar. Nos dias de estudo dos roteiros temáticos, todos os estudantes do salão pausam os roteiros que estão realizando para a realização dos temáticos, que podem abranger palestras, filmes, debates, entrevistas, peças teatrais, estudo do meio, oficinas de arte ou apresentações culturais.

O PROJETO DA MATRIZ DE CONSTRUÇÃO DOS ROTEIROS DE ESTUDO

Após 10 anos de amadurecimento do uso de roteiros de estudo na escola, no ano de 2016, houve a oportunidade do desenvolvimento de uma *Matriz de roteiros de estudo*, um documento que apresenta como são concebidos, elaborados e aplicados aos estudantes os roteiros na EMEF Presidente Campos Salles, contribuindo para a gestão do conhecimento e a qualificação desse dispositivo pedagógico tão importante para a escola.

Essa proposta fez parte do Programa Inova Escola (originalmente denominado Escolas que Inovam – EQI) da Fundação Telefônica Vivo e Instituto Natura, que desde 2013 têm parceria com a escola. O Programa Inova Escola incentiva o uso de Tecnologias da Informação e da Comunicação (TICs) com a finalidade de contribuir com o projeto inovador de cada uma das escolas que apoia. O programa Inova Escola disponibilizou computadores portáteis para a EMEF Presidente Campos Salles, bem como internet de alta conexão, de modo que os estudantes pudessem realizar atividades de cunho digital dentro dos salões. O programa incluiu também a formação de educadores, realizada nos horários de atividades coletivas (como Jornada Especial Integral de Formação – JEIF ou Projeto Especial de Ação – PEA) e suporte à gestão da escola.

Em 2016, o parceiro executor do projeto foi o Instituto Tellus, especializado em *design* de serviços públicos. Institui-se então a formação de educadores permeada de elementos da metodologia do *design thinking*. Assim, os resultados do projeto da Matriz, apresentados a seguir, são resultantes de oficinas de cocriação junto aos educadores e à coordenação pedagógica da escola, fator considerado fundamental entre todos os atores para o sucesso do projeto. Além dos conceitos, a matriz tem como premissa ser aplicável e contemplar dicas de como os educadores podem fazer um uso qualificado da tecnologia.

Foram realizadas 14 oficinas com o objetivo de elaborar a matriz dos roteiros de estudo. A escola tem alguns tipos diferentes de roteiros, como já foi apresentado, porém, a fim de garantir um projeto bastante prático e com facilidade de cocriação e acompanhamento dos resultados, foi escolhido o foco em roteiros temáticos. Isso porque os roteiros temáticos são menos extensos do que os outros tipos de roteiros e alguns são comuns a todos os salões, visando a cumprir objetivos do calendário do bairro educador. Assim, foram realizadas quatro rodadas de produção de roteiros com um tema comum entre todos os salões: *caminhada pela paz, direitos humanos, consumismo* e *consciência negra.*

Já na primeira oficina de cocriação, percebeu-se que os educadores dividiam os roteiros em quatro etapas: *capa, antes da leitura, durante a leitura* e *depois da leitura.* Assim, houve sinergia para focar em cada uma dessas quatro etapas, à medida que cada um dos quatro roteiros temáticos era produzido. Os educadores realizavam a oficina de conceituação, depois produziam o roteiro temático parte no coletivo e parte seguindo as especificidades de seu salão, e depois iam aplicando nos salões (para os estudantes) e trazendo os resultados, de modo que o trabalho foi sendo realizado e testado ao mesmo tempo. O intuito foi que os trabalhos com os roteiros temáticos trouxessem clareza de conceitos que depois pudessem ser levados para todos os tipos de roteiros. A Figura 10.3 sintetiza as quatro etapas que compõem os roteiros e como elas estão relacionadas.

A primeira etapa do roteiro é a capa, sendo ela a primeira página com a qual os estudantes terão contato, e por isso é muito importante. Quando um artista lança um novo álbum ou um livro, grande parte do investimento de produção vai para a capa. Ela precisa "mexer" no subjetivo e gerar o que os educadores da EMEF Presidente Campos Salles chamam de "encantamento" em relação ao roteiro, estimulando o desejo de estudar e se aprofundar no assunto abordado.

No topo, a capa apresenta a identidade visual da escola, o cabeçalho para cada estudante preencher com seus dados e o planejamento de datas das atividades. Ela ainda identifica de qual ano é aquele roteiro e qual o tipo de roteiro (p. ex., roteiro temático). Assim, para o estudante, o cabeçalho identifica e situa aquele roteiro

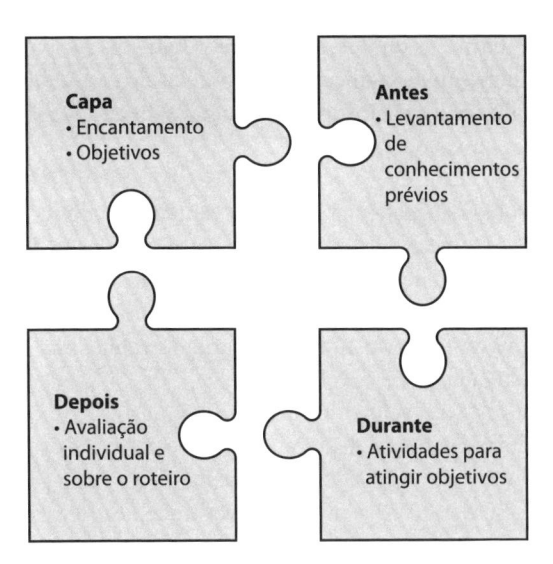

Figura 10.3 As quatro etapas que compõem o roteiro.

entre os outros. Depois, a capa apresenta ao estudante qual o título daquele roteiro, que é elaborado livremente pelos professores, mas normalmente remete àquilo que os estudantes escolheram. Subtemas também podem ser mencionados.

Logo abaixo do título, está o principal item da capa: uma imagem marcante relacionada ao tema. Esse é o elemento ideal para sensibilização e vínculo afetivo com o roteiro, trazendo referências relacionadas, como obras de arte, poemas, músicas, vídeos, imagens para colorir, avatares, bilhetinhos, entre outras. Esse estímulo também pode acontecer por meio de uma atividade digital, por exemplo, inserindo um *QR Code* com um recado gravado especialmente para os estudantes.

A apresentação dos objetivos do roteiro encerra a capa, sendo uma etapa fundamental desse dispositivo pedagógico. Eles devem ser escritos em linguagem adequada à faixa etária, para que os estudantes tenham clareza do que é esperado que aprendam. A seguir, as principais dicas para redação dos objetivos:

- É um espaço para os educadores apresentarem o que o roteiro pretende desenvolver.

- Devem ser redigidos com verbos no infinitivo, em linguagem simples e clara.

- Devem ser específicos e referentes aos conteúdos do roteiro, trazendo também atitudes esperadas em cada etapa dos estudantes que estão realizando o roteiro.

- É importante lembrar que os objetivos serão revisitados na avaliação, quando será analisado se foram atingidos.

Na sequência, temos o que os educadores chamam de *antes da leitura*, um espaço para levantamento de conhecimentos prévios dos estudantes sobre o tema e também de sensibilização, para instigá-los a querer saber mais sobre o assunto, para dialogarem sobre o tema com os colegas.

Nessa etapa do roteiro, deve-se realizar uma exploração mais livre dos conceitos e suas possíveis problematizações a partir do levantamento dos conhecimentos prévios dos estudantes. Como primeiro passo para a compreensão dos conceitos e dos conteúdos dos problemas desafiadores contextualizados à realidade do estudante, deve-se levantar hipóteses. Estas devem ser pesquisadas e experimentadas de modo a escolher um tema ou observar um fenômeno e formular um problema ou uma questão a ser investigada.

O levantamento de conhecimentos prévios deve partir de noções e saberes ligados ao senso comum da comunidade ou aos conhecimentos prévios dos próprios estudantes, que devem ser registrados como primeira etapa do processo de investigação. Segundo Sasseron (2014), é importante que o educador conheça e reconheça o entendimento e os materiais intelectuais (saberes já possuídos pelos estudantes, advindos tanto das experiências cotidianas quanto das experiências escolares) à disposição em sua turma. Sem conhecer as ideias, sem ter o conhecimento prévio dos estudantes como ponto de partida, é muito difícil transformá-lo. É necessário dar voz ao estudante, consciência de como concebe a realidade que conhece. Normalmente, esse levantamento de conhecimentos é realizado por meio de perguntas como: "O que você sabe sobre ou já ouviu falar de ...?". O que se faz muito importante nessa etapa é o cuidado com o estágio do processo de aprendizagem em que cada estudante se encontra, para não transferir a ele conceitos prontos. O importante não é o estudante acertar a resposta, e sim refletir; aqui, não deve haver julgamento de valor, mas um grande respeito à visão de mundo, cultura e saberes que o estudante possa ter em torno do tema. Pode-se recomendar que os estudantes tomem notas para revisitar ao longo ou ao final do roteiro, para que possam então perceber a diferença entre o que pensavam e a sua visão depois do estudo.

Depois de levantar os conhecimentos prévios, os estudantes são conduzidos a desenvolver o *durante a leitura*, que é a espinha dorsal do roteiro. Nele, são apresentados textos, imagens, gráficos, tabelas, vídeos, jogos, sugestões de pesquisas, uso de tecnologias, discussões e reflexões para que os estudantes ampliem seu repertório cognitivo e cultural acerca do tema estudado, avançando no processo de aprendizagem. Os educadores criam e lançam mão de situações didáticas variadas, nas quais seja possível tratar os conteúdos relevantes a serem abordados em diversas oportunidades. Basicamente, essa etapa trata dos conteúdos (sem deixar de lado as habilidades e competências) a serem trabalhados com a finalidade de atingir os objetivos propostos na capa. No *durante a leitura*, os educadores fazem um levantamento de informações sobre o assunto, e hipóteses podem ser formuladas. Também são propostas diversas "soluções" de problemas contextualizados à realidade dos estudantes, que devem trabalhar os desafios, analisar os resultados e estabelecer conclusões.

Essa é a etapa do roteiro de estudo que deve estimular o "aprender a aprender", ou seja, saber pesquisar de maneira autônoma e respeitosa em relação à diversidade e à relatividade de abordagens de um campo do saber (saber produzir conhecimento de modo a valorizar e a respeitar a diversidade de ideias). Devem estar contemplados o desenvolvimento e a mensuração de diferentes técnicas de investigação e pesquisa: selecionar fontes de informação, verificando sua confiabilidade, definir hipóteses de pesquisa e procedimentos que possam ser testados para resolver o problema em estudo.

A personalização é um objetivo importante da integração de tecnologia na aprendizagem, para que cada estudante possa aprender no ritmo e do jeito mais adequado. O papel do estudante "pesquisador" e as diferentes formas com que os estudantes aprendem potencializam o papel dos recursos digitais e o uso qualificado de tecnologia nessa etapa do roteiro de estudo.

A Tabela 10.1 mostra algumas ideias de recursos com potencial pedagógico para utilização durante a realização dos roteiros de estudo.

A etapa final do roteiro é o chamado *depois da leitura*, momento de avaliar os resultados alcançados segundo a metodologia de estudo problematizadora, que estimula o senso crítico e ações responsáveis e transformadoras sobre o roteiro de estudo e sobre o processo de aprendizagem de uma maneira mais ampla.

Quando um grupo de estudantes finaliza um roteiro de estudo, solicita a presença de um educador para diálogo e avaliação do roteiro. O educador verifica os registros pedagógicos que foram realizados pelos demais educadores e constata se foram feitas as correções, se todas as atividades estão completas ou se ainda é preciso realizar novas correções. Depois desse procedimento, o educador conversa com o grupo, formulando perguntas variadas a fim de verificar as aprendizagens, descobertas e conhecimentos que construíram durante a elaboração do roteiro. Esse momento é muito importante pois é nele que os estudantes, por meio da oralidade, constatarão suas próprias aprendizagens. Se isso não ocorrer, o educador deve orientar os estudantes para que estudem e aprofundem o tema, para que posteriormente possa ser finalizado por ele ou por outro educador. Se constatar que os objetivos propostos para aquele roteiro foram alcançados, o educador entregará ao grupo o próximo roteiro.

Essa etapa é dividida em dois momentos principais. No primeiro, é trabalhada a avaliação do roteiro pelo estudante, na qual ele reflete sobre o que foi positivo ou negativo no processo, dá sugestões para próximos roteiros ou faz críticas. Nessa etapa, os estudantes respondem a questões como: "Por que gostou?"; "Do que mais gostou?"; e "O que sugere para os próximos roteiros?". Em um segundo momento, é tratada a autoavaliação do estudante, uma reflexão sobre o seu compromisso e aprendizado durante a realização do roteiro, tendo como parâmetro três princípios da escola (autonomia, responsabilidade e solidariedade) e os objetivos descritos na

TABELA 10.1 Recursos digitais

Recurso	Dispositivo/ Acesso	Descrição	URL para acesso
QR Code	*Tablet* ou celular	O *QR Code* (*Quick* Response) é um código bidimensional gerado a partir de textos e/ou links. Ele codifica links de acesso a vídeos, imagens e textos.	Para criar um *QR Code*: http://br.qr-code-generator.com
Mapa conceitual	Internet	Estruturas esquemáticas que criam conexões lógicas para a compreensão de um conceito central.	https://www.goconqr.com/pt-BR/mapas-mentais
Nuvem de *tags*	Internet	Interface hierárquica de informações que agrupa palavras (coletadas) em um formato não convencional.	https://tagul.com/create
Q Mágico	Internet	Plataforma que permite a criação de conteúdos por educadores e auxilia estudantes na aprendizagem.	www.qmagico.com.br
Google Arts & Culture	Internet	Recurso que reúne o que há de melhor sobre artistas e suas obras em alta definição.	www.google.com/culturalinstitute/beta/u/0/?hl=pt-BR
Redutor de URLs	Internet	Para encurtar *links*.	https://bitly.com/ou http://migre.me
Creative Commons		Conteúdos livres de direitos autorais	https://br.creativecommons.org

capa do roteiro. Alguns questionamentos são utilizados como ferramenta para que os estudantes realizem essa etapa: "Este roteiro ajudou na construção da sua autonomia?"; "Você aprendeu algo que não sabia?"; ou "Conseguiu aprender algo que já sabia, mas em um enfoque diferente?".

Assim, concluem-se as quatro etapas do roteiro de estudo descritas na matriz da EMEF Presidente Campos Salles.

QUEBRANDO "PAREDES" É POSSÍVEL REALIZAR ROTEIROS EM DIFERENTES CONTEXTOS

Acreditamos que este relato da escola pública EMEF Presidente Campos Salles, que optou por "quebrar as paredes" e empoderar seus estudantes para decidir o que querem aprender por meio de assembleias, pode inspirar muitas outras instituições de ensino em suas práticas. Há, inclusive, grande potencial de uso dos saberes apresentados no capítulo e adaptação para o contexto local – considerando que é uma proposta de educação adaptativa, ou seja, adaptável à realidade local da escola e multiplicável pelo educador. Não acreditamos em modelos de ensino que possam ser utilizados e simplesmente replicados, mas sim em experiências específicas em determinados contextos.

Em sua escola, qual seria um primeiro passo? Seria viável fazer uma votação de tema e construir um roteiro para resolução em grupos? Seria possível incluir alguns tão motivadores recursos digitais? Será que é necessário quebrar as paredes para iniciar o incentivo da autonomia do estudante?

Sem dúvida, todo o contexto apresentado de educação democrática e autônoma da EMEF Presidente Campos Salles levou décadas para ser arduamente construído, mas alguns primeiros passos de inspiração para outras experiências educacionais são possíveis e os resultados tendem a ser muito motivadores aos estudantes e favoráveis à promoção de habilidades importantes para o século XXI.

Assim, este capítulo pode inspirar outros educadores que buscam, de forma inovadora, transformar suas aulas em experiências vivas de aprendizagem, que motivem os estudantes e os tornem mais criativos, empreendedores e protagonistas, proporcionando de forma inequívoca a construção da autonomia.

 **PARA SABER MAIS**

Reportagem: Escola em comunidade de SP derruba barreiras e integra alunos

Reportagem do programa Fantástico que mostra a democracia presente na EMEF Presidente Campos Salles, a "escola sem muros" que luta contra a violência na periferia da cidade de São Paulo.

Disponível em: http://g1.globo.com/fantastico/noticia/2014/03/escola-em-comunidade--de-sp-derruba-barreiras-e-integra-alunos.html

Material de apoio: A matriz e dicas de uso

Trecho de material de dicas para elaboração de roteiro de estudo, cocriado pelos educadores da EMEF Presidente Campos Salles com o apoio do Programa Inova Escola em 2016.

Disponível em: https://issuu.com/celiasenna/docs/trecho_dicas_matriz_de_roteiro_camp

REFERÊNCIAS

AUSUBEL, D. P. *The psychology of meaningful verbal learning*. New York: Grune and Stratton, 1963.

CASTELLS, M. *A sociedade em rede*. São Paulo: Paz e Terra, 1999.

FREIRE, P. *Pedagogia da autonomia*: saberes necessários à prática educativa. 31. ed. São Paulo: Paz e Terra, 2005.

GARRISON, D. *Critical thinking and self-directed learning in adult education*. Adult Education Quartely, n. 2, p. 136-148, 1992.

PINTO, C. Escola e autonomia. In: DIAS, A. et al. *A autonomia das escolas*: um desafio. Lisboa: Texto, 1988.

SASSERON, L. H. *Alfabetização científica, ensino por investigação e argumentação no ensino de ciências*. São Paulo, 2014. Palestra proferida em Workshop Argumentação e Ensino de Ciências na FEUSP.

ZABALA, A. *A prática educativa*: como ensinar. Porto Alegre: Artmed, 1998.